Bernd Oberhoff, Sebastian Leikert (Hg.)
Opernanalyse

Bernd Oberhoff, Sebastian Leikert (Hg.)

Opernanalyse

Musikpsychoanalytische Beiträge

Mit Beiträgen von Anja Guck-Nigrelli,
Peter Kutter, Sebastian Leikert, Eckhart Neumann,
Antje Niebuhr, Karin Nohr, Bernd Oberhoff,
Dieter Ohlmeier und Claudia Rapp-Neumann

Psychosozial-Verlag

Bibliografische Information der Deutschen Nationalbibliothek
Die Deutsche Nationalbibliothek verzeichnet diese Publikation
in der Deutschen Nationalbibliografie; detaillierte bibliografische Daten
sind im Internet über http://dnb.d-nb.de abrufbar.

Originalausgabe
© 2009 Psychosozial-Verlag
Walltorstr. 10, D-35390 Gießen
Fon: 06 41 - 96 99 78 - 18; Fax: 06 41 - 96 99 78 - 19
E-Mail: info@psychosozial-verlag.de
www.psychosozial-verlag.de
Alle Rechte vorbehalten. Kein Teil des Werkes darf in irgendeiner Form
(durch Fotografie, Mikrofilm oder andere Verfahren)
ohne schriftliche Genehmigung des Verlages reproduziert
oder unter Verwendung elektronischer Systeme verarbeitet,
vervielfältigt oder verbreitet werden.
Umschlagabbildung: Ludwig Sievert: »Die Hochzeit des Figaro«, 1924
Umschlaggestaltung & Satz: Hanspeter Ludwig, Wetzlar
www.imaginary-world.de
Printed in Germany
ISBN 978-3-8379-2024-6

Inhalt

Vorwort   7

Warum die Primadonna meistens sterben muss
Psychoanalytische Überlegungen
zum Wesen der Oper   11
Anja Guck-Nigrelli

Musik, Oper, Sprache des Begehrens
Psychoanalyse und Poetik des Orpheus   29
Sebastian Leikert

Die latente Ödipalität in Mozarts *Idomeneo*   49
Bernd Oberhoff

O mio padre, quanto mi costi!
Über Vater-Tochter-Konflikte
im Opernwerk G. Verdis   69
Dieter Ohlmeier

Die Grenzenlosigkeit bei Richard Wagner   85
Dieter Ohlmeier

Unbewusst – höchste Lust
Richard Wagners Oper *Tristan und Isolde*
als Werk von Sehnsucht, Überfluss und Mangel   103
Karin Nohr

Alberich oder der Ringkomplex 125
Bernd Oberhoff

Bis an die äußersten Grenzen
Richard Strauss' *Elektra* –
psychoanalytisch gedeutet 149
Peter Kutter

Tod in Venedig
Benjamin Brittens Oper musikalisch
und psychoanalytisch beleuchtet 177
Eckhart Neumann & Claudia Rapp-Neumann

Ringe in Ringen
Zur Komplexität des ästhetischen Raums
in der Oper 197
Sebastian Leikert

Musik anstelle von Sprache
Gedanken zum Film *Jenseits der Stille* 211
Antje Niebuhr

Autorinnen und Autoren 227

Vorwort

Bei der Oper denken wir unmittelbar an »göttliche« Stimmen. Vom umjubelten Kastraten Farinelli des 18. Jahrhunderts bis zu Anna Netrebko oder anderen Stars der heutigen Opernszene haben die Faszination und die ehrfürchtige Bewunderung virtuoser Stimmen die Jahrhunderte begleitet. Wenn wir der Frage einmal ernsthaft nachspüren, warum eine Gesangsstimme derartig faszinieren kann, so führt die Fährte zurück in jene Erlebniswelt, in der uns die menschliche Stimme zum ersten Mal begegnet ist. Die Opernhäuser geben sich sehr viel Mühe, uns in dieses prähistorische Stadium uteraler Geborgenheit wieder eintauchen zu lassen. Wenn die Innenraumbeleuchtung im Rund des Opernsaals heruntergefahren wird, so entschwindet die äußere Realität und wir werden unmerklich in jene frühe sensorische Welt hinübergeleitet, in der das Auge noch geschlossen und das Ohr unser leitendes Organ war. Das Orchestervorspiel im Halbdunkel führt uns Stück für Stück zu unserer uteralen Daseinsstufe zurück. Und dann ist es so weit. Der Vorhang öffnet sich und eine Stimme wird vernehmbar. Diese Stimme tönt von der Bühne herüber und doch ist sie ganz nah, als gäbe es ein geheimnisvolles Band der Verbundenheit, ja, der Identität. So gleitet jeder Opernbesucher für Momente zurück in den süßen Wahn seiner Pränatalzeit, dass diese Stimme nur für ihn singt.

Und auch die Orchestermusik besitzt die Fähigkeit, uns in bewusstseinsferne Räume zu entführen, in denen sich Dinge ereignen, die eigentlich nur unser Körper versteht. Ganz frühe Engramme in unserem Körper-Ich werden wieder aufgerufen und lebendig, die in uns vertraute somatosensorische Erfahrungen aufrufen. Ein Wechsel der Körperspannung, ein wohliges Streicheln, ein Schweben in der Luft, ein lustvolles Herumgewirbeltwerden wie auch somatoviszerale Empfindungen von Vorgängen im eigenen Körper werden beim Erleben der Musik zu gefühlter Gegenwart. Dass die schmerzvollen und bedrohlichen Ereignisse auf der Bühne uns nicht überwältigen, dafür sorgt in den klassischen Opern die Musik, die uns als Trösterin und als ein vertrauter sicherer (tonaler) Rahmen liebevoll zu entängstigen weiß.

Die Oper lässt uns an den konflikthaften Verstrickungen erwachsener Personen Anteil haben und macht uns zu Zeugen gelingender oder misslingender Versuche der Protagonisten, ihr Schicksal zu wenden. Doch durch diese Dramen erwachsener Menschen schimmern die Dramen der Kindheit hindurch, jene Ereignisse im phantasmatischen Raum unserer kindlichen Seele, die in ihrer Heftigkeit damals viel zu überfordernd waren, um angemessen verarbeitet und integriert zu werden. Sie drängen uns dazu, sich ihnen erneut zuzuwenden, und sei es durch die Identifikation mit den Darstellern auf der Opernbühne, die diese Probleme – oftmals auf einer symbolischen Ebene – stellvertretend für uns einer Lösung zuführen.

Oper ist Seelendrama und fordert die Psychoanalyse heraus, beim Verstehen dieser vielschichtigen Vorgänge behilflich zu sein. Dieser Sammelband legt Zeugnis davon ab, wie eminent psychologisch das Operngeschehen ist, wie entwicklungs- und persönlichkeitspsychologische, ja, psychopathologische Phänomene in den Opern von Monteverdi bis Britten zum Thema gemacht werden. Die Psychoanalyse hat sich lange genug in vornehmer Zurückhaltung geübt, was die Kunstgattung »Musikdrama« angeht. Es wird Zeit, dass sie sich einmischt und am Fachdiskurs beteiligt. Sie hat viel zum Verstehen beizutragen, wie dieser Band zeigt.

Bei den Beiträgen handelt es sich um Vorträge des *Coesfelder Symposiums Musik & Psyche* der Jahre 2007 und 2008, was erklären mag, dass dieser Reader neben den zahlreichen Opernanalysen auch einen Beitrag zur Filmanalyse enthält. Außerdem ist ein freier Beitrag von Eckhart Neumann und Claudia Rapp-Neumann über Benjamin Brittens Oper *Tod in Venedig* zusätzlich aufgenommen worden.

Es ist unser Eindruck, dass in diesem Band bereits eine bemerkenswerte Fülle an interessanten psychoanalytischen Aspekten zum Thema Oper zusammengetragen worden ist, wenngleich diese Vielfalt nicht darüber hinwegtäuschen kann, dass die psychoanalytische Opernanalyse erst am Anfang steht und es noch weiterer engagierter Forschung bedarf, um das Phänomen Oper in seiner

Vielschichtigkeit und Komplexität wie auch seiner Wirkung auf den Zuschauer differenziert zu verstehen. Die Notwendigkeit für ein aktives Forschen auf diesem Feld ist erkannt. Im Jahre 2008 wurde die *Deutsche Gesellschaft für Psychoanalyse und Musik e. V.* (www.psychoanalyse-und-musik.de) ins Leben gerufen, zu deren Zielen es gehört, die musikpsychoanalytische Forschung systematisch und nachhaltig voranzutreiben.

Wir wünschen allen operninteressierten Lesern genussvolle und erkenntnisreiche Stunden beim Studium dieses Readers!

Die Herausgeber
Bernd Oberhoff & Sebastian Leikert

Warum die Primadonna meistens sterben muss

Psychoanalytische Überlegungen zum Wesen der Oper

Anja Guck-Nigrelli

Erwürgt, verbrannt, vergiftet, erdolcht, von eigener oder von fremder Hand – die Bühnentode der Primadonna sind mannigfaltig, ihre letzte Arie jedoch, mit der sie singend um den Abschied ringt, findet sich in den meisten Opern als übereinstimmendes Merkmal. Das tödliche Schicksal mit seiner musikalischen Ausgestaltung scheint ein Wesenszug der Oper zu sein, der sich aufs Erste jedoch einem Verständnis entzieht.

Im Folgenden will ich versuchen, mich dem Thema mit den Mitteln der Psychoanalyse anzunähern. Ich möchte den Leser zunächst mit der Operngeschichte vertraut machen, dann mit dem Operngesang und ihn schließlich mit in die Oper nehmen, um im Finale zu einem vertiefteren Verständnis der Gattung zu gelangen. Dies ist ein schwieriges Unterfangen, da ich als zugegeben leidenschaftliche Operngängerin die Oper hoch besetzt habe und gleichzeitig ein Objekt psychoanalytisch zu betrachten versuche, das sich durch seine ungeheure Komplexität und Lebendigkeit nur schwer fassen lässt. Aber auch der Leser ist gefordert, da ich ihm neben dem Textverständnis abverlange, sich auf den Aspekt des Hörens zu konzentrieren, sich also gleichsam einer selektiven akustischen Rêverie zu überlassen, ohne dabei die Fähigkeit des Nachdenkens aufzugeben.

1. Operngeschichte

Die Oper entstand in Italien als Kind der Renaissance an der Schnittstelle verschiedener Entwicklungslinien weltlicher und religiöser Theaterformen.

Im Kreis der Camerata fiorentina, der Dichter, Komponisten und Gelehrte angehörten, bemühte man sich »seit den 1570er Jahren um die Wiederbelebung der antiken Deklamationspraxis und die Rekonstruktion der angeblichen Aufführungspraxis der Tragödie, von der man ausging, dass sie durchgängig gesungen wurde« (Risi 2005, S. 229). Mit dem Wunsch, den Menschen, das menschliche Schicksal und damit auch die menschliche Stimme in den Vordergrund zu stellen, änderte sich auch gleichzeitig das vokale Ideal vom polyphonen zum monodischen Gesangsstil, d. h. von einem Gesangsstil, der aufgrund des verordneten Gleichmaßes und Ensemblevortrags nur einen geringen Spielraum für Interpretation und Wortverständlichkeit offen ließ hin zu einem Stil, der sich der menschlichen Sprache mit ihren expressiven Fähigkeiten anglich, um »mit der Imitation von Gefühlen oder ›Affekten‹, die der poetische Text ausdrückt, beim Hörer Emotionen hervorzurufen« (Celletti 1989, S. 22).

Das Anliegen einer Wiederbelebung der Tragödie darf in den ersten Opern wohl als zunächst gescheitert angesehen werden, zumal dem tragischen Ausgang sofort ein lieto fine, also ein Happy End entgegengesetzt wurde, die revolutionäre Leistung der Oper lag aber dennoch in der Vereinigung von Drama und Musik und damit in der Begründung einer eigenständigen Theatergattung. Monteverdis *Orfeo*, 1607 in Mantua uraufgeführt, gilt als die erste Oper. Bezeichnenderweise ist gerade der Orpheus-Stoff am Beginn der Operngeschichte vertreten und damit auch gleich der Prototyp des Sängers.

Ihren baldigen Siegeszug trat die Oper zur selben Zeit an, als sich der Buchdruck flächendeckend in Europa durchsetzte. Binnen kurzer Zeit entwickelte sie sich zur repräsentativsten und aufwendigsten Gattung des europäischen Theaters – bereits 1637 wurde in Venedig das erste öffentliche Opernhaus eröffnet.

Ihre Beliebtheit verdankt die Oper dem Zusammenwirken verschiedener Künste, wobei die Beschreibung von Rousseau in seinem *Dictionnaire de musique* (1768) – nämlich die Zusammensetzung aus den drei Bestandteilen Dichtung (Poème), Musik (Musique) und Szene (Décoration) – noch heute als Kern jedes Definitionsversuchs gelten darf (Risi 2005, s. o.).

So oft die Oper auch totgesagt wurde, erwies sie sich doch als große Überlebenskünstlerin. Immer wieder stand sie in der Kritik – sei es im Zuge der durch die Jahrhunderte andauernden Streitigkeiten um die Priorität von Drama oder Musik, sei es in Anbetracht ihrer schweren Fasslichkeit als hybride Mischgattung, die sowohl als Teildisziplin der Theaterwissenschaft wie auch als Teilgebiet der Musikwissenschaft zugeschlagen werden kann und bis heute noch über keine umfassende Gattungstheorie verfügt, oder sei es in der Diskussion um die vermeintliche Künstlichkeit des Gesangs. Der noch bis in das 19. Jahrhundert gebräuchliche Einsatz von Kastraten und der Primadonnenkult dürften dazu nicht unwesentlich beigetragen haben.

Auch der Operngesang ist gewissermaßen eine Erfindung der Oper. War Stimmbildung im ausgehenden 16. Jahrhundert noch Teil der musikalischen Gesamtbildung, so entwickelten sich allmählich eigenständige Gesangsschulen, wobei sich sicherlich auch die italienische Sprache mit ihrem Vokalreichtum als besonders sangbar anbot, und es wurden Techniken entwickelt, die menschliche Stimme für die ständig wachsenden Anforderungen auszubilden. Sang man vorher in einem Bereich von etwa einer Oktave, so entwickelte sich die Kunst des Gesangs weiter zu einem bislang ungekannten Virtuosentum und extremen Höhen. Übrigens waren Frauen aufgrund der seit Jahrhunderten geltenden Losung »Mulier taceat in ecclesia« (»Das Weib schweige in der Gemeinde«, Korinth. 14, 34) in den Anfängen der Operngeschichte noch selten auf der Bühne zu finden – insbesondere in Rom wurden sie noch lange von Falsettisten und Kastraten ersetzt. Letztere verfügten nicht nur über eine Sopran- oder Altstimme, sondern auch über eine aufgrund der Stärke des männlichen Brustkorbs den Frauen weit überlegene Kraft beim Singen. Der Titel Primadonna kam schließlich erst zu Beginn des 18. Jahrhunderts in Neapel in Gebrauch und »bedeutete zunächst nichts anderes als eine säuberliche Rangbestimmung: Primadonna ist [...] die Sängerin der Hauptrolle, so wie der Primo Uomo der erste Mann auf der Bühne war« (Honolka 1960, S. 10). Der Terminus Belcanto hingegen, der einen auf Schönheit und meisterhafte Technik ausgerichteten Gesang bezeichnet, verbreitete sich erst zwischen 1820 und 1840, zu einer Zeit, als die Belcanto-Oper bereits zu verschwinden begann, um anderen, stärker mit dem dramatischen Ausdruck verbundenen Stilen Platz zu machen. Die Librettisten und Komponisten von Opern waren übrigens fast ausschließlich Männer.

Zum Verlauf der weiteren Geschichte sei nur noch so viel gesagt, dass die Oper stets Ausdruck der jeweiligen Zeitepoche war, in der sie komponiert und aufgeführt wurde, wobei sie neben den künstlerischen Determinanten auch mit den entsprechenden gesellschaftlichen bzw. sozialen Determinanten umzugehen hatte (Walter 1997, S. 3). Nicht die Vorstellung des Komponisten, sondern die Rahmenbedingungen der Aufführung diktierten die Gestalt des Werks, sodass stetige Umarbeitungen bis ins 19. Jahrhundert hinein die Regel waren. Oper hatte bis dahin »einen ausgeprägt transitorischen Charakter« (Schädler 1990, S. 135). Erst Mitte des 19. Jahrhunderts gewann die Idee vom unveränderbaren und einmaligen, individuellen Bühnenwerk an Kontur.

Die Opern des 19. Jahrhunderts stellen auch heute noch den Schwerpunkt des gängigen Opernrepertoires dar. Das tragische Ende der Oper hatte sich nun durchgesetzt. Die Primadonna muss nun meistens sterben: Der Musikwissenschaftler A. Gerhard (1992) sieht diesbezüglich einen Zusammenhang mit der »Verstädterung der Oper«, der zunehmenden Vereinzelung der Menschen in der Großstadt.

Im Zentrum der Oper steht also immer der singende Mensch. Was nun hat es mit der Faszination des singenden Menschen auf sich, dass unsere heutige Theaterlandschaft vor allem von Opernhäusern geprägt ist, in denen das Schauspiel meist nur als sogenanntes »Kleines Haus« beheimatet ist?

2. Operngesang – physiologisch

Zunächst möchte ich einige physiologische Anmerkungen vorausschicken. Für die Unterscheidung von Singen und Sprechen ist die Atemführung ausschlaggebend. »Beim Sprechen verbleiben Lautstärke und Tonhöhe in Abhängigkeit vom subglottischen Druck miteinander gekoppelt, d. h., bei verstärktem Druck wird der Ton nach oben getrieben. Während des Singens dagegen verlangt jede Note einen eigenen partikularen Druck. Tonhöhe und Lautstärke rangieren unabhängig voneinander. Ein Crescendo auf einzelne Noten sollte die Tonhöhe daher nicht nach oben gleiten lassen« (Gundermann 1994, S. 51). Der Ton wird beim Singen also durch den besonderen Atemdruck gehalten. Auch gibt es zwischen Sing- und Sängerstimme einen grundsätzlichen qualitativen Unterschied. Bei der Sängerstimme erscheinen die Töne klar und ohne Nebengeräusche. Sie zeichnet sich durch metallischen Glanz, Leuchtkraft, Durchdringkraft und Tragfähigkeit aus. Die Tragfähigkeit einer Stimme bezeichnet ihr Vermögen, über die Musik hinweg ohne technische Hilfsmittel einen Raum zu füllen, und zwar unabhängig von ihrer Lautstärke – und diese ist beim Sänger mit ca. 100 dB nicht unbeträchtlich. Tomatis (1995, S. 77) hat in einem Meter Entfernung sogar bis zu 140 dB gemessen (die Schalldruck-Schmerzgrenze des Ohrs liegt bei 130 dB). Ausschlaggebend für die Tragfähigkeit ist vor allem der sog. obere Sängerformant, worunter man eine Anreicherung von Obertönen im Bereich von 2.500–3.100 Hz versteht. Ein weiteres spezifisches Kennzeichen der Sängerstimme ist das Vibrato, das geradezu ein Charakteristikum der Schönheit des Stimmklangs darstellt. Das Vibrato ist Ergebnis von Bewegungen des Zwerchfells, der äußeren Kehlkopfmuskulatur und von Schwingungsüberlagerungen der Grundschwingung der Stimmlippen. Neben der künstlerischen hat es vor allem physiologische Bedeutung, da es einen »gleichmäßigen Wechsel von Spannungs- und Entspannungsphasen bzw. rhythmisch wechselnde Arbeits- und Erholungsphasen« ermöglicht – so kommt es z. B. bei der Phonation eines Dauertons nicht zur Ermüdung, sondern wir hören eine »optimal strömende Stimme« (Fischer 1993, S. 158). Die Sängerstimme hat einen vor allem in Richtung Höhe größeren Tonumfang von 2–2,5 Oktaven und eine erweiterte Dynamik. Sie stellt die optimale Leistung des menschlichen Stimmorgans dar. Ein Opernsänger hat auf der Bühne Schwerstarbeit zu leisten, sein Kalorienverbrauch liegt während seiner Tätigkeit im Maximalbereich. Opernsänger sind also Künstler, die Hochleistungssport betreiben – manch einer über einen Zeitraum von mehreren Jahrzehnten.

Schon allein aus diesen Informationen (außergewöhnliche Tragfähigkeit, Lautstärke und Körperbeanspruchung) scheint mir die These Rackers (1965) problemlos nachvollziehbar, dass es sich beim Singen um sublimiertes Schreien handle. Wie kann diese Sublimierung gelingen? Ich möchte nun endlich zur Sache kommen.

3. Vom Schrei zum Sänger

Die Urszene des Schreis ist die Geburt. Dieser Schrei ist eine physiologische Notwendigkeit, um ins Leben zu treten, er ist aber auch psychischer Ausdruck der durch die Geburt ausgelösten enormen Stressreaktion und Not. Er markiert den Übergang von einem Subjekt zum anderen, er ist der Beginn des Selbst, der äußeren Getrenntheit und fordert die Intersubjektivität ein. Auch wenn dieser Schrei nicht artikuliert ist, verstehen wir ihn doch als ein: »Höre mich, nimm dich meiner an, bejahe meine Existenz!« Oder negativ ausgedrückt: »Wenn du mich nicht hörst, bin ich verloren.« Der Schrei verlangt ein menschliches Gegenüber.

Die intuitive Antwort der liebenden Mutter ist die der Beruhigung mit ihrer Stimme. Diese ist dem Säugling bereits aus der Intrauterinzeit bekannt. Maiello (1999) sieht in der intrauterinen Hörerfahrung der mütterlichen Stimme mit ihren Wechseln aus An- und Abwesenheit die Grundlage für ein inneres Objekt mit Klangqualitäten (»Klangobjekt«), das bereits vor der Geburt eine Protoerfahrung von Trennung und Verlust vermittelt. Das Herbeisehnen der Stimme könnte somit auch die Präkonzeption eines Gedankens darstellen: keine Stimme, also ein Gedanke.

Nach der Geburt dient der Schrei als Signal, dass der Säugling etwas benötigt. In der Folge wird er benutzt, um die Mutter herbeizurufen. Racker schildert ihn als »das bedeutendste Mittel des Kindes [...] um Protest und Verlangen, Ablehnung und Sehnsucht, Aggression und Liebe angesichts der Frustration oder der Bedrohung seiner existenziellen Bedürfnisse mitzuteilen« (Racker 1965). Die Mutter wird daraufhin versuchen, die exspiratorisch durch Schreien ausgeschiedenen unerträglichen Emotionen, die »Beta-Elemente« (Bion 1962), aufzunehmen, in Alpha-Elemente umzuformen und die vermuteten Affekte des Kindes dann in verdaulicher Form mit beruhigender Stimme zu spiegeln, dem Kind vielleicht sogar ein Wiegenlied zu singen, es gewissermaßen vokal zu stillen. In diesem Zusammenhang könnte man in Anlehnung an Kohut vom Glanz in der Stimme der Mutter sprechen. Daneben sorgen die musikalischen Elemente der mütterlichen Sprache aber auch für Belebung, Erregung und Neugier. Babys haben großes Interesse am Lauschen von Stimmlauten, wobei sie vor allem auf strukturierende Elemente der wahrgenommenen Klänge achten. Gleichzeitig erproben sie die Verwendung ihrer eigenen Stimme in einer Fülle von Lautäußerungen, sodass ihnen noch vor Erwerb der Sprache die gesamte Palette der stimmlichen Klangmöglichkeiten zur Verfügung steht. Eltern beantworten dies meist intuitiv durch Betonen der musikalischen Merkmale des Sprechens im Sinne einer akustischen Spiegelung. Ende des ersten Lebensjahres kommt es zur Bildung erster Sprachmelodien, schließlich zum eigenen Singen.

Durch Introjektion der Alpha-Funktion der mütterlichen Stimme kann sich diese allmählich im Kind selbst entwickeln. Lallen und späteres Singen wären somit im Sinne einer Selbstberuhigung durch Übernahme des mütterlichen Singens erste Formen der Selbstbemutterung, gleichzeitig erste Formen der eigenen Musikausübung und Funktionslust eines Selbst mit beginnender Fähigkeit zur Getrenntheit.

Mit diesem kurzen Entwicklungsabriss will ich aufzeigen, dass die Grundfigur einer audio-vokalen Bezogenheit mit der Urszene des Schreis nach einer basalen Annahme als primäres sensorisches Erleben, als implizites Wissen wie ein roter Faden erhalten bleiben kann, auch wenn die Interaktionen immer vielfältiger werden und selbstverständlich auch andere sensorische Qualitäten betreffen. Leikert spricht in diesem Zusammenhang von der »Insistenz des archaischen Objekts« (Leikert 2007). Der Schrei wird nun zum kultivierten musikalischen Ton. Dabei vermag der Gesangston dem Hilfeschrei durch die verinnerlichte haltende Funktion eine Fassung zu geben. Eigentlich könnte man das Ohr oder genauer noch das Trommelfell als erogene Zone beschreiben und die Stimme als den geeigneten Reiz im Sinne eines audio-vokalen Partialtriebs. Dies würde die höchst lustvolle Besetzung des Hörens und Verlautens ebenso wie die mögliche sekundäre Hysterisierung erklären.

Warum nun jemand Sänger wird, kann ich an dieser Stelle nicht klären, sondern allenfalls skizzenhaft umreißen. Es versteht sich von selbst, dass ein Opernsänger über eine hohe musikalische Begabung und ein geeignetes Organ verfügen muss. Bezüglich der Besetzung der eigenen Stimme wäre die Erfahrung eines lustvollen akustischen Wechselspiels und Miteinanders von Mutter und Kind vorstellbar, in diesem Falle würde der Umgang mit der eigenen Stimme einem Wachrufen der Stimmimago der Mutter entsprechen. Vorstellbar wäre aber genauso, dass gewissermaßen ungestilltes Schreien des Kindes zugrunde liegt, also dass z. B. das Baby – aus welchem Grund auch immer – nicht beruhigt werden kann und im eigenen Geschrei erschöpft einschläft. Dann wäre eine Besetzung der eigenen Stimme im Sinne einer Amme oder auch im Sinne einer »bösen Mutter« denkbar. Selbstverständlich gehen in diese Besetzung auch alle weiteren Entwicklungen ein, wobei der Verwendung der Stimme als Übergangsobjekt sicherlich große Bedeutung zukommt.

Im Verwenden und Hören der eigenen Stimme kann der Sänger immer wieder sich selbst, also seine Identität finden, und sich auch selbst auf die Welt bringen, also sich selbst erfinden im Sinne eines schöpferischen Aktes. Er sagt: Die Stimme gehört mir und sie gehorcht mir. Auch die etymologische Herkunft dieser beiden Verben verweist auf die Beteiligung des Hörens bzw. Gehörtwerdens bei der Konstituierung des frühen Ich- und Selbstkerns.

4. Ins Opernhaus

Ich möchte nun die eben beschriebene Interaktion zwischen Säugling und Mutter auf Sänger und Publikum ins Opernhaus übertragen. Da ich im Folgenden gewissermaßen die Grundmelodie der Oper aufzeigen will, spreche ich aus Gründen der Darstellbarkeit nur noch vom Sänger. Dies scheint mir insofern berechtigt, als die Musik von verschiedenen Autoren als Mimese der Stimme bzw. als deren Symbolisierung aufgefasst wird. Stellvertretend sei auch hier Racker (1965) genannt: »Wir nehmen daher an, dass der Gesang die ursprünglichste Form der Musik ist.« Ich fasse also das Wechselspiel zwischen Sänger und Musik als weitere, ständig ablaufende Episoden des soeben beschriebenen wechselseitigen Einstimmens zwischen Mutter und Kind im Sinne der Stern'schen Affektabstimmung (1993) auf. Ebenfalls aus Gründen der Darstellbarkeit lasse ich den Dritten im Bunde, den Dirigenten (der das Gesetz des Komponisten vertritt) bzw. den Vater, beiseite. Schließlich blende ich auch andere sensorische Wahrnehmungsebenen sowie Fantasien und Wortverständnis aus. Es versteht sich von selbst, dass diese Komponenten bei allen Beteiligten stets und je nach eigener Abwehrlage bzw. je nach eigenem Erlebensmodus mitschwingen. Jetzt aber ins Opernhaus.

Jeder Opernliebhaber kennt diesen magischen Moment, wenn er zum ersten Mal von der Stimme berührt wird. Aus der Musik, ja, vielleicht auch aus dem Chor heraus erhebt sich eine Gesangsstimme: Dies ist die Urszene des musikalischen Theaters.

Ich möchte diese nun anhand des Erlebens von Zuhörer und Sänger beschreiben und beginne mit meinem subjektiven Erleben als Zuhörerin. Dies scheint mir insofern berechtigt, als das Erleben von Stimmen ohnehin subjektiv ist, dennoch lässt sich vielleicht das Empfinden verallgemeinern.

Als Erstes nehme ich das Vibrato und den Glanz der Stimme wahr, welches ich im Trommelfellbereich wie ein Klingeln erlebe, das sich schnell, manchmal auch begleitet von einer kurzen Gänsehaut, vom Kopf über den Rumpf ausbreitet und schließlich den ganzen Körper umhüllt, so als würde die ganze Haut hören. Das Hauterleben meldet mir meine Oberfläche als klare Grenze zurück, auch wenn ich vor allem im Kopf- und Brustbereich eine innere Resonanz verspüre. Die Stimme ist nah und vermittelt mir das Gefühl einer steten, warmen und haltenden Berührung. Ich habe das zutiefst beglückende Gefühl, ich bin gemeint, da singt jemand – nur für mich.

Gleichzeitig empfinde ich einen Schmerz, wie ein Wiedererinnern an etwas Verlorenes, das für immer vorbei ist und nie mehr eingeholt werden kann. »Mai più«, nie mehr – so hört man es auch oft von der Bühne und ist zu Tränen gerührt. Aber ich weiß, dass ich gemeint war. Das ist tröstlich.

Leikert (2001, S. 1301) hat diesen Doppelcharakter des Musikerlebens in seinem grundlegenden Aufsatz über den Orpheusmythos und die Symbolisierung des primären Verlusts sehr überzeugend dargestellt: »In einer plötzlichen Ergriffenheit ist es, als spüre man die Nähe des Verlorenen, in die Evidenz des Wiederfindens mischt sich jedoch der Schmerz des sicheren Verlusts.« Ich meine, dass dieses Erleben beim Hören der Gesangsstimme durch deren materielle Präsenz und die entstehende somatopsychische Resonanz noch wesentlich intensiver ist. Jeder Mensch kann nachvollziehen, wie eine Stimme in der eigenen Kehle und im eigenen Leib tönt. Auch das Hauterleben dürfte durch die Präsenz der Schallwellen und der Resonanz des Opernhauses verstärkt sein, ebenso durch die beschriebene besondere physikalische Struktur der Gesangsstimme. Die Verbindung von Klangobjekt und Haut scheint mir ohnehin naheliegend – pränatal durch die beim mütterlichen Phonieren auf den Fötus einwirkenden Zwerchfellbewegungen und die Knochenleitung, postnatal durch von der Stimme der Mutter begleitete beruhigende Hautberührungen oder die Nähe der Stillsituation, bei welcher der warme Atem der Mutter spürbar wird. Auch die beschriebene Gänsehaut scheint mir ein Hinweis auf das Reevozieren eines archaischen Erlebens im Sinne der Anzieu'schen Lauthülle (Anzieu 1991). Denkbar wäre ebenso eine sekundäre Hysterisierung der Haut zum Gesamttrommelfell.

Schließlich hat auch das Verlusterleben Präsenz: Kaum etwas ist flüchtiger als die Stimme und die Musik. Auch wenn sie da ist, lässt sie sich nicht festhalten, da sie ein Erleben in der Zeit ist. Ständig geht etwas verloren. Aber auch das Überleben hat Präsenz: Der Verlust ist gewiss – dennoch geht es weiter, es kommt etwas Neues.

Nun zum Sänger. Was erlebt der Sänger? Zur Zwiesprache mit dem Publikum lassen sich in der Literatur zahlreiche Zitate finden, stellvertretend möchte ich hier die legendäre Maria Callas erwähnen: »Wunderbare Dinge geschehen auf der Bühne. Man ist in einem zweiten Zustand, überempfindlich. Die geringste Reaktion des Publikums berührt uns« (Callas in: Rieger/Steegmann 2002, S. 304) und ihre Sopran-Kollegin Renata Scotto: »Was ist Singen anderes, als mit dem Publikum in eine Art Kommunikation zu treten

[...]. [W]ir ersingen uns die Liebe des Publikums« (Scholz 1999, S. 242). Bei der Durchsicht zahlreicher Sängerinterviews konnte ich aber leider keine Aussagen zur Auftrittssituation finden, vielleicht weil dieser Moment so ungeheuer spannungsgeladen und so höchst intim ist. Jemand steht vor dem Orchestergraben und erhebt gegenüber Hunderten von Ohren seine Stimme. Die Gesangsstimme als Material lässt sich nicht verhüllen – sie ist ein Großabdruck der körperlichen und künstlerischen Identität und somit einzigartig, nicht nachahmbar.

Der kultivierte Schrei singt nun: »Liebe mich!« – Ich möchte an dieser Stelle darauf hinweisen, dass ich noch nicht von gesungenen Worten spreche, sondern nur vom dringlichen Wunsch der puren Stimme. Und das Publikum soll bejahen. Damit ist die Situation eines existenziellen Ja oder Nein gegeben. Liebe oder Tod. Wird der Sänger nicht erhört oder versagt seine Stimme, bedeutet dies tödliche Vernichtung. Die zutiefst beschämende Manifestation des eigenen Liebesunwerts. Die Angst vor dieser vernichtenden Gefahr mag auch die Ursache des oftmals sich einstellenden Empfindens von Scham oder gar Lächerlichkeit sein, wenn ein Zuhörer zum ersten Mal einen Sänger leibhaftig erlebt.

Aus dieser enorm aufgeladenen Urszene entwickelt sich nun entlang einer unter dem Taktschlag des Dirigenten laufenden Zeitachse, die ich Lebenslinie nenne, ein affektiver Austauschprozess in Form ständiger projektiver Identifizierungen, wobei das Sehnen nach Bejahung und das beschriebene Spannungsgefälle zwischen Sänger und Publikum treibender Motor sind. In der Logik der geschilderten Urlinie wäre dann das Publikum mal beruhigende Mutter und in Identifikation mit dem Sänger schreiender Säugling bzw. der Sänger schreiender Säugling und in Identifikation mit dem Publikum stillende Mutter usw.

In seiner nachschöpferischen musikalischen Gestaltung präsentiert der Sänger durch seine Kunst die Affekte in einer akustischen Großaufnahme und wir verstehen sie intuitiv, ohne Worte – ob Freude, Trauer, Hass oder Furcht. Ich vernachlässige auch hier aus Gründen der Darstellbarkeit die analogen Schleifen zwischen Sänger und anderen Sängern, Dirigenten, Musikern, Souffleur und Bühnenpersonal und schließlich auch zwischen den Rezipienten untereinander. Aus diesem stets voranströmenden Kreislauf ständig neuer Interaktionsepisoden zwischen »respondierenden Klangkörpern«, wie Oberhoff (2007) dies nennt, entwickelt sich im Aufeinandereinschwingen ein gemeinsames Erleben, das auch wiederum in sich durch kontinuierliche dynamisch-kinetische Prozesse im Sinne der Stern'schen Vitalitätsaffekte strukturiert ist. Der Zuhörer wird vertraut mit formalen Gliederungen und stilistischen Differenzierungen des musikalisch-dramatischen Geschehens, mit Wechseln von Diskontinuität und geschlossenen Formen. Er merkt, dass immer wieder etwas zu Ende geht. Dabei kann der Rezipient wiederholte Episoden von Spannungsanstiegen bis zu einem Amplitudemaximum mit zerreißendem Schmerz, Spannungsabfall und Trost erleben. Auch ein körperliches Miterleben solcher Spannungszustände bis hin zu vegetativen Reaktionen kann sich einstellen. Beispielhaft möchte ich an dieser Stelle noch Ensembles erwähnen, bei denen die Protagonisten einschließlich Chor zusammen singen, wobei die höchste Stimme stets über alle anderen Stimmen hinweg erkennbar bleibt und sich die Spannung durch die Multiplikation der Stimmen noch deutlich erhöht. Kein Wunder, dass A. Kluge von der Oper als »Kraftwerk der Gefühle« (Kluge 2001) spricht.

Bei alldem hat der Sänger stetig die Gratwanderung zu leisten, zwischen seiner musikalischen und szenischen Rollengestaltung und dem Zusammenspiel auf der Bühne, dem affektiven Tunement durch Musik und Dirigenten und der Erwartungshaltung des Publikums seine Stimme zu bewahren, die Demarkationslinie zwischen Präsenz und Repräsentation nicht zu verlieren und dennoch das Publikum zu gewinnen. Ein Grat zwischen Selbsthabe und Selbstverlust, der in seiner existenziellen Bedrohlichkeit an Odysseus' Passage der Sirenen erinnert. Viele Sänger beschreiben diese ständige Gefahr des Bis-ans-Äußerste-Gehens, dass sich gewissermaßen der abgewehrte Urschrei Bahn verschafft, aber genauso schildern sie auch das tief empfundene Glück, wenn die Bemeisterung gelingt und sich ein theatrales Ereignis einstellt. In diesem Fall hat sich ein Übergangsraum eröffnet, in dem das Wechselspiel von gegenseitigem Hören und Verstehen sowohl mit den Ausführenden wie auch mit dem Publikum gelingt und in dem der Sänger in seiner nachschöpferischen Gestaltungskunst auch jene vielfältigen Nuancen vermitteln kann, die nur der Interpret, nicht aber der Komponist auszudrücken vermag.

5. Pause

An dieser Stelle möchte ich vor dem Finale eine kurze Pause einlegen. Ich habe bisher einen idealtypischen Affektaustausch unter Berücksichtigung der primären Objektbeziehung beschrieben. Dieser Ablauf ist beim ersten Besuch einer Oper meist noch nicht so berührend, zumal auch störende Geräusche vernommen werden und der erste Eindruck durch das Bühnengeschehen mit all seinen Komponenten wie auch durch das Innere des Opernhauses mitunter überwältigend ist. Schließlich spielt auch eine Rolle, wie weit man sich auf dieses Geschehen einlassen kann oder will. Nun ist jedoch jedem Operngänger sehr wohl das Phänomen vertraut, dass sich das Erleben nicht nur innerhalb des Ablaufs einer Oper, sondern auch bei wiederholten Besuchen von Opernaufführungen stets etwas ändert und in der Summe deutlich vertieft. Wir werden mit den musikalischen Strukturen vertrauter, lernen vor allem Erregungskurven kennen mit Spannungsanstieg, Höhepunkt und Beruhigung. Auf den Gesang bezogen hat diese Erregungskurve ihren Höhepunkt stets im hohen Ton, der auch meist das Ende markiert oder zumindest ankündigt, dass es zu Ende geht. Wir bekommen ein Gespür für den Ablauf der Zeit. Vielleicht haben wir beim ersten Hören kaum ein Wort verstanden, nun erleben wir leibhaftig gewissermaßen den beginnenden Spracherwerb, lernen das Durchdeklinieren der Affekte, verstehen erste Worte der gesungenen Texte und schließlich auch deren Bedeutung. Wir beginnen uns mit dem Sänger und dessen nachschöpferischer Gestaltungskunst zu identifizieren, vollziehen also im Container des verinnerlichten Gesangstons die zunehmende Alphabetisierung nach und die Entwicklung der Identität. Wir interessieren uns für neue Stimmen, neue Opern, entwickeln Vorlieben, je nach eigener Gemütslage suchen wir aus, welchen Sänger wir hören oder in welche Oper wir gehen wollen. Vor allem aber intensiviert sich das eingangs beschriebene Gefühl der Wahrnehmung der Stimme. Diese wird in ihrer manchmal atemberaubenden Schönheit nun sehnsuchtsvoll erwartet und tatsächlich auch wiedergefunden, wobei diese annähernde »Wahrnehmungsidentität« mit dem früheren sensorischen Erleben im Sinne einer gelungenen Wunscherfüllung zutiefst beglückend sein kann, gleichzeitig aber auch vom geschilderten Schmerz begleitet wird. Durch die Wiederholung eröffnet sich somit ein ständig wachsender Spielraum, in dem sich im Sinne einer Progression nun auch eigene Fantasien und Tagträume auf der korrespondierenden inneren Opernbühne des Zuhörers entfalten können und gleichzeitig – im Sinne einer Regression im Dienste des Ichs – das eigene sensorische Urerleben zunehmend in Schwingung gebracht wird.

Zieht man schließlich neben diesen auf das Hören zentrierten Aspekten in Betracht, dass neben der Musik auch Dichtung und Szene beteiligt sind, wird die schwere Fasslichkeit der Oper als Gattung – eben aufgrund dieses synästhetischen Erlebens – vielleicht etwas nachvollziehbarer.

Doch es klingelt zum letzten Akt.

6. Die Primadonna muss sterben, weil ...

Bevor ich zur Urlinie zurückkehre, will ich einen kurzen Blick auf die Bühne werfen. Schließlich erleben wir ja auch ein in Szene gesetztes Schauspiel. In der Oper verkörpert die Sopranistin meist die erwachsene oder heranwachsende Tochter, der Tenor den erwachsenen Sohn – diese beiden Stimmgattungen sind so gut wie immer vertreten. Den Inhabern tiefer Stimmen ist die Verkörperung von Eltern und Nebenbuhlern vorbehalten. Väter finden wir öfter auf der Opernbühne, Mütter hingegen höchst selten – sie erscheinen als Abwesende. Der Konflikt konstelliert sich in der Regel innerhalb einer Dreierbeziehung zwischen Sopran, Tenor und tiefer Männerstimme. Meist geht es um eine Liebesbeziehung zwischen Sopran und Tenor, die aber nicht zustande kommen kann, da beide Männerstimmen um die Primadonna konkurrieren. Die prima donna. Die erste Frau. Manifest geht es auf der Bühne also um die Tochter, unbewusst jedoch um die frühe Mutter. Verbleibt man in der beschriebenen Logik, dass die hohen Stimmen für die frühen Objekte stehen, wäre der Tenor auf unbewusster Ebene der Vater und der Bariton der Sohn – das szenische Geschehen würde in diesem Verständnis dann einer klassischen ödipalen Konstellation entsprechen.

Was die Handlung anbelangt, folgt die Oper zwar der Dramaturgie eines Schauspiels, unterliegt dabei aber stets der immanenten Ordnung der Musik, die sowohl den zeitlichen Ablauf der Sprache wie auch den der Szene vorgibt. Opernlibretti haben unter diesem Gesichtspunkt »weder die Funktion noch die Qualität eines literarischen Dramas, sondern sind Bestandteil eines primär musikorientierten Theaters« (Schädler 1999, S. 141). Die Sprache des Librettos wird somit vom Komponisten gewissermaßen musikalisch aufgefüllt. In der Musik folgt die Oper demnach der Dramaturgie der Gesangsstimme mit ihrem im Lauf der Reifungsgeschichte eingeschriebenen Skript: Dieses Skript entwickelt sich vom Hilfeschrei über die Verinnerlichung der haltenden Funktion hin zur eigenständigen Gesangsstimme, die nun die Anwesenheit der Mutter nicht mehr benötigt. Man könnte in diesem Zusammenhang vielleicht auch von einer Affektdramaturgie des musikalischen Theaters sprechen.

Ich greife jetzt auf die gezeichnete Urlinie zurück und fasse nochmals das Gesagte zusammen. Ich habe die Geburt und die ihr folgenden stimmlichen Interaktionen zwischen Säugling und Mutter sowie den Reifungsprozess bis zum Beginn eines verbalen Selbst beschrieben, eine Entwicklungslinie also, die mit einer Trennung beginnt und nach einem intensiven Miteinander auf eine weitere Trennung hinausläuft. Ich habe diese Linie auf Sänger und Publikum übertragen und einen analogen affektiven Austauschprozess im Opernhaus geschildert. Dann habe ich diesen kreisenden Prozess auf eine Zeitachse gesetzt, auf die Lebenslinie, um das gemeinsam reifende Erleben im Ablauf der Dauer einer Oper zu beschreiben und schließlich auch die Aufsummierung solcher Erlebnisepisoden durch die Wiederholung. In diesem sich ständig verdichtenden Prozess werden wir als Zuhörer auf den Lauf der Zeit, auf die Trennung vorbereitet. Wir hören es aus Stimme, Wort und Musik, und wir sehen es aufgrund der inszenierten Handlung. Der Abgesang beginnt und in einer letzten Melodie geht es unaufhaltbar dem Tod entgegen. Der Schmerz der bevorstehenden Trennung verdichtet sich in Musik, Wort und Szene. In einem letzten Aufschrei stirbt die Primadonna in der hohen Note ... gleichsam in den Tod geboren und wir erleben identifikatorisch die Präsenz des Todes auf der Opernbühne – als Tod der eigenen Ur-Mutter und als den auf der Lebenslinie in die Zukunft projizierten, auf die Bühne geworfenen eigenen Tod. Ein aus tiefer Liebe geborener zerreißender Schmerz stellt sich ein.

Die Primadonna-Urmutter hat realisiert, dass ihr Kind nun getrennt ist. Das Kind hat verstanden, dass es zum Erwerb der Getrenntheit bereit sein muss, die äußerliche Mutter sterben zu lassen. Das Publikum hat realisiert, dass ein Sänger nicht ewig singen kann.

Die Primadonna muss also sterben, weil wir das vermeintlich wiedergefundene Primärobjekt nicht festhalten können – es ist für immer verloren. Je mehr sich der Gesang dem dramatischen Höhepunkt und damit dem Schrei annähert, umso mehr setzt sich das in ihm eingeschriebene und verdrängte Wissen um den Verlust durch. Für die symbolische Darstellung dieses Verlusts dürfte der Tod am überzeugendsten sein.

Aus der Protoerfahrung des Klangobjekts mit An- und Abwesenheit hat sich im Verlauf der Lebenslinie der Oper eine Erlebensgeschichte aufgeschaukelt, die mit der Urszene des musikalischen Theaters beginnt und dem Tod der Primadonna endet. Da die Todesart meist der Selbstmord ist, könnte als zugrunde liegende Fantasie letztlich auch der Muttermord angenommen werden.

Durch Identifikation mit dem Sänger lernen wir, das Ende zu akzeptieren, vielleicht am einleuchtendsten symbolisiert im hohen Ton und seiner körperlichen Begrenztheit durch die Atemluft.

7. Nachgedanken

Bevor ich mit dem Leser den brodelnden Kessel des Opernhauses verlasse, noch einige Nachbemerkungen.

Natürlich hat nicht jede Oper den soeben beschriebenen Spannungsablauf. Zum einen findet der beschriebene Todesmoment auch mitunter vor dem letzten Akt statt, zum anderen ist er auch oft symbolisiert im Verzicht. Die aufgezeigte Linie scheint mir im Grunde jedoch immer die gleiche zu sein. Auch sterben auf der Bühne nicht nur die Frauen, sondern auch die Männer – ich hoffe aber verständlich gemacht zu haben, dass es in der tiefsten Schicht letzten Endes um die beschriebene Urlinie geht, insofern steht *der* Sänger also prinzipiell auch für *die* Primadonna.

Da ich versucht habe, mich in meinen Ausführungen ganz auf das Hörerleben zu konzentrieren und dabei so weit wie möglich die Abwehr zu vernachlässigen, musste ich andere Überlegungen zwangsläufig beiseiteschieben, die ich nun zumindest noch kurz andeuten will.

Neben der Exposition seines puren Stimmmaterials ist der Sänger ja auch Musiker und darstellender Künstler. Eine zusätzliche Verdichtung der ungeheuren Dringlichkeit seines Gesangs ist somit ebenfalls dadurch bedingt, dass die beschriebene existenzielle Situation der »nackten« Wahrheit seiner Stimme stets abgewehrt werden muss. Diese Abwehr kann durch die Faszination mittels der künstlerischen Gestaltung realisiert werden. In seinem Werk über die Scham beschrieb Wurmser (1990, S. 256–270) die beiden Partialtriebe Theatophilie und Delophilie, welche einer gemeinsamen Matrix entspringen und Scham als Abwehrstruktur haben. Theatophilie ist definiert »als das Verlangen zuzuschauen und zu beobachten, zu bewundern und sich faszinieren zu lassen, Vereinigung und Meisterung oder Beherrschung durch aufmerksames Sehen zu erzielen«, Delophilie »als das Verlangen, sich auszudrücken und andere durch Selbstdarstellung zu faszinieren, sich ihnen zu zeigen und sie zu beeindrucken, mit dem anderen durch Kommunikation zu verschmelzen«. Die anderen erogenen Zonen können alle auf die Modi abfärben, in denen diese beiden Triebe erscheinen. Übertragen auf die Opernbühne könnte man sich beispielsweise das lustvolle phallische Rivalisieren zwischen Tenor und Bariton vorstellen, wobei jedoch meist eine Art manischer Abwehr mitschwingt, eine Art Triumphgefühl, die vernichtende Bedrohung gemeistert zu haben. Dies entspräche dann der delophilen Komponente.

Beiseitegeschoben habe ich auch die jüngeren Schichten der lustvollen Besetzung der Stimme. Die erotische Besetzung der Stimme mit ihrem Kulminationspunkt im kleinen Tod der Primadonna dürfte aber bereits durchgeklungen sein, ebenso die religiöse Linie mit der Überführung der Madonna aus der Kirche auf die Opernbühne.

Die oftmals orgiastischen Beifallsstürme am Ende einer Oper scheinen mir eine Reaktion auf das aufsummierte individuelle und gemeinschaftliche Erleben zu sein, sie liegen aber im Grunde am ehesten in der manischen Abwehr der geschilderten archaischen Ängste, letztlich in der Abwehr der Vernichtungsangst.

Beiseitegeschoben habe ich somit auch das Unwesen der Oper – so sehr die Oper eine Regression im Dienste des Ichs ermöglichen kann, so sehr kann sie, sofern die Notwendigkeit zu trauern abgewiesen und am Festhalten festgehalten wird, durch ihr mitunter lärmendes und aufdringliches Wesen und den damit einhergehenden Identifizierungsdruck auch der Abwehr dienen. Das Missbrauchspotenzial im Sinne eines stets verfügbaren, kontrollierbaren Objekts oder im Sinne eines Rückzugsraums scheint mir aber vor allem beim Konsum von auf Tonträgern festgehaltenen Opern gegeben zu sein, da hier das Erleben vom leibhaftigen Austausch mit anderen abgekoppelt ist.

8. Ausklang

Ich habe den Operngesang und damit die Musik als zentrales Element der Oper definiert und versucht, mich dem Wesen der Oper anhand der Analyse der Gesangsstimme und des Übertragungs-Gegenübertragungs-Geschehens zwischen Opernsänger und Publikum zu nähern. Ich habe dem Leser dabei zugemutet, mir auf der archaischen Linie des Hörens zu folgen und das Wortverständnis beiseitezulassen, um das unbewusste Anliegen der Oper besser darstellen zu können.

In der Oper geht es um die Bewältigung der frühen Trennung. Die Spur der alten Liebe wird wiedergefunden, aber gleichzeitig als für immer verloren erkannt. Deshalb muss die Primadonna meistens sterben. Die komponierte Musik bietet hier die Möglichkeit einer symbolisierenden Verarbeitung, da sie als Kunst, die einem zeitlichen Ablauf unterworfen ist, die Vergänglichkeit in sich trägt und gleichzeitig dem Verlust etwas Neues entgegensetzt.

Ich habe das Opernhaus auch als einen Ort beschrieben, der eine lustvolle Regression im Dienste des Ichs fast ähnlich einer protoanalytischen Erfahrung ermöglicht. Sofern es gelingt, sich dem Sänger und der Musik anzuvertrauen und die dadurch angestoßene Trauerarbeit nicht vermieden wird, kann sich ein progressionsfördernder gemeinsamer affektiver Austauschprozess entwickeln, in dem primäre Emotionen wieder zur Resonanz kommen, das Selbstgefühl eine Auffrischung erfährt und auch die Fähigkeit zur Getrenntheit neu überarbeitet wird. Dieser Prozess betrifft schließlich auch die Interaktion mit der kulturellen Umwelt.

Literatur

Anzieu, Didier (1991): Das Haut-Ich. Frankfurt/M. (Suhrkamp).
Bion, Wilfried R. (1962): Learning from Experience. London (Heinemann) 1990. Dt.: Lernen durch Erfahrung. Frankfurt/M. (Suhrkamp).
Callas, Maria (2002): Musik ist die erhabenste Art, Dinge zu sagen. In: Rieger, E. & Steegmann, M. (Hg.): Göttliche Stimmen. Frankfurt/M., Leipzig (Insel).
Celletti, Rodolfo (1989): Geschichte des Belcanto. Kassel (Bärenreiter).
Fischer, Peter-Michael (1998): Die Stimme des Sängers. Stuttgart (Metzler).
Gerhard, Anselm (1992): Die Verstädterung der Oper. Stuttgart (Metzler).
Gundermann, Horst (1994): Phänomen Stimme. München, Basel (Reinhardt).
Honolka, Kurt (1960): Die großen Primadonnen. Stuttgart (Cotta).
Kluge, Alexander (2001): Herzblut trifft Kunstblut. Berlin (Vorwerk).
Leikert, Sebastian (2001): Der Orpheusmythos und die Symbolisierung des primären Verlusts – Genetische und linguistische Aspekte der Musikerfahrung. Psyche 55, 1287–1306.
Leikert, Sebastian (2007): Die Stimme, Transformation und Insistenz des archaischen Objekts – Die kinetische Semantik. Psyche 61, 463–492.
Maiello, Susanna (1999): Das Klangobjekt. Über den pränatalen Ursprung auditiver Gedächtnisspuren. Psyche 53, 137–157.
Oberhoff, Bernd (2007): Mütterliches Klangsprechen im Madrigal des 16. Jahrhunderts. In: Oberhoff, B. & Leikert, S. (Hg.): Die Psyche im Spiegel der Musik. Gießen (Psychosozial-Verlag).

Racker, Heinrich (1965): Psychoanalytische Betrachtungen über die Musik und den Musiker. In: Oberhoff, B. (Hg.): Psychoanalyse und Musik. Gießen (Psychosozial-Verlag).
Risi, Clemens (2005): Oper. In: Fischer-Lichte, E.; Kolesch, D. & Warstat, M. (Hg.): Metzler Lexikon Theatertheorie. Stuttgart (Metzler).
Schädler, Jürgen (1990): Musikalisches Theater. In: Möhrmann, R. (Hg.): Theaterwissenschaft heute. Berlin (Dietrich Reimer).
Scholz, Dieter D. (1999): Mythos Primadonna. Berlin (Parthas), S. 239–244.
Stern, Daniel N. (1993): Die Lebenserfahrung des Säuglings. Stuttgart (Klett-Cotta).
Tomatis, Alfred A. (1995): Das Ohr und das Leben. Erforschung der seelischen Klangwelt. Düsseldorf (Walter).
Walter, Michael (1997): Die Oper ist ein Irrenhaus. Stuttgart (Metzler).
Wurmser, Léon (1990): Die Maske der Scham. Berlin (Springer).

Musik, Oper, Sprache des Begehrens
Psychoanalyse und Poetik des Orpheus
Sebastian Leikert

1. Einleitung

Der nachstehende Text kann als Interpretation des etwas orakelhaften Wortes Adornos gelesen werden, man sage »kaum zuviel mit dem Satz, alle Oper sei Orpheus« (Adorno 1955, S. 31). Die Verbindung des Orpheusthemas zur Musik und insbesondere zur Oper hat mich schon an anderer Stelle beschäftigt (Leikert 2005, 2007b). Mit Adorno werde ich nun versuchen, ein Stück weit in die komplexe Wechselwirkung von Musik und Mythos einzudringen und dabei zunächst anhand der ersten aller Opern, dem *Orfeo* von Monteverdi, die ethische Leistung dieser Gattung zu umreißen. Die Oper erforscht das menschliche Begehren und steht darin der Psychoanalyse nahe. Die Poetik des Orpheus lässt sich aber nicht unter die freudsche Psychoanalyse subsumieren, sondern weiß diese, wie ich mit Cocteau zu zeigen versuche, in einem zentralen Punkt zu erweitern.

Warum aber scheint der Orpheusmythos so zentral und inwieweit bietet er einen Schlüssel zum Verständnis der Musik? Folgende Thesen mögen einen Überblick über den Gang der Untersuchung geben.

➢ Die Musik artikuliert das Begehren, das gleichermaßen einen Bezug zum Mangel wie zur Sinnlichkeit zeigt.
➢ In der Musik erfahren wir dies als ein Hineingezogen-Werden in die Welt der kinetischen Semantik, jener archaischen Sprache des Klangs, die allein über die Momente der Sinnlichkeit strukturiert ist und in der für Momente eine Einheit mit dem Objekt erlebt wird, die in der Welt der Sprache verloren ist.

- Dieses Drama vom Verlieren, Wiederfinden und Wiederverlieren ist im Orpheusmythos beschrieben.
- Die Oper sucht dieses Verhältnis in einer Szene abzuspiegeln und greift dabei von Beginn an auf den Orpheusmythos zurück, Monteverdis Leistung soll hier beleuchtet werden.
- Aber was geschieht mit der Erfindung der Oper? Mit Adorno werde ich diesen Schritt als eine ethische Revolte genauer analysieren.
- Nicht nur in der Handlung, sondern auch in der musikalischen Struktur selbst, sucht die Oper, Sinnlichkeit und Mangel in eine enge Verbindung zu rücken. Auch hier werde ich mich auf Monteverdi beziehen.
- Mit Jean Cocteau können wir schließlich, ausgehend von einer Poetik des Orpheus, das psychoanalytische Verständnis des Begehrens präzisieren.

2. Das Begehren

Das Begehren wird umgangssprachlich mit dem Wunsch nach der sexuellen Vereinigung mit dem Objekt zusammengebracht. Begehren meint allerdings weniger den sexuellen Akt als die Bezogenheit auf das begehrte Objekt. Begehren ist demnach sowohl durch die *sinnliche Fusion* mit dem Objekt als auch den *Mangel* bestimmt, der mit der Abwesenheit dieses Zustands verbunden ist.

Das Begehren sucht die sinnliche Verschmelzung mit dem Objekt und findet in der Musik eine Sprache, in der dieser Erlebensprozess vorgezeichnet ist. Die Musik wurzelt in der primären Beziehung zur Stimme, in den ersten emotionalen Botschaften, die das Ungeborene von der Stimme der Mutter empfängt. Die belebende Stimme der Mutter übermittelt erste Erfahrungen eines emotionalen vitalisierenden Verwandlungsprozesses. Aber auch destruktive, verfolgende Erfahrungen werden bereits über vorgeburtliche Erfahrungen mit der Stimme gemacht.

Entscheidend beim Verständnis der Musik ist, dass sie Bedeutung anders entwickelt als die Sprache. Sie benutzt eine andere Semantik, ich spreche hier von der *kinetischen Semantik*. Darunter verstehe ich eine Form der Herstellung und Transformation von Bedeutung, die sich rein durch die innere Organisation der sinnlichen Wahrnehmung herstellt und nicht durch überzeitlich stabile Symbole, wie die Sprache sie verwendet. Ich unterscheide also zwischen der kinetischen Semantik der Musik und der lexikalischen Semantik der Sprache (Leikert 2007a, 2008).

Für die kinetische Semantik stelle ich noch einmal die zwei Kennzeichen heraus, auf die es mir hier ankommt: Die kinetische Semantik strukturiert sich aus dem *sinnlichen Augenblick*, d. h. über eine Integration der von außen eintreffenden Reize, bei der Musik natürlich der akustischen Reize, mit der Binnenwahrnehmung, also mit der Empfindung des Selbst.

Der zweite Punkt neben der Sinnlichkeit ist die Fusion mit dem Objekt. Er geht im Grunde aus dem bereits Gesagten hervor. Das Objekt ist in diesem Modus des Erlebens ein Wahrnehmungsobjekt oder, wie Tustin (1989) sagt, ein »Empfindungsobjekt«. Dabei wird das Objekt quasi ins Erleben eingeschmolzen. Die »Mutter [... wird] als ein solches zum eigenen Körper gehöriges ›Empfindungsobjekt‹ betrachtet« (Tustin 1989, S. 15). Auch bei Tustin finden wir folglich eine Fusion von Wahrnehmung des Objekts und Empfinden des körperlichen Selbst ohne Unterscheidung von Selbst und Objekt.

Ähnliche Themen finden wir bei Ogden (1995) unter dem Begriff der »autistisch-berührenden Position« oder bei Bollas (1987) unter dem Begriff des »Verwandlungsobjekts«. Ich fasse mich in diesem Punkt kurz, weil ich mich hier auf die Frage konzentrieren will, wie sich dies in der Oper widerspiegelt. Dennoch möchte ich an dieser Stelle die Verbindung zwischen der Struktur der Musik und dem Thema des Orpheusmythos andeuten.

3. Die Form der Musik und der Inhalt des Orpheusmythos

In der kinetischen Semantik sucht das Subjekt die Verschmelzung mit dem Objekt, zunächst also mit dem Objekt Mutter. Nun ist die Mutter aber keineswegs ein folgsamer Trabant des Erlebens des Säuglings, sondern hat durchaus ihre eigenen Umlaufbahnen. Beispielsweise unterhält sie in Liebe und Konflikt eine Beziehung zu ihrem Partner. Wir erkennen das Drama des Orpheus: Eurydike stirbt. Doch halt, sie stirbt eigentlich gar nicht, sondern wird erst durch ihre Abwesenheit geboren. Eurydike hat im Mythos keine erkennbare Gestalt. Der Mythos erfindet gerade einmal eine Todesursache für Eurydike, nämlich einen Schlangenbiss, der sich anlässlich der sexuellen Nachstellung durch einen anderen Mann ereignet. Durch einen anderen Mann, in welchem man durchaus den von der Mutter begehrten Vater erkennen kann (Duparc 1983). Aber die Todesursache ist auch schon alles, was wir von Eurydike erfahren, ansonsten ist ihre Rolle stumm.

Eurydike erscheint als Objekt erst durch ihre Abwesenheit, vorher wurde sie in der Tat als ein zum eigenen Körper gehörendes Empfindungsobjekt wahrgenommen, bzw. in die Gestalt des Erlebens eingeschmolzen.

Das Drama des Orpheus entfaltet sich nun aus dem Versuch, das Verlorene wiederzuerlangen. Das Mittel der Suche ist bekannt, es ist die Musik, mit der Orpheus den Hades zu bezwingen versucht. Die suggestive Präsenz der Stimme ist eine Form, dem archaischen Objekt eine passagere, aber wirkmächtige Repräsentation zu geben. Eine Repräsentation allerdings, die in sich selbst mit dem Verlust geschlagen ist: Die Musik geht vorüber, sie verzehrt sich in ihrer Erfüllung.

Nun ist der Mythos aber ein sprachliches Produkt, insbesondere der Orpheusmythos geht mit der Sprache jedoch auf die Musik zu. Er handelt von einem Musiker, von der Macht der Stimme, von der Suche nach der verlorenen Fusion. Der Orpheusmythos besingt das Begehren. Seine Einführung in die Musik hat etwas mit dem Versuch zu tun, die Sprache nicht mehr normativ, d. h. religiös einzusetzen, sondern Sprache als ein Vehikel zu nutzen, das Begehren zu erforschen.

4. *L'Orfeo, Favola in musica*

Im Februar 1607 wurde am Hof in Mantua zunächst als Experiment im kleinen Kreis eine neue Form erprobt, Musik und Sprache zu verbinden. Das Experiment fand Resonanz und wurde im größeren Kreis wiederholt. *L'Orfeo, eine Fabel in Musik*, gilt heute als erste Oper. Claudio Monteverdi begründete eine Gattung, die über die Jahrhunderte hinweg eine autonome Tradition und Wirkung erzeugt. Was war geschehen? Welchen Schritt hatte Monteverdi hier vollzogen?

Ungeachtet der musikalischen Neuerungen, die Monteverdi einführt, glaube ich, dass der Schritt im Kern nicht *musikalischer*, sondern *ethischer* Natur war. Gern wird die *seconda pratica* hervorgehoben, also die Orientierung der Musik auf die Monodie im Gegensatz zur Polyphonie. Diese eher gesangliche als kontrapunktisch überladene Inszenierung der Stimme setzte sich neben der größeren Textverständlichkeit zur Aufgabe, Affekte differenziert darzustellen. Diese Orientierung auf den Affekt ist aber nur ein Teil der Neuausrichtung des musikalischen Diskurses. Die Affekte hätte Monteverdi ja auch weiterhin in konventionellen Madrigalen oder einzelnen Arien schildern können. Die Orientierung am Affekt ist auch innerhalb des Rahmens der geistlichen Musik möglich, wie Monteverdi selbst in der Marienvesper von 1610 demonstrierte.

Neu an der Oper ist vor allem der vorausweisende Rückgriff auf den antiken Mythos. Diese Wiedergeburt des Mythos auf der Bühne der Musik vollzog sich innerhalb des Umbruchs der Renaissance, der eine Abkehr vom Denk- und Fühlverbot des Mittelalters und eine Hinwendung zur Erforschung der inneren und äußeren Realität bedeutete. Neue ökonomische Freiheit des Handels sowie technische und wissenschaftliche Entwicklungen boten neue Formen der Aneignung der äußeren Realität. Für die Wissenschaft mag der Name *Galilei* den Aufbruch markieren, der, zeitgleich mit Monteverdi, einen sich von den Dogmen der Kirche befreienden Geist kennzeichnet. Die gleiche Freiheit der Erforschung finden wir nun bei Monteverdi und das Mittel der Erforschung der seelischen Realität ist der Mythos, der, gestützt auf die Musik, seelische Strukturen ausleuchtet.

Die Unterscheidung von Religion und Mythos lässt sich mit Langer im Sinne einer Verleugnung oder einer Anerkennung des Mangels kennzeichnen. »Während die Religion von blinder Lebensanbetung und magischer Todesabwehr zu einem definitiven Lebenskult« führt (Langer 1942, S. 172), bedeutet der Mythos eine Anerkennung der Konflikthaftigkeit der menschlichen Existenz. »Sein letzter Sinn ist nicht eine wunschgeborene Entstellung der Welt, sondern eine ernste Anschauung ihrer fundamentalen Wahrheit, nicht Flucht, sondern sittliche Orientierung« (ebd., S. 178).

Wenn ich das Moment der Erforschung der menschlichen Welt in den Mittelpunkt stelle, so betone ich den aufklärerischen Impetus der Oper. Aufklärung ist hier jedoch nicht als Aufforderung gemeint, sich seines Verstandes ohne die Leitung eines anderen zu bedienen, wie Kant es formulieren sollte. Es handelt sich bei der Oper um eine erlebensorientierte Aufklärung. Um eine Erkenntnis, die Wirkung über die Wucht des sinnlichen Erlebens erzielen will, eine Forschung, die auch verändern will. Die Oper zeigt ein Junktim zwischen Erkenntnis und Transformation.

In diesem Sinne hat Monteverdi also nicht einfach eine neue Form des Pläsiers erfunden, sondern der Gesellschaft der Renaissance einen Modus der Veränderung ihrer Erlebensweise angeboten, in dem insbesondere auch die Individualität musikalisch zum Thema wurde (Oberhoff 2006). Wie sich das selbstbewusste italienische Bürgertum nicht länger in religiösen Bildern spiegeln wollte, forderte es auch eine Musik, in welcher der säkularisierte Mensch sein Leiden, seine Konflikte und sein freies Genießen widergespiegelt und erhöht erleben wollte.

Die Oper ist eine Schöpfung, die das Drama des Begehrens darstellt. Die Oper ist eine Erforschung des Begehrens wie die Psychoanalyse die Erforschung des individuellen Begehrens ist. Zwar weiß auch die Passion, Scheitern und Mangel eindrucksvoll zu inszenieren (Hirsch 2007). Sie erfüllt ihren Sinn jedoch in der Affirmation eines positiven Glaubens und schreckt vor der Begegnung mit Tod und Verlust zurück. Wo der Hörer der Oper im Motiv des Liebestodes wirklich mit dem Schrecken konfrontiert ist, wird der Tod Christi durch die Auferstehung und ewige Richterschaft sofort wieder ins Positive gewendet und als letzte Erfahrung geleugnet.

Die Wendung zum Mythos, die Monteverdi vollzieht, ist eine Wegwendung von der doktrinären Norm der Religion, die letztlich auf die Erfüllung einer vorgegebenen heiligen Schrift zielt, und eine Hinwendung zum Mangel. Der Mangel öffnet den Raum für die subjektive Erfahrung und die persönliche Konstruktion von Bedeutung in einer menschlichen Welt. Die Kategorien des Mangel und des Begehrens sind eng verwoben.

> »Das Begehren ist eine Beziehung des Seins zum Mangel […]. Und es ist dieses Begehren, das gleichzeitig an der Quelle jeglicher Lebendigkeit ist. Wäre das Sein nur das, was es ist, dann gäbe es nicht einmal den Platz, um von ihm zu reden« (Lacan 1955, S. 283).

In mannigfacher Weise wird die Oper durch den Mangel motiviert, sie umkreist ihn, ohne ihn zu schließen. Und doch gibt es einen fundamentalen Unterschied in der Auffassung des Begehrens bei Lacan, bzw. in der Oper, ein Unterschied jedoch, von dem, wie ich glaube, die Analyse durchaus profitieren kann.

5. Adornos Psychologie der Oper

Bei Lacan ist die Rollenverteilung klar: die Sprache artikuliert und lässt das Begehren allererst entstehen. Das Begehren ist ein Effekt der Sprache. Die

Sprache ist der Schlüssel zur inneren Welt, die durch sie eine Gestalt erhält. In der Oper sind die Rollen anders verteilt. Ich komme auf Adorno (1955) zurück, der diesen Punkt sehr genau analysiert. »In der Oper *greift die Musik* in den blinden ausweglosen Naturzusammenhang des Schicksals [...] *verändernd ein*« (S. 30, Hervorhebung S. L.). Bei Adorno ist also die *Musik*, und nicht die Sprache, die verändernde und transformierende Kraft.

Dies ist intuitiv überzeugend, tritt doch in der Renaissance eben die Musik zum Mythos hinzu, um ihn wieder zur Wirkung zu bringen. Diese Spur begründet auch die Wahl des Mythos, denn in der Tat ist es bei Orpheus ja die Macht der Musik, die es ihm erlaubt, Eurydike wiederzuerlangen. Wie aber denkt Adorno diese transformierende Macht der Musik und wie können wir dies in unsere Terminologie übersetzen?

Zunächst umschreibt Adorno die Musik als *magisch*: Die Oper ist für ihn die spezifisch bürgerliche Form, »inmitten der entzauberten Welt« das »magische Element der Kunst zu bewahren [...]. Die Oper war dazu umso tauglicher, als Musik selbst das bloße Dasein erhöht, auf das sie auftrifft« (S. 27). Aber wie macht sie das? Wie denkt Adorno diese Wirkung der Musik, durch die alles, was ihr magischer Strahl trifft, »erhoben und verklärt« wird (S. 34)?

In unserer Terminologie setzten wir statt der *magischen* die *kinetische* Wirkung der Musik ein und behaupten, dass der verklärende und intensivierende Faktor der Oper darin liegt, dass die Musik das Subjekt in den archaischen Erlebensmodus hineinzieht, der uns die urtümlichen inneren Konflikte, wie sie im Mythos dargestellt sind, in *körperlicher* Weise erfahren lässt. Die Musik wirft die Fackel über die Brandmauer der sprachbedingten Identifizierungen und ergreift den versachlichten Menschen. Adorno deutet ebenfalls einen fusionellen Modus des Erlebens an, auf den das Singen sich stützt.

> »Das Singen, Utopie des prosaischen Daseins, ist zugleich auch die Erinnerung an den vorsprachlichen, ungeteilten Zustand der Schöpfung [...]. Der Gesang der Oper ist die Sprache der Leidenschaft: nicht nur die überhöhende Stilisierung des Daseins, sondern auch Ausdruck dessen, dass die Natur im Menschen gegen alle Konvention und Vermittlung sich durchsetzt, Beschwörung der reinen Unmittelbarkeit« (S. 35).

Zunächst finden wir Punkte unseres Erklärungsmodells wieder: Auch Adorno geht von einer Vorzeit aus, in der unmittelbar – ich würde sagen sinnlich-kinetisch – erlebt wird und in dem die Utopie der Ungetrenntheit ein Regulativ ist. Bei dem zweiten Punkt gehe ich nur zum Teil mit: Was meint Adorno mit *Natur*?

Das Prinzip des Begehrens und das Prinzip der Oper ist das der Differenz und des Mangels, der Lust an der Verschiedenheit und nicht das Prinzip der Revolution der einen Konvention (Natur) gegen eine andere Konvention (Bürgerlichkeit). An anderer Stelle benennt Adorno diese Lust an der Verschiedenheit auch sehr klar, wenn er von dem »Exogamiemotiv« der Oper spricht (S. 33). Er hebt heraus, dass, mit Ausnahme des inzestverliebten Wagner, die Liebe in der Oper der *Fremden* gilt, der Orientalin in Mozarts *Entführung aus dem Serail*, der *Afrikanerin* bei Meyerbeer, der Ägypterin in Verdis *Aida* der Zigeunerin in Bizets *Carmen* oder der Kurtisane in Verdis *La Traviata*: »alles Fremde oder Verfemte, an dem Leidenschaft entflammt und in Konflikt gerät mit der etablierten Ordnung« (S. 32), ist Objekt des Begehrens in der Oper.

Wenn die Lust an der Differenz aber ein fundamentales Prinzip der Oper ist, so lässt sich Adornos Appell an die *Natur* und an die *reine Unmittelbarkeit* nicht als Anbetung einer neuen Konvention lesen. Natur kann nicht die neue gute Ordnung sein im Sinne des edlen Wilden bei Rousseau. Nein, die Differenz bleibt bestehen, ja, sie wird sogar gefeiert. Nichts ist die Oper weniger als eine Pastorale, die Oper ist die *Apotheose der Differenz*. Dies kann nicht nur am Exogamiemotiv abgelesen werden, sondern vor allem am tiefsten Symbol der Oper, dem *Liebestod*.

Im Exogamiemotiv begegnete uns das Prinzip der Differenz als Inhalt des Opernszenarios zuerst, im Liebestod findet es seinen konsequentesten Ausdruck, die absolute Differenz zum Leben ist der Tod. Unzählige Variationen hat die Oper gefunden, um dieses Thema zu variieren. Der freiwillige Tod Aidas, der tragische Tod der Tosca, die Tötung des unmäßig liebenden Don Giovanni, vor allem aber die Liebe des Sängers zu einer Toten: die Liebe des Orpheus zu Eurydike.

Das Objekt ist verloren, wird zeitweise wiedergefunden, stets aber wieder verloren: Der Kern der Oper ist tragisch. Das Ausmaß, in dem diese Tragik angenommen und dargestellt wird ist äußerst verschieden. Wie ich an anderer Stelle ausgeführt habe (Leikert 2007b), glaube ich, dass Verdi einen großen Schritt vorwärts in der Subjektivierung des Begehrens getan hat. In *La Traviata* gelingt es ihm, dem Scheitern ein menschliches Gesicht zu geben, es weder zu verleugnen noch ins Mythische zu projizieren. Zuvor war das tragische Moment des Begehrens stets den Göttern vorbehalten gewesen, während das menschliche

Personal lediglich den komischen Aspekt der Begegnung von Mann und Frau aufführen durfte: den alten Junggesellen, die naive Magd etc.

In doppeltem Sinne erweist sich Verdi hier als Vorgänger Freuds: Zum einen schreitet er in der Subjektivierung des Begehrens voran, indem er dessen Drama nicht auf die Leinwand Leid gewohnter Götter projiziert. Zum anderen erforscht er, auch hierin ein Vorgänger Freuds, das Begehren vor allem als das Begehren der Frau. So wie Freud seine »talking cure« aus der Begegnung mit der Hysterikerin entwickelt (Freud 1905), sind es die Frauen, die Verdi interessieren, eine Violetta, eine Aida oder eine Luisa Miller fesseln seine Aufmerksamkeit.

6. Die Stimme und die Darstellung des Mangels in der Oper

Man könnte nun eine Anzahl von Opernstoffen aufreihen und zeigen, inwieweit sie das Prinzip des Mangels szenisch umkreisen. Interessanter scheint jedoch der Versuch, nachzuzeichnen, wie die Oper dies innerhalb der Musik selbst, genauer: in der Behandlung der Stimme, leistet.

Die Stimme als energetischer Brennpunkt der Oper ist Schauplatz für die Erforschung des menschlichen Begehrens. Ich möchte nun die zwei Pole der Stimme, die belebende und die verfolgende Stimme, untersuchen und fragen *ob* und *wie* sie in der Oper einen Platz gefunden haben. Ich beginne mit der verfolgenden Stimme.

In seiner Studie zur Darstellung des Numinosen in der Oper stellt Hammerstein (1998) die Frage nach einer Stimme, die im Gegensatz zur reichen Affektivität der Oper steht und einen drohenden Kontrast setzt. Es geht ihm darum, eine Tradition der unheimlichen, der jenseitigen Stimme aufzuzeigen. Die wohl berühmteste Stelle der Opernliteratur, die diese Stimme in Szene setzt, ist die Stimme des Komturs in Mozarts *Don Giovanni*. Es ist die Stimme, die das Lebendige begrenzt, beschneidet oder sogar tötet. Hammerstein beschreibt den diametralen Gegensatz dieser Stimme zum sonstigen Gebrauch der Stimme in der Oper. Diese jenseitige Stimme hat

> »antithetische Funktion und Bedeutung. Denn während im Mittelpunkt der Oper durchweg die Darstellung des Menschen und seiner Affekte steht […,]

sind diejenigen für den numinosen Bereich gerade durch die Abwesenheit und Vermeidung der menschlichen Affektsphäre gekennzeichnet. Sie sind geradezu deren Negation, numinose Inseln, eingelagert in den dramatischen Verlauf, Stimmen aus einer anderen Welt« (ebd., S. 3).

Inhaltlich geht es bei dieser Stimme des Toten darum, ein verhängnisvolles Schicksal zu repräsentieren. Die Stimme wird hier in ihrer Macht, Leben zu zerstören, dargestellt. Wichtiger als die inhaltliche Aussage sind für unsere Analyse jedoch die musikalischen Mittel, mit denen die Erfahrung des Schreckens dargestellt wird. Hammerstein beschreibt vor allem die Abwesenheit von Artikulation, d. h. die Starre des musikalischen Feldes. Keine Melodie zeichnet sich ab, der Rhythmus bleibt ohne lebendiges Pulsieren. Es ist wirklich die musikalische Darstellung des Todes, wenn man Leben mit Bewegung identifiziert. Der Inhalt des verhängnisvollen Orakels ist quasi nur die Emanation der empfundenen Leblosigkeit und Angst angesichts dieser Negation des Affekts inmitten des stimmlichen Ereignisses.

Diese Stimme, die Stimme des Numinosen, verweist auf eine andere, auf eine unheimliche Wirklichkeit – Hammerstein spricht von einer »Urdisposition« die jeder Hörer mitbringt (ebd., S. 2). Diese Urdisposition wurzelt in meinem Verständnis in der genetischen Vorzeit der pränatalen Existenz, in welcher das Subjekt in seinem unmittelbaren Lebensgefühl der Stimme, die noch nicht einem abgegrenzten Objekt zugeschrieben werden kann, ausgeliefert ist. Die verfolgende Stimme führt zu einer Starre im erlebenden Subjekt. Um die Darstellung dieser numinosen Stimme scheint es hier zu gehen.

Hammerstein entwickelt nun eine »nach rückwärts erweiterte Genealogie des Komturorakels« (ebd., S. 2) und stellt dar, wie Mozart musikalische Topoi aufgreift, die sich bereits bei Gluck, Rameau, Scarlatti, aber auch bei Monteverdi finden. Hammerstein verfolgt die Motivgeschichte dieses musikalischen Topos zurück bis zur ersten Oper, dem *Orfeo*, bis zu »Monteverdi, der, wohl als Erster, jenes Ausdrucksmittel zur Charakterisierung des feierlich Numinosen einführte, das seinerseits topisch wurde: lang gehaltene Streicherakkorde über der (unverzierten) Singstimme« (ebd., S. 39). Vor allem aber ist es die Abwesenheit musikalisch atmender Artikulation, welche Beklemmung und Furcht auslöst.

Interessant ist nun der Punkt, an dem Hammerstein den Ursprung dieses musikalischen Topos verortet, es ist die Arie *Potente Spirito*, in der Orfeo durch seinen Gesang den Caronte, den Kerberos, betört, ihn einzulassen. Auf die letzte Strophe dieser komplex gebauten Arie werde ich noch zurückkommen.

7. Die belebende Stimme

Die Oper hat sich der Darstellung und Erforschung des Affektlebens verschrieben. Nicht mehr die Unterordnung unter das göttliche Gesetz, sondern die Abenteuer des Begehrens: Intrige, Lust, Verwirrung, Angst und Sehnsucht sind ihr Thema. Die Stimme verbindet diese Szenarien mit dem Körper. Ihre Suggestivität vermittelt dem Zuhörer die Lebhaftigkeit der Affekte durch die von ihr ausgelöste kinetische Resonanz.

Es ist die Stimme, die das Leben bedeutet. Die neue Form, die Oper, entzündet das sich befreiende Affektleben im Hörer der Renaissance. Hier finden wir eine erste Bestätigung für Adornos These, die Musik bringe den Mythos zur Wirkung. Es ist die Macht der Stimme, welche die neue Ordnung des Erlebens autorisiert. Die Oper ist die Befreiung des Gefühls, quasi der Rock'n'Roll der aufscheinenden Neuzeit.

Wenn die Stimme aber eine solch prominente Stellung und Funktion hat, wird die Oper auch ein Interesse daran haben, die Stimme *als solche* darzustellen, sie also von der mythischen Rahmenstruktur abzulösen und als solche, als Leben spendende Stimme, darzustellen. Unter den vielfältigen Formen, welche die Oper entwickelt hat, um die Stimme als solche darzustellen, greife ich die stets bestehende Spannung zwischen Stimme und Text auf. Die Stimme hat die Tendenz, sich von der Klammer des Wortes zu befreien. In dieser Hinsicht ist die künstlerische Entscheidung Monteverdis interessant, nämlich die *seconda pratica*. Damit ist die enge Bindung der musikalischen an die textliche Gestalt der Aussage gemeint, eine Bindung, die Monteverdi auch als *parlar cantando* bezeichnete: Jeder Note wird eine Silbe zugeordnet. Damit grenzt sich Monteverdi zunächst vom komplexen polyfonen Satz ab, d. h. von der Kunst der Kontrapunktik und ihrer auf die göttliche Ordnung verweisenden Bedeutung. Musikpraktisch erreicht das *parlar cantando* jedoch vor allem eine höhere Textverständlichkeit und bildet dadurch die praktische Voraussetzung dafür, die emotionale Botschaft des Wortes zur Wirkung zu bringen.

Im Laufe der Operntradition entwickelte sich eine weitere Form des

Gebrauchs der Stimme, die nicht in die Richtung der Polyfonie ging, sich aber ebenfalls vom *parlar cantando* und damit von der Textverwiesenheit der Stimme losriss, nämlich der *Belcanto*. Der Belcanto ist die Feier der Stimme als solche, der Hymnus der Stimme jenseits des Textes. Ein Gebrauch der Stimme, der das Genießen zelebriert und sich nicht nur von der klerikalen Bindung, sondern auch vom weltlichen Text emanzipiert, um die Freiheit der Stimme als solcher zu feiern.

Es ist nun erstaunlich, dass eben dies bereits bei Monteverdi angelegt scheint, und zwar umso erstaunlicher, als seine künstlerische Entscheidung eigentlich in die andere Richtung, d. h. in die einer besonders engen Verschränkung von Stimme und Text ging. Für Wiesend (2003) ist der Belcanto bereits bei Monteverdi angedeutet. »Der Belcanto meldet bereits in diesem frühen Zeugnis der Gattungsgeschichte vernehmlich seinen Anspruch als eigene Dimension nicht nur der Ausführung, sondern bereits bei der Konzeption der Oper an« (S. 230).

Überraschenderweise sucht Wiesend zum Beweis seiner These gerade die Arie des *Orfeo* auf, von der bereits die Rede war, nämlich die Beschwichtigung des Caronte durch Orpheus. Hatte sich Hammerstein vor allem auf die letzte der sechs Strophen bezogen, so verweist Wiesend auf die paradoxe Konzeption der Arie im Ganzen.

> »In singulärer Weise hat Monteverdi für die Gesangsstimme dieses Aufrufs zwei Versionen notiert: Zunächst eine Fassung im einfachen monodischen Duktus, wie bei den meisten übrigen Passagen der Oper, und dann eine extrem ausgezierte Version, die der Singstimme letzte Virtuosität abverlangt« (ebd., S. 228).

Die Anlage der Arie ist demnach in sich polar, sie vereinigt die Gegensätze der seconda pratica und weist bereits vor auf das, was der Belcanto werden wird. Warum aber diese Aufspreizung der musikalischen Mittel? Warum dieser Verrat Monteverdis an seinem eigenen musikalischen Credo?! Wiesend konstatiert hier, »dass Monteverdi mit der Notation der verzierten Fassung das preisgegeben hat, was ihm zunächst Anliegen war, das ›parlar cantando‹, jenes singende Sprechen« (ebd., S. 230).

Wiesend liefert jedoch eine überzeugende Begründung für diese künstlerische Entscheidung: Im Augenblick der höchsten Gefahr des Verlustes, der Gefahr, von Karonte, dem Wächter der Unterwelt, definitiv und endgültig von Eurydike getrennt zu werden, mobilisiert der Sänger alle Register seiner stimmlichen Suggestivität. Was er als Sänger vermag, vermag er mithilfe seiner Stimme, die nun, im Augenblick höchster Not, als solche darzustellen ist. Die Stimme als solche soll das Objekt des Begehrens erreichen, soll Orpheus Eurydike zurückerstatten.

In der Zusammenschau der Forschungsergebnisse von Hammerstein und Wiesend wird ein erstaunlicher Fund sichtbar: Versteht man den Kult der Stimme, den *Belcanto* auf der einen Seite und das *Numinose* als Darstellung der jenseitigen, schrecklichen Stimme auf der anderen Seite als zwei polare Linien der Musik, die in psychoanalytischer Hinsicht in der archaisch zerstörerischen und der archaisch Leben spendenden Stimme wurzeln, so schneiden sich diese Linien an diesem präzisen Punkt. Die erste Oper ist wahrhaftig ein Ur/Sprung, in dem das Kommende, in einem einzigen Punkt verdichtet, bereits vorweggenommen scheint.

Der Sinn dieser Koinzidenz lässt sich erschließen. Er folgt einer strengen Notwendigkeit. Mit der Freiheit, jenseits der Norm das Begehren zu erkunden, geht die Nötigung zur Subjektivität einher, d. h. die Erfordernis, sich mit dem Mangel in all seinem Schrecken persönlich auseinanderzusetzen. Die Abwendung von der klerikalen Norm führt nicht zur Freiheit des Genießens, sondern zur Notwendigkeit einer persönlichen Auseinandersetzung mit den Gesetzen des Begehrens. Und das Begehren ist nicht lustig, sondern tragisch. Die Oper feiert nicht das Fest des Lebens, sondern begleitet das begehrende Subjekt in die Abgründe seiner Begegnung mit Verlust und Mangel.

Um noch einmal den mythischen (psychoanalytischen) Diskurs vom religiösen zu unterscheiden: Auch in der christlichen Legende, etwa in der Passion, begegnet das Subjekt dem Mangel. Aber diese Mangelerfahrung wird nicht persönlich, in eigener Gestaltung und Verantwortung durchlebt (denn nicht mein, sondern dein Wille geschehe) und zusätzlich mit der Hoffnung einer Evakuierung des Mangels im Paradies verbunden. Orpheus dagegen handelt in eigenem Namen, sein Weg ist nicht die Erfüllung einer vorgegebenen heiligen Schrift, sondern er durchleidet das Drama des Begehrens in eigener Verantwortung.

Die bei Monteverdi auffindbare Verschränkung der schrecklichen und der Leben spendenden Stimme entspricht der Ethik der Oper wie der Ethik der Psychoanalyse: Aus der Begegnung mit dem Schrecken des Mangels und der Kastration entsteht der Mut zu einem persönlich verantworteten Begehren, das dadurch zur Quelle der Lebendigkeit wird.

8. Die Poetik des Orpheus bei Jean Cocteau

Der kurze Streifzug durch die Oper ist fast beendet. Ich möchte das Orpheusthema jedoch nicht verlassen, ohne den Punkt zu beleuchten, an welchem das Denken des Orpheus in Differenz zu Freud und Lacan tritt. In Auseinandersetzung mit der pointierten Freudkritik Jean Cocteaus möchte ich nun zeigen, welche Rolle das Kinetische im Prozess des Begehrens einnimmt.

Cocteau erscheint mir als der Künstler, der die Poetik des Orpheus am klarsten erfasst hat. Seine Kritik an Freud und damit an Lacan, der sich in diesem Punkt nicht von Freud unterscheidet, geht von dieser Poetik des Orpheus aus und lässt sich in einem Satz zusammenfassen: »Freud ne recherche que la visibilité« – *Freud erforscht nur das Sichtbare* (Rave 1984, S. 15). Aus diesem Satz lässt sich sowohl etwas über die Musik als auch über die Natur des menschlichen Begehrens ableiten. Was aber ist nun die cocteausche Auffassung?

Für Cocteau ist das Kunstwerk eine *Hochzeit* zwischen dem Bewussten und dem Unbewussten. Cocteau bleibt in der Metapher der erotischen Begegnung, wenn er das Schreiben mit einem Liebesakt vergleicht:

> »Zu Schreiben ist ein Liebesakt. Wenn es das nicht ist, ist es nur Geschreibsel. Zu Schreiben bedeutet, dem Mechanismus der Pflanzen und Bäume zu gehorchen und sein Sperma um sich herum zu verstreuen« (Rave 1984, S. 112, Übersetzung S. L.).

Charakteristisch für diesen Theoretiker des Orphischen ist, dass er das Kunstwerk von seinem erotisch prozessualen Charakter her auffasst. Kunst ist für ihn »sexualité psychique« (ebd., S. 13), eine Formulierung die Freud, ungeachtet seiner Sexualtheorie und der Theorie der Sublimierung, nicht gewählt haben würde. Die Auffassung der Kunst als *psychischer Sexualität* lässt sich ohne Zwang auf die Musik anwenden, repräsentiert sie in ihren Rhythmisierungen, Steigerungen und Höhepunkten doch durchaus mehr vom Geschehen des Sexualaktes, als dies in den dürren Regularien des Lustprinzips, das ja angeblich den kürzesten Weg zur Abfuhr von Spannung sucht, beschreibbar wird.

Das Unbewusste beschreibt Cocteau nun in den Kategorien von *Tod*, *Nacht* und *Körper*. Im kreativen Akt setzt sich der Künstler der Erfahrung des Todes aus. »Ein Künstler muss, um geboren zu werden, mehrfach sterben«

(ebd., S. 20, Übersetzung S. L.). Es ist also vom Tod als der Erfahrung von *Verwandlung* die Rede. Vom Tod als der *Nichtung des Bestehenden*, von der Destruktion, aus der Neues hervorgeht. In gleicher Weise ist auch die *Nacht* gedacht. Auch hier ist die Grenze des Sichtbaren, des positiv Erkennbaren das Entscheidende. Eine Metaphorik, die Cocteau aus den frühesten orphischen Schriften entlehnt, nämlich von der »schattenbeflügelten Nacht«, aus der alles entstand (Storch 1997, S. 62).

Auch der cocteausche Begriff des Körpers fügt sich hier ein, der Körper ist wie bei Schopenhauer Ursprung aller Bedeutung, ohne selbst erkennbar zu werden. Diese Poetik sieht Cocteau nun im Orpheusmythos geschildert. Selbstbewusst beschreibt er seinen Film *Orphée* als »das erste Mal, dass man die Nacht im Tageslicht erblicken könne« (Rave 1948, S. 35, Übersetzung S. L.).

Wo aber tritt Cocteau in Differenz zu Freud? Und kann man diesen drogensüchtigen, bisexuellen, mutterfixierten Surrealisten in seiner Kritik am Meister ernst nehmen, zumal sich Cocteau offenbar auf eine äußerst schmale Freudlektüre stützt? Ich glaube, das zentrale Argument Cocteaus hat Bestand.

> »Freuds Fehler ist es, aus unserer Nacht eine Rumpelkammer gemacht zu haben, die sie diskreditiert, sein Fehler ist, sie geöffnet zu haben, obgleich sie ohne Boden ist und sich nicht öffnen lässt« (ebd., S. 14, Übersetzung S. L.). Die scheinbaren Widersprüche der Passage lassen sich leicht entwirren, folgt man der zentralen Kategorie von Tod und Nacht, von der das Denken Cocteaus ausgeht: Mit dem Inhalt der *freudschen Rumpelkammer* meint Cocteau die positiven, also festgeschriebenen infantilen Reminiszenzen, die das freudsche Unbewusste bevölkern und von denen Cocteau seine radikal negative Kategorie des Unbewussten absetzt. Das cocteausche Unbewusste ist gerade die Begegnung des Bewussten mit dem »*Un*« des Bewussten, mit der Negation des Bewussten, mit der Grenzenlosigkeit und Nacht. In diesem Sinne ist es keine Paradoxie zu sagen, man könne das Unbewusste zugleich öffnen und nicht öffnen: Man kann es öffnen und dort kindliche Wünsche, Prägungen und Reminiszenzen – das Gerümpel der infantilen Kontingenz – auffinden. Man ist auf dieser Ebene aber noch nicht beim wirklichen Unbewussten angelangt, d.h. bei der radikalen Negation des Bewussten, das nicht im Vergessenen oder Verdrängten besteht, sondern in der Konfrontation mit dem *Nicht*, dem *Tod*, der *Nacht* des Bewusstseins.

In dem Film *Orphée* findet Cocteau ein faszinierendes Bild für dieses Thema. Den Eintritt in den Hades vollzieht der Protagonist nicht, indem er, einen Fluss überquerend, einen Hund durch Gesang einschläfert, sondern indem er einen Spiegel durchschreitet. Dieses Durchschreiten des Spiegels wird im Film gezeigt. In dem Augenblick, in dem die vorgestreckten Hände die Spiegeloberfläche berühren, hat diese eine Konsistenz wie Wasser. Beim Passieren der Oberfläche bilden sich Ringe, wie sie bei einem Steinwurf in eine ruhig stehende Wasserfläche entstehen. Die Hände, die Arme und schließlich der ganze Körper verschwinden in dieser merkwürdigen senkrecht stehenden Wasserfläche des Spiegels. Orphée befindet sich jetzt jenseits des Sichtbaren.

Dieses Bild verweist auf die Hadesfahrt des Orpheus und bildet eine linguistisch präzise Abbildung der Funktion des Gesangs. Sich im Spiegel zu sehen, bedeutet, sich selbst, sein Ego, zu reflektieren, d. h. im Spiegelstadium (Lacan 1949) gefangen zu bleiben. Den Spiegel zu durchqueren bedeutet, das Jenseits des Visuellen zu erreichen, die Nacht der Vorstellung, aber auch des Sprachlichen, zu betreten. Eben dies leistet die Musik. Nicht die imaginär reflexive Semantik der Vorstellung und des Wortes sucht Orpheus, sondern die Erforschung des Körpers ist sein Ziel. Seine Argonautenfahrt zielt darauf ab, diese Seite der Bedeutung und des Begehrens zu erforschen. Obwohl Cocteau hier nicht speziell an die Musik denkt, kreiert er, geleitet durch den Mythos des Orpheus, eine Metapher, die den Wirkmechanismus der Musik präzise beschreibt. Auch die Musik durchquert den Spiegel des Imaginären und schreibt sich in den Körper ein, den sie zugleich erforscht (Leikert 2008).

Cocteau wollte die menschliche Natur, das menschliche Begehren erforschen und darstellen. Und das Begehren sucht ebenfalls den Weg zurück in das Unmögliche der Sprache, in das, was der Sprache mangelt. Das Begehren sucht die körperliche Vereinigung mit dem Objekt und wird von der Musik, dieser wohl erlebensintensivsten *sexualité psychique*, trefflich repräsentiert, da die Musik ebenfalls über *die Nacht des Körpers*, d. h. über Mechanismen rezipiert wird, die jenseits der Vorstellung liegen.

Und an diesem Punkt wird nun der Unterschied zwischen Lacan und Cocteau deutlich: Für Lacan beginnt das Begehren in einer Beziehung zum Mangel, zu dem, was die Sprache ausschließt. Die Bewegung des Begehrens erfüllt sich aber in dem, was sich vom Begehren sagen lässt. Die Psychoanalyse ist die Anerkennung des Begehrens, sie formuliert das Begehren des Subjekts und lässt auf diese Weise »eine neue *Präsenz* in der Welt auftauchen« (Lacan 1955, S. 290, Hervorhebung S. L.). Das Begehren findet sein Ziel, nach Lacan in dem, was sich in die Scheune der Sprache einfahren lässt. Nach Cocteau hat das Begehren aber noch eine zweite Heimat: die Nacht der Sprache, den unzugänglichen Körper als Ursprung. Natürlich ist Cocteau auch angewiesen auf das Bild, auf die Sprache, aber er nutzt die Leinwand des Films, um das Durchqueren der Leinwand darzustellen; er braucht den Spiegel, um das Durchqueren des Spiegels darstellen zu können. Das Wesen des Begehrens liegt nach Cocteau also nicht darin, etwas vom Unsagbaren zu sagen, sondern darin, die Sprache und ihr Jenseits zu verbinden und dies kann nur in einer aktuellen *Performanz* (Pflichthofer 2008) geschehen, sei diese Aufführung künstlerischer oder therapeutischer Natur.

9. Schlussbemerkung

Die Oper erforscht das Wesen der Musik, sie stützt sich auf den Orpheusmythos. Wenn wir über den Orpheusmythos nachdenken, erfahren wir etwas über das Wesen der Musik. Ich habe zunächst die Verbindung der Musik zum Begehren angesprochen: wie das Begehren sucht die Musik eine Verbindung zur kinetischen Semantik, zu einem Modus der Erlebens, bei dem keine Trennung zum Objekt erlebt wird.

Das Orpheusthema scheint mir eine mythische Formel für diesen Prozess zu sein. Orpheus will das Unmögliche: Er will die absolute Grenze, die Grenze zum Tod, einreißen. Aber der Mythos weiß, dass dieser Versuch nur momentan gelingen kann. Alle Versuche, das Erreichen des Unmöglichen auf Dauer zu stellen, führen geradewegs in Sucht und Psychose.

In der Renaissance befreit sich der Mensch vom kirchlichen Dogma und beginnt mit der Erkundung seiner Innenwelt. Mit der Oper, mit *Orfeo*, erfindet Monteverdi ein Medium, in welchem Mythos und Musik eine Verbindung eingehen, die eine Erforschung der Affekte ermöglicht. Wie in der Psychoanalyse geht es nicht allein darum, Worte für das Begehren zu finden, sondern in einem intensiven Prozess die kinetische und die lexikalische Semantik miteinander zu verbinden. Untersucht man die Behandlung der Stimme genauer, so lässt sich zeigen, wie Monteverdi das Wesen des Begehrens erfasst, indem er die belebenden und die verfolgenden Aspekte der Stimme miteinander verschränkt. Sowohl die jenseitig bedrohliche Stimme als auch die lebendige Stimme des Belcanto sind in der Arie angelegt, in der Orpheus Einlass in den Hades begehrt.

In seiner Poetik des Orpheus findet Cocteau eine leuchtende Metapher für diesen Moment: Orpheus durchquert den Spiegel. »Ich verrate Ihnen das Geheimnis der Geheimnisse [...]. Die Spiegel sind die Tore durch die der Tod kommt und geht« (Cocteau 1988, S. 250).

Jenseits der Spiegel des Narzissmus erreicht Orpheus für Momente jene unmögliche, aber transformierende Begegnung mit dem Ausgeschlossenen. Oper und Psychoanalyse sind Schwestern, sie suchen der doppelten Heimat des Subjekts gerecht zu werden, indem sie in einer freien Erforschung des Begehrens, Körper und Sprache miteinander verbinden.

Literatur

Adorno, Theodor (1955): Bürgerliche Oper. In: Ders.: Gesammelte Schriften. Bd. 16. Frankfurt/M. (Suhrkamp), 1978, S. 24–39.
Bollas, Christopher (1987): Der Schatten des Objekts. Das ungedachte Bekannte: Zur Psychoanalyse der frühen Entwicklung. Stuttgart (Klett-Cotta), 2005.
Cocteau, Jean (1988): Filme. Werkausgabe Bd. 8. Frankfurt/M. (Fischer).
Duparc, Francois (1983): Orphée et Euridice – De la passion et de l'amour. Rev. Franc. Psychanal. 4, 1044–1060.
Freud, Sigmund (1905): Bruchstücke einer Hysterie-Analyse. GW Bd. V, S. 163–286.
Hammerstein, Rudolf (1998): Über die Stimme aus einer anderen Welt: Über die Darstellung des Numinosen in der Oper von Monteverdi bis Mozart. Tutzingen (Schneider Verlag).
Hirsch, Mathias (2007): Über das Weinen beim Hören der Matthäus-Passion. In: Oberhoff, Bernd & Leikert, Sebastian (Hg.): Die Psyche im Spiegel der Musik – Musikpsychoanalytische Beiträge. Gießen (Psychosozial-Verlag).
Lacan, Jacques (1949): Das Spiegelstadium als Bildner der Ichfunktion, wie sie uns in der psychoanalytischen Erfahrung erscheint. In: Schriften I, Olten (Walter), 1975.
Lacan, Jacques (1955): Das Seminar Buch II. Das Ich in der Theorie Freuds und die der Technik der Psychoanalyse. Olten (Walter), 1980.
Langer, Susan (1942): Philosophie auf neuem Wege. Das Symbol im Denken im Ritus und in der Kunst. Berlin (S. Fischer Verlag), 1965.
Leikert, Sebastian (2005): Die vergessene Kunst – Der Orpheusmythos und die Psychoanalyse der Musik. Gießen (Psychosozial-Verlag).
Leikert, Sebastian (2007a): Die Stimme, Transformation und Insistenz des archaischen Objekts – die kinetische Semantik. Psyche – Z Psychoanal 61, 463–492.
Leikert, Sebastian (2007b): Die Subjektivierung des Urkonflikts in der Passion und der bürgerlichen Oper – Die kinetische Semantik und ihre Inszenierung. In: Oberhoff, Bernd & Leikert, Sebstian (Hg.): Die Psyche im Spiegel der Musik. Gießen (Psychosozial-Verlag).
Leikert, Sebastian (2008): Den Spiegel durchqueren – Die kinetische Semantik in Musik und Psychoanalyse. Gießen (Psychosozial-Verlag).
Oberhoff, Bernd (2006): Heinrich Schütz – Eine musikpsychoanalytische Studie. Gießen (Psychosozial-Verlag).
Ogden, Thomas H. (1995): Frühe Formen des Erlebens. Wien (Springer-Verlag).

Pflichthofer, Diana (2008): Performanz in der Psychoanalyse: Inszenierung – Aufführung – Verwandlung. Psyche – Z Psychoanal 1, 28–60.
Rave, Klaus (1984): Orpheus bei Cocteau. Eine psychoanalytische Studie zu Jean Cocteaus dichterischem Selbstverständnis. Frankfurt/M. (Lang-Verlag).
Storch, Wolfgang (1997): Mythos Orpheus. Texte von Virgil bis Ingeborg Bachmann. Leipzig (Reclam).
Tustin, Frances (1989): Autistische Zustände bei Kindern. Stuttgart (Klett-Cotta).
Wiesend, Rüdiger (2003): Der gesungene Gesang. Implikationen und Wandlungen des Orpheus-Motivs in der Oper. In: Mundt-Espin, C. (Hg.): Blick auf Orpheus – 2500 Jahre europäischer Rezeptionsgeschichte eines antiken Mythos. Tübingen (Franke).

Die latente Ödipalität in Mozarts *Idomeneo*

Bernd Oberhoff

Ilia, die trojanische Prinzessin, die in griechischer Gefangenschaft lebt, beklagt ihr trauriges Schicksal. Einerseits hasst sie die Griechen, weil sie Troja zerstört haben, andererseits beginnen sich in ihr Liebesgefühle gegenüber dem kretischen Prinzen Idamantes zu entwickeln, der zu ihrem Lebensretter wurde.

Idomeneo, König von Kreta, hatte, als er in Seenot geriet, Gott Neptun gegenüber einen Schwur geleistet, er werde den ersten Menschen, dem er nach seiner sicheren Rückkehr an Land begegnet, auf dem Altar opfern. Dieser erste Mensch ist dann zu seinem Schrecken sein eigener Sohn Idamantes. Um die Opferung zu umgehen, plant Idomeneo, Idamantes außer Landes zu schicken. Doch Neptun fühlt sich hintergangen und schickt ein Ungeheuer, dass sich mordend über das Königreich hermacht. Nun bleibt Idomeneo keine andere Wahl, als die Opferung des Sohnes vorzunehmen. Idamantes ist bereit, das Opfer auf sich zu nehmen, um die Götter wieder zu besänftigen, ja, er fordert den zögerlichen Vater sogar dazu auf, ihm den Todesstoß zu versetzen. Im letzten Moment verhindert Ilia die grausige Tat, indem sie sich selbst als Opfer anbietet. Die Götter sind durch dieses mutige Verhalten versöhnt. Sie verzichten auf ein Menschenopfer und lassen durch eine unterirdische Stimme verkünden: »Idomeneo sei nicht mehr König, König sei Idamantes und Ilia seine Gemahlin.« Unter Jubelgesängen und einem Ballett werden der glückliche Ausgang und die Hochzeit des jungen Paares gefeiert.

Soweit die Opernhandlung. Nun werden Sie sicherlich fragen: Wo ist denn hier das Ödipale? Offenbar befinde ich mich mit meiner These gründlich im Irrtum, denn von ödipalen Affekten ist in dieser Oper weit und breit nichts zu entdecken. Der Königssohn Idamantes ist stets folgsam, edel und von reiner Gesinnung seinem Vater gegenüber. Welcher Vater würde sich nicht solch einen wohlgeratenen Sohn wünschen? Es spricht also alles für jene Exegeten, die in Mozarts *Idomeneo* das aus kultureller Frühzeit stammende Phänomen der Kindesopferung zum Thema erhoben finden. Mozarts Musik fällt dabei die Rolle der musikdramatischen Ausgestaltung dieses antiken Dramas zu. Dieser Einschätzung wird sicherlich niemand widersprechen wollen. Und doch erscheint es mir, als wäre damit nicht der gesamte Sinn erfasst, den diese erste große Oper Mozarts auszeichnet.

Der Übermacht des Augenscheinlichen habe ich als psychoanalytischer Musikforscher eigentlich nur eine Winzigkeit entgegenzusetzen, und zwar jene Winzigkeit, die der Ethnopsychoanalytiker Georges Devereux einmal in den schlichten Satz fasste: »Ein leichtes Unbehagen sagte mir, dass es hier etwas zu verstehen gäbe« (Devereux 1967, S. 340).

In diesem Sinne werde ich im Folgenden einmal meinem »leichten Unbehagen« nachspüren und mich jenen Passagen dieser Oper zuwenden, die für mich etwas Irritierendes oder Störendes an sich haben. Ich wähle also die Methode einer Irritationsanalyse, um einer möglichen latenten Thematik auf die Spur zu kommen. Was ist irritierend an dieser Oper?

1. Der unschuldige Idamantes und Elektras mörderische Wut

Idamantes stellt gleich im 1. Akt seine edle Gesinnung unter Beweis, indem er den anlandenden trojanischen Gefangenen die Fesseln abnehmen lässt. Offen wirbt er um die Gunst Ilias. Seine erste Arie beginnt mit den Worten »Non ho Colpa«, ich habe keine Schuld. Man weiß nicht genau, worauf sich diese Feststellung bezieht, aber es geht dem Librettisten wohl schlicht und einfach darum, diesen jungen Prinzen als rein und makellos erscheinen zu lassen. Sie merken schon, wie sich bereits hier in mir ein leichter Affekt gegen diesen kretischen Prinzen einzustellen beginnt, weil mir bei dessen Edelmut und Reinheit sowie der etwas zu oft betonten Unschuld etwas unbehaglich zumute wird.

Es erscheint Elektra, die Tochter des Griechenkönigs Agamemnon, die ebenfalls Liebesgefühle zu Idamantes hegt. Es bleibt ihr nicht verborgen, dass der Prinz mehr an der jungen Trojanerin als an ihr interessiert ist. Dieser Umstand macht sie wütend. Überwältigt von rasender Eifersucht beschwört sie in einer Rache-Arie die Furien der Unterwelt. Im B-Teil dieser Arie werden unverblümte Morddrohungen gegen die Rivalin ausgestoßen.

Dieser Rachegesang der Elektra ist eine große, dramatische Arie, die zu den eindrucksvollsten dieser Oper zählt. Man kann sagen, Mozart setzt hier einen deutlichen Akzent und gibt mit dieser kraftvollen Musik zu verstehen, dass diese heftige Affektivität nicht randständig ist, sondern ihr ein zentrales Gewicht zukommt.

So verständlich Eifersucht und Gekränktheit über Idamantes Werben um Ilias Zuwendung sein mögen, so wenig verständlich ist das Ausmaß an überbordender Aggressivität, die hier zum Ausbruch kommt. Dieses Ausmaß an kaum zu kontrollierenden und unverhüllten Aggressionen gegen Ilia lassen sich aus dem Handlungsgeschehen nicht wirklich herleiten. Ilia hat ja noch nicht einmal kundgetan, ob sie Idamantes überhaupt liebt. Insofern fragt man sich, woher so viel mörderische Wut bei Elektra stammt. Hier der Text ihrer Arie (nach Angermüller 2005).

1. Akt, 6. Szene
Nr. 4 Arie (»Tutte nel cor vi sento«)

Elektra
Euch fühl ich all im Herzen,
Furien des dunklen Hades,
fern sind so großen Leiden
Liebe, Dank und Erbarmen.

Wer dieses Herz mir raubte,
das Herz, das das mein verriet,
soll in meinem Wüten fühlen
Rache und Grausamkeit.

Unmittelbar im Anschluss an Elektras Arie braut sich auf dem Meer ein Unwetter zusammen. In der Bühnenanweisung heißt es: »Das noch bewegte

Meer schlägt an die Felsen, zertrümmert Schiffe am Ufer.« Man bekommt den Eindruck, dass sich Elektras heftige Affektivität gleichsam in der äußeren Umgebung fortsetzt. Elektras innere Wut wird zu Neptuns Wüten in der äußeren Wirklichkeit. Ein eindrucksvolles Bild einer unabgegrenzten Innen-/Außenwelt.

Gibt es zwischen den mörderischen Affekten Elektras und Neptuns zerstörerischem Wüten einen Zusammenhang?

2. Das Aufeinandertreffen von Vater und Sohn

In der 8. Szene begegnen wir zum ersten Mal Idomeneo, dem König von Kreta, der entgegen allen Befürchtungen nicht auf dem Meere umgekommen ist, sondern die Heimreise von Troja heil überstanden hat. »Endlich sind wir gerettet«, sind seine ersten Worte. Doch diese Einschätzung ist nur für die äußere Situation zutreffend. Die sich nach und nach einstellende Ruhe des Meeres lässt Idomeneos innere Unruhe umso lauter werden. Er denkt an seinen »grausamen Schwur«, den ersten Menschen, der ihm bei seiner Rückkehr auf Kreta begegnet, auf dem Altar zu opfern. Idomeneo wähnt die Götter offensichtlich durstig nach Menschenblut.

Die Person, die sich am Strand dem Idomeneo nähert, ist – man ahnt es schon – niemand anderer als sein eigener Sohn Idamantes. Bei Idamantes ist die Wiedersehensfreude groß, der Vater wendet sich jedoch erregt und bestürzt ab. Idamantes versteht diese Abwendung als eine brüske Zurückweisung und gibt seinen Gefühlen in der Arie »Den geliebten Vater finde ich wieder und verliere ihn« Ausdruck.

Der Mythos bemüht sich sehr darum, diese gescheiterte Annäherung zwischen Vater und Sohn aus einer edlen Gesinnung heraus motiviert erscheinen zu lassen. Der Vater wendet sich ab aus Erschütterung und Mitleid mit dem Sohn, und der Sohn ist traurig darüber, den Vater so abweisend und bestürzt zu erleben. Tatsache ist jedoch, dass Vater und Sohn hier nicht zueinander finden. Irgendetwas steht zwischen ihnen.

Ich wurde an dieser Stelle spontan an Mozarts Beziehung zu seinem Vater Leopold erinnert, und zwar zu jener Zeit, die der Fertigstellung des Idomeneo unmittelbar vorausgeht. Ich meine Mozarts seltsames Gebaren bei seiner Rückkunft aus Paris (1779), einer Rückkehr, die er so lange es eben ging, hinauszögerte. In seinen Briefen tat er stets so, als wäre es ihm das wichtigste Anliegen, seinen Vater sobald als möglich wiederzusehen. Aus Paris schrieb er: »Das herz lacht mir wenn ich auf den glücklichen tag dencke wo ich wieder das vergnügen haben werde sie zu sehen und von ganzem herzen zu ümarmen« (Mozart 2005, Brief vom 31.07.1778, Nr. 471, Bd. II, S. 428). Doch das war wohl nur die halbe Wahrheit, gleichsam die offizielle Version, welche die darunter liegende dunklere Realität überdecken sollte. Denn Mozart tat alles dazu, den direkten Weg nach Salzburg zu verfehlen. So machte er längere Zeit Station in Straßburg, dann reiste er gegen den ausdrücklichen Willen des Vaters noch nach Mannheim, machte Zwischenstation in Kaysersheim (Kaisheim) und hielt sich länger in München auf.

Der Vater fühlte sich zum wiederholten Male an der Nase herumgeführt und erlebte richtigerweise dieses unendliche Hinauszögern der Rückkunft als eine Aggression gegen seine Person. Sein Ärger darüber entlud sich dann im Brief vom 28. Dezember 1778. Knapp und unmissverständlich lässt er seinen Sohn wissen:

»Ich will also, daß du alsogleich nach meiner vorschrift abreisest, da es abscheulich ist, und ich mich schäme alle Welt versichert zu haben, dass du auf Weihnachten [...] ganz gewiß hier seyn wirst. Himmel, wie oft hast du mich zum Lügner gemacht« (Mozart 2005, Briefe II, S. 526).

Mozart reagiert auf diesen Rüffel seines Vaters in gleicher Weise wie Idamantes: »Non ho colpa.« In seinem Schreiben vom 8. Januar 1779 heißt es: »[I]ch weis mich nichts schuldig, dass ich von ihnen vorwürfe zu befürchten hätte; – ich habe keinen fehler [...] begangen« (ebd., S. 536). Nun, das Libretto will es ebenfalls so, dass auch Idamantes »sich nichts schuldig weiß« und »keinen Fehler begangen« hat.

Da wir, anders als Mozart und seine Librettist Varesco, uns nicht 100 Jahre vor Sigmund Freud, sondern 100 Jahre danach befinden, sind uns bestimmte Mechanismen, die der Mensch gegen unerwünschte psychischen Regungen einsetzt durchaus bekannt und vertraut. Wir haben zudem gelernt, dass wir in mythischen Erzählungen, ähnlich wie im nächtlichen Traum, oftmals auf einen Doppelsinn treffen. Der Doppelsinn entsteht dadurch, dass ein anstößiger Gedanke vom Traumzensor so umgewandelt worden ist, dass alles Anstößige aus ihm entfernt ist. Der Gedanke hat also eine Entstellung erfahren, die man rückgängig machen muss, um den ursprünglichen oder eigentlichen Sinn zu erkennen.

Es gibt etliche solcher Entstellungsmechanismen, die in der sog. Traumarbeit Anwendung finden. Einer dieser Mechanismen ist z. B. die *Verkehrung*, bei der die Dinge geradezu entgegengesetzt dargestellt werden, als sie in Wirklichkeit sind: Großes erscheint ganz klein oder Dunkles ganz hell. Ist in der Darstellung Idamantes vielleicht dieser Mechanismus der Verkehrung von dunkel in hell am Werke? Wird der junge Prinz nicht die ganze Oper hindurch deshalb als makellos und strahlend hell dargestellt, um auf diese Weise von seinen dunklen Seiten abzulenken, die uns verständlich machen könnten, warum der Vater den Sohn zu töten beabsichtigt?

Aus Freuds Arbeiten über die Träume ist noch ein anderer Mechanismus bekannt, der zur Tarnung anstößiger Wahrheiten Anwendung findet, nämlich die *Verschiebung*. Bei der Verschiebung werden Eigenschaften oder Gefühlsregungen von einer Person auf eine andere verschoben. Auf diese Weise kann verborgen bleiben, wer der eigentliche Träger dieser Regungen ist. Wenn wir einmal diesen Mechanismus der Verschiebung in Betracht ziehen, so fällt auf, dass zwar Idamantes und auch Idomeneo ausschließlich edel und liebevoll erscheinen, um sie herum jedoch heftigste destruktive Leidenschaften lodern. Wir haben davon gerade zuvor etwas im Gesang der Elektra erlebt, wo es in ihrem »Wüten« um »Rache und Grausamkeit« ging, und wir erleben es bei Gott Neptun, von dessen wilden Toben in dieser Oper immer wieder die Rede sein wird. Ist es möglich, dass es sich bei diesen aggressiven Energien um Affekte im Innern von Idomeneo und Idamantes handelt, die nur auf Elektra bzw. Neptun verschoben sind und von diesen Personen stellvertretend ausgedrückt werden?

3. Ilia, eine Geliebte von Vater und Sohn?

Wir gehen über zur 2. Szene des 2. Aktes, die, wenngleich äußerst knapp und nahezu unscheinbar, eine ganz neue und völlig unerwartete Perspektive auf das Operngeschehen wirft.

In dieser Szene treffen erstmalig der kretische König Idomeneo und die trojanische Prinzessin Ilia aufeinander, und es entwickelt sich auf engstem Raum zwischen den beiden eine emotionale Nähe und Innigkeit, die man so nicht erwartet hätte. Diese beiden Personen scheinen sich nicht gleichgültig zu sein. Ähnlich wie in der *Zauberflöte* die Beziehung zwischen Pamina und Sarastro, so besitzt auch diese Beziehung eine gewisse erotische Qualität. Das Libretto des Abbate Varesco bemüht sich zwar, diese als eine Vater-Tochter-Erotik erscheinen zu lassen. Aber es ist unübersehbar, dass Idomeneo der hübschen Trojanerin recht weitgehende Angebote macht. So hören wir aus seinem Munde an Ilia gewandt: »Über mich, über meine Schätze, verfüge, Ilia, und ich werde sorgen, dir deutliche Beweise meiner Freundschaft zu geben.« Darüber hinaus gibt es Anzeichen dafür, dass Idomeneo in Konkurrenz zu seinem Sohn um die Gunst Ilias buhlt. Wir erleben, wie Idomeneo gegenüber Ilia die Rettungstat seines Sohnes herunterspielt und stattdessen sein eigenes Verdienst daran herausstreicht: »Als mein Sohn Idamantes dir die Freiheit schenkte, war er nur der glückliche Vollbringer des väterlichen Willens. Wenn er mir dabei zuvorgekommen ist, bestätige ich alles, was er tat, dir nützlich zu sein.«

Dieses Werben um die Zuneigung der trojanischen Prinzessin muss aufhorchen lassen. Und wenn wir dann noch erfahren, dass in der französischen Vorlage zu diesem Libretto, in Antoine Danchets Tragédie lyrique *Idoménée* Ilia ganz real die Geliebte des Idomeneo war, so taucht plötzlich eine Konstellation auf, die wir aufgrund des bisherigen Geschehens nicht unbedingt vermutet hätten. Gemeint ist das hier sich andeutende ödipale Dreieck zwischen Idomeneo-Ilia-Idamantes.

Wenn ich diese Konstellation ödipal benenne, dürfen wir nicht aus den Augen verlieren, dass wir uns in vorfreudianischer Zeit befinden, in der man solche Affekte und Fantasien noch nicht begrifflich und psychologisch einzuordnen wusste. Infolgedessen wird man sich von den mit diesem Komplex verbundenen heftigen libidinösen wie auch aggressiven Affekten äußerst bedroht gefühlt und sie tunlichst von seinem Bewusstsein ferngehalten haben. Aber es gab im ausgehenden 18. Jahrhundert auch die gegensätzliche Tendenz. Die Menschen begannen sich für das innerpsychische Geschehen zu interessieren. In der Nachfolge von Jean Jacques Rousseau richteten sie ihren Blick auf ihr Inneres, um dort in Kontakt mit der Stimme der Natur, d.h. in Kontakt mit ihrer psychischen Realität zu gelangen. Was die Zuwendung zur inneren psychischen Realität angeht, gab es also widerstreitende Tendenzen. Man war einerseits neugierig, interessiert, ja, fasziniert, aber man hatte auch Angst vor einer Konfrontation mit bedrohlichen und überfordernden Affekten und Fantasien.

Genau solch eine Ambitendenz zwischen Neugierhaltung und ängstlichem Zurückschrecken erleben wir hier im *Idomeneo*. Die ödipale Thematik wird einerseits auf die Bühne gebracht, aber sogleich wird alles dafür getan, dass sie unerkannt bleibt. Den ödipalen Konflikt kann man erahnen, aber noch nicht wirklich dingfest machen, d. h., das Ödipale lebt nur in der Latenz.

Der Librettist Abbate Varesco ist ganz offensichtlich darum bemüht, die Fährte des Ödipalen, die er in die Oper hineingebracht hat, sogleich wieder abzuschwächen und zu vernebeln. Wie wir noch sehen werden, wird ihm Mozart dabei seine entschiedene Gefolgschaft anbieten.

Ilia beantwortet die libidinöse Zugewandtheit des Königs mit gleichartigen Gefühlen. Ihre Arie »Da ich den Vater verlor« ist eine schöne, sehr persönliche und intime Arie. Arnold Werner-Jensen (2001) spricht bezeichnenderweise von »geheimen Neigungen« und »unaussprechlichen Gefühlen«, die sich in der Musik dieser Arie ausdrücken: »Bereits das zart durchbrochene Vorspiel […] markiert die Atmosphäre der Liebessehnsucht. Dritter und vierter Takt weisen voraus auf Taminos stimmungsvolle ›Bildnis‹-Arie (›Ich fühl es, ich fühl es …‹)« (Werner-Jensen 2001, S. 130). Flöte und Oboe schildern in warmen Klangfarben das zärtliche Gefühl, das im Innern Ilias gegenüber Idomeneo erblüht ist.

2. Akt, 2. Szene
Nr. 11 Arie (»Se il padre perdei«)

Ilia
Da ich den Vater verlor, die Heimat, die Ruhe,
(zu Idomeneo) bist du mir jetzt Vater,
geliebte Heimat ist Kreta für mich.

Jetzt denk ich nicht mehr an Sorgen und Kummer,
da Freude und Friede anstatt meiner Leiden
der Himmel mir gab.

(Geht ab.)

Indem Ilia in die Rolle einer sowohl vom Vater als auch vom Sohn geliebten Frau gerät, bekommt ihre Person von diesem Punkt an etwas Schillerndes.

Idamantes fühlt sich einerseits heftig zu ihr hingezogen, doch diese Liebe macht ihn zugleich immer unruhiger und verwirrter.

Um der tödlichen Konfrontation mit dem Sohn auszuweichen, denkt Idomeneo daran, Idamantes mit Elektra außer Landes zu schicken, in der Hoffnung, dass die Götter sich daraufhin beruhigen. Doch es erhebt sich urplötzlich ein Sturm und dem Meer entsteigt ein furchtbares Ungeheuer, das Tod und Verwüstung über das Land bringt. Mit dem Auftauchen dieses Untiers sind alle Pläne dahin, durch eine Flucht dem Willen der Götter zu entkommen. Damit ist auch Idamantes gezwungen, sich weiterhin im ödipalen Dreieck auseinanderzusetzen. So äußert er gegenüber Ilia:

3. Akt, 2. Szene
Rezitativ

Idamantes
Mein Vater, voll Raserei und Zorn, blickt finster mich an und meidet mich und verbirgt mir den Grund. Von deinen Banden gefesselt setzt mich deine Härte neuen Leiden aus. Ein wildes Ungeheuer schafft überall furchtbare Verheerung. Ich gehe, um es zu bekämpfen und versuche es zu besiegen oder der Tod beende meine Qualen.

Wir erleben in diesen Worten die drei zentralen Ängste der ödipalen Situation ausgedrückt: 1. die Angst vor der Aggression des Vaters (»Mein Vater, voll Raserei und Zorn, blickt finster mich an«), 2. die Unsicherheit, ob es gelingt, die Liebe der Mutter zu erringen (»Von deinen Banden gefesselt setzt mich deine Härte neuen Leiden aus«) und 3. die Angst vor den eigenen Todesfantasien gegen den Vater (»Ein wildes Ungeheuer schafft überall furchtbare Verheerung. Ich gehe, um es zu bekämpfen und versuche es zu besiegen«). Mit anderen Worten, dieses wilde Ungeheuer stellt eine Symbolisierung dar, und zwar eine Symbolisierung der ödipalen Tötungswünsche Idamantes' gegen den Vater.

In dieser Drucksituation gesteht Ilia Idamantes offen ihre Liebe, was Idamantes einerseits erfreut, aber zugleich die ödipale Situation zuspitzt. Als Idomeneo auftritt und Zeuge der Liebesbezeugungen von Idamantes und Ilia wird, reagiert er übertrieben erschreckt, so als sähe er etwas Verbotenes oder Ärgerliches. Idomeneos »Himmel, was seh ich« sowie »Ich habe die Wahrheit geahnt ...« und auf der anderen Seite Ilias ängstliches »Ach, wir sind entdeckt« und Idamantes »Fürchte dich nicht, Geliebte«, während er sich schützend vor Ilia stellt, lassen sich stimmiger auf die zweite Sinnebene einer latenten Rivalität im Dreieck Idamantes-Ilia-Idomeneo beziehen als auf die manifeste Ebene zaghafter Liebesgesten zweier junger Menschen.

Idamantes empfindet die latente Aggression in der Beziehung zum Vater zunehmend als belastend, sodass er beginnt, das Vater-Sohn-Verhältnis in Frage zu stellen. Zu Idomeneo gewandt, äußert er: »Herr, schon wage ich es nicht mehr, dich Vater zu nennen.« Und er fährt fort: »Womit habe ich dich je beleidigt? Weshalb meidest du mich? ... Hasst und verabscheust mich?«

Hier wird die Aggression des Vaters gegenüber dem Sohn erstmals konkret ausgesprochen, obwohl Idomeneo diese doch stets verneint. Das moderne Verständnis des Ödipuskomplexes geht davon aus, dass die Aggression nicht nur in einer Richtung als eine Todeswunschfantasie des Sohnes gegen den Vater besteht, sondern es auch im Vater eine Aggression gegen den Sohn gibt, die entweder aufgrund eines eigenen nicht gut gelösten ödipalen Konflikts besteht oder aber sich als eine Gegenaggression gegen die Aggression des Sohne einstellt. Idamantes spricht hier die Aggression oder Gegenaggression des Vaters in seiner Frage »Weshalb hasst und verabscheust du mich?« offen an.

Die Parallelen zum Ödipusmythos sind in dieser Szene unübersehbar. Ödipus, der unwissentlich seinen Vater Laios getötet und seine Mutter Jokaste heiratet, herrscht an der Seite seiner Mutter lange Zeit über sein Königreich Theben, bis eines Tages eine furchtbare Pest über das Land hereinbricht. Die Priester befragen das Orakel und erhalten zur Antwort, dass die Pest verschwinden würde, wenn der Mörder des Königs Laios aus dem Lande getrieben sei. Auch hier im *Idomeneo* ist eine Plage über das Land gefallen und der Schuldige soll außer Landes geschickt werden. Bei Ödipus diente das Außer-Landes-Gehen als Sühne für Vatermord und Blutschande, offenbar erhofft man sich hier Gleichartiges. Idamantes spürt (wie Ödipus) sehr richtig, dass er mit dem Erscheinen des Ungeheuers irgendetwas zu tun hat. Deshalb die bange Frage an seinen Vater: »Vielleicht erzürnte Neptun meinetwegen? Doch was ist meine Schuld?« Verstünde er die Sprache der Symbole, so könnte er in dem wilden Ungeheuer die Manifestation seiner verdrängten Aggressionen gewahr werden.

In der folgenden 7. Szene wechselt der Schauplatz vom Königspalast unmittelbar in das Innere des Opfertempels. Idomeneo tut gehorsam und gottergeben seine Pflicht und eröffnet die Zeremonie mit den Worten: »Empfange unser

Opfer, o König des Meeres.« Als Arbaces hereinstürzt und verkündet, dass Idamantes das grauenerregende Untier besiegt hat, dürfte man erwarten, dass ein allgemeiner Jubel einsetzt. Doch nichts geschieht. Man geht achselzuckend über diese Heldentat hinweg und fährt in der Vorbereitung der Opferzeremonie fort. Warum findet diese Tat so wenig Beachtung?

Diese Szene ist allein vom psychologischen Gehalt her verständlich zu machen. Die Heldentat ist deshalb bedeutungslos, weil sich die ödipale Aggression innen und nicht außen befindet. Es hilft wenig, im Außen ein Ungeheuer zu besiegen. Dieser Sieg beseitigt nicht das eigentlich Ungeheure: die mörderischen Fantasien gegen den Vater im Innern von Idamantes.

Idamantes wird im weißen Opfergewand hereingeführt und erklärt seine freudige Bereitschaft, den Opfertod zu erleiden. Er fordert den Vater zum Todesstoß auf. Es ist nur allzu klar, dass Idamantes mit dieser erhabenen Geste sowohl seinen Vatermordfantasien als auch seinen Kastrationsängsten ausweicht. Im entscheidenden Moment erscheint Ilia am Opferaltar und verhindert mit den Worten »Halt ein, o König, was tust du?« den Todesstoß des Vaters gegen den Sohn. Sie bietet sich selbst anstelle von Idamantes als Götteropfer an. Mit Ilias mutiger Tat sind auch die Götter aufgerufen, in die Handlung einzugreifen. Eine unterirdische Stimme verkündet aus der Tiefe der Bühne den göttlichen Ratschluss: »Idomeneo sei nicht mehr König. König sei Idamantes und Ilia seine Gemahlin.«

Der Mord am Sohn wird somit nicht ausgeführt, stattdessen wird der Sohn sogar mit der Königswürde und der Hochzeit mit Ilia belohnt. Alle Umstehenden – mit Ausnahme von Elektra – sind hoch erfreut. Idomeneo verkündet in einer staatsmännischen Rede seine Abdankung, und indem sich die Hochzeitsfeier von Idamantes und Ilia unmittelbar anschließt, gibt es genügend Gründe, die Oper mit überschwänglichen Jubelgesängen und einer prachtvollen Hochzeitsfeier enden zu lassen.

4. Elektra als Sprachrohr der abgewehrten mörderischen Energien

Dass hier am Ende der Oper keineswegs alles in bester Ordnung ist, macht wieder einmal Elektra deutlich, unsere Seismografin für verdrängte Affekte. Während der Orakelspruch bei allen Umstehenden Freude und Erleichterung auslöst, erleben wir bei Elektra eine völlig gegensätzliche Reaktion, die sie in höchst erregter und dramatischer Deklamation in Rezitativ und Arie zu Gehör bringt. Sie beschwört die Furien der Unterwelt und will ihrem Bruder Orest in das Todesreich folgen. Die Arie beginnt mit den Worten: »Von Orest und Ajax trag ich im Herzen die Qualen.« Es ist vermutlich nicht rein zufällig, dass sie mit Orest und Ajax den Mord am eigenen Vater und an der Mutter in Erinnerung ruft.

Nr. 29a Arie (»D'Oreste, d'Aiace«)

Elektra
Orestes und Ajax!
Ich fühl eure Qualen!
Die Fackel Alektos' gibt mir schon den Tod.

Zerfleischt das Herz mir,
ihr Nattern und Schlangen,
oder ein Dolch wird das Leiden in mir beenden.
(Sie geht voll Zorn ab.)

Kehren wir noch einmal zurück zur unterirdischen Stimme. Zunächst einmal klingt der Orakelspruch recht unverfänglich. Doch wenn wir einmal den Ratschluss der Götter am Ende von Glucks *Iphigenie auf Tauris* zum Vergleich heranziehen, so fällt auf, dass dort die vom Himmel herabschwebende Göttin Diana sich darauf beschränkt, zu verkünden, dass die Götter durch das mutige Verhalten der Protagonisten ausgesöhnt sind und auf ein Menschenopfer verzichten. Dieser humane Schiedsspruch hätte sich auch hier angeboten. Doch der göttliche Ratschluss in Mozarts *Idomeneo* begnügt sich nicht damit, sondern fordert noch etwas Zusätzliches, nämlich die Entmachtung Idomeneos. In dieser zusätzlichen Verfügung stecken die eigentliche Brisanz und das psychologisch Bemerkenswerte dieses Spruchs der Himmlischen.

Die Götter verbünden sich offensichtlich mit den ödipalen Wunschfantasien, die in Idamantes Seele lebendig sind und sorgen dafür, dass sie in Erfüllung gehen: Der Vater wird aus dem Weg geräumt, der Sohn tritt an seine Stelle und bekommt die von Vater und Sohn gleichermaßen geliebte Frau zugesprochen. Wir erleben zwar de facto keinen Vatermord wie später im *Don Giovanni*, aber der hier gewählten abgemilderten Fassung einer Entmachtung des Vaters und der Machtübernahme durch den Sohn kommt traumsymbolisch die gleiche Bedeutung zu.

Soweit die Ergebnisse meiner Irritationsanalyse, die als latenten Sinn dieser Oper eine ödipale Konfliktproblematik ans Tageslicht gefördert hat. Nun mag es sein, dass dem einen oder anderen Leser die aufgeführten Belege für die latente Ödipalität in dieser Oper noch nicht ausreichend erscheinen und er noch weitere geliefert haben möchte, möglichst welche, die unabhängig vom persönlichen Empfinden des Autors existieren.

Nun gut. Wenn es zutrifft, dass eine ödipale Dynamik in dieser Oper virulent ist, so müsste sich diese auch in Gegenübertragungsreaktionen von Menschen bemerkbar machen, die sich mit diesem Werk intensiv befasst haben, z.B. Dirigenten oder Regisseure. Wechseln wir also das diagnostische Instrumentarium und gehen einmal von einer Irritationsanalyse über zu einer Gegenübertragungsanalyse.

5. Gegenübertragungsreaktionen auf Mozarts *Idomeneo*

Die klinische Erfahrung hat gelehrt, dass in einem psychotherapeutischen Prozess das Unbewusste des Patienten auf das Unbewusste des Therapeuten Einfluss zu nehmen versucht (wie auch umgekehrt!). Dieser Vorgang birgt für den Therapeuten die Gefahr, dass er, ohne dass ihm dies bewusst wird, in etwas hineingezogen und verwickelt wird, das ihn daran hindert, seine neutrale Position aufrechtzuerhalten. Gelingt es ihm jedoch, die induzierten Fantasien, Gefühle, Handlungsimpulse etc. wahrzunehmen und einer kritischen Begutachtung zu unterziehen, so bietet sich ihm die Chance, Bedeutsames über unbewusst virulente Themen im Patienten oder in der Beziehung zum Patienten in Erfahrung zu bringen. Sigmund Freud hat deshalb seinen Kollegen den Rat gegeben: »[E]r [der Arzt] soll dem gebenden Unbewussten des Kranken sein eigenes Unbewusstes als empfangendes Organ zuwenden« (Freud 1912, S. 381). Was der Arzt in seinem Inneren dann empfängt, ist gleichsam das Gegenstück zur Übertragung des Patienten und wird als Gegenübertragung bezeichnet.

Solche Gegenübertragungen lassen sich auch für das Gebiet der Musikpsychoanalyse nutzbar machen. Auch Musik bzw. das Gesamt von Musik und Szene kann im Hörer Gegenübertragungsreaktionen auslösen, die etwas über den latenten Sinn des Musikwerkes aussagen. Wenn solche induzierten Gegenübertragungsimpulse nicht lege artis reflektiert und kontrolliert werden, haben sie die Tendenz, sich in spontane Handlungen umzusetzen. Von solchen Gegenübertragungshandlungen soll im Folgenden die Rede sein. Wir werden sie bei Dirigenten, Regisseuren, ja, beim Komponisten selbst finden und einer kritischen Analyse unterziehen. Mit anderen Worten, wir werden uns im Folgenden der Aufführungs- und Rezeptionsgeschichte dieser Oper zuwenden, um uns von dieser Seite her dem unbewussten Sinn des *Idomeneo* zu nähern.

5.1 Mozarts Problem mit der unterirdischen Stimme

Als einen ersten Gegenübertragungsakteur darf ich Mozart höchst persönlich aufrufen. Ich hatte bereits erwähnt, dass Librettist und Komponist das Ödipale einerseits in die Oper hineingebracht, andererseits aber auch viel dafür getan haben, dass diese Thematik nicht über die Schwelle des Bewusstseins tritt. Wie sehr Mozart durch das Ödipale in dieser Oper beunruhigt war und wie er sich an dessen Verdrängung aktiv beteiligt hat, zeigt sich an zwei Ereignissen: Erstens an seinen kurz vor der Uraufführung vorgenommenen beträchtlichen Kürzungen und zweitens an Mozarts Problem mit dem Orakelspruch. Auf Mozarts Kürzungen werde ich hier nicht näher eingehen. Dazu kann man an anderer Stelle etwas nachlesen (Oberhoff 2008). Beschäftigen möchte ich mich im Folgenden mit Mozarts Schwierigkeiten mit dem Orakelspruch.

Über kein Detail dieser Oper hat Mozart mit seinem Vater Leopold mehr korrespondiert als über die Orakelszene. Schon diese Tatsache allein mag als ein Hinweis darauf gelten, dass in diesem Orakelspruch eine Vater-Sohn-Thematik lebendig ist, die sich nicht nur auf der Opernbühne, sondern auch im konkreten Leben Mozarts zeigen sollte. Mozarts Reise nach München zur Einstudierung seines *Idomeneo* ist – ohne dass er es zu diesem Zeitpunkt selbst weiß – bereits sein Abschied von Salzburg und damit auch vom Vater. Er wird in sein Dienstverhältnis nach Salzburg nicht mehr zurückkehren, sondern fern der Heimat in Wien sein Leben in die eigene Hände nehmen und eine Frau heiraten, mit der der Vater nicht einverstanden ist.

Doch bleiben wir beim Orakelspruch. Mozart hatte ernstliche Probleme mit dem, was die unterirdische Stimme verkündet. Am 29. November 1780 schreibt er an den Vater:

> »Sagen Sie mir, finden Sie nicht, dass die Rede von der unterirdischen Stimme zu lang ist? Ueberlegen Sie es recht. – Stellen Sie sich das Theater vor, die Stimme muss schreckbar seyn – sie muss eindringen – man muss glauben, es sey wirklich so – wie kann sie das bewirken, wenn die Rede zu lang ist, durch welche Länge die Zuhörer immer mehr von dessen Nichtigkeit überzeugt werden? – Wäre im Hamlet die Rede des Geistes nicht so lang, sie würde noch von besserer Wirkung seyn. – Diese Rede hier ist auch ganz leicht abzukürzen, sie gewinnt mehr dadurch, als sie verliert« (Mozart 2005, Briefe III, S. 34f.).

Vater Leopold stimmt im Antwortbrief den Bedenken des Sohnes zu und übermittelt an den Librettisten Varesco die Bitte, den Orakelspruch zu kürzen. Doch Varescos verkürzte Fassung ist Mozart noch nicht kurz genug. Einige Wochen danach heißt es im Brief an den Vater: »[D]er orackel spruch ist auch noch viel zu lange – ich habe es abgekürzt« (Mozart 2005, Brief vom 18.01.1781, Bd. III, S. 90). Aber noch immer schien ihm der Spruch der Himmlischen nicht richtig, sodass er noch eine weitergehende Kürzung vornimmt. Was von Varescos Urfassung durch Mozarts Kürzungsaktivitäten schließlich übrig blieb, veranschaulicht die folgende Übersicht. Die Originalgestalt im Libretto von Abbate Varesco lautete folgendermaßen:

> Amor hat gesiegt ... Idomeneo wird das schwere Vergehen vom Himmel vergeben, aber nicht dem König, der seine Versprechen halten muss ... er sei nicht mehr König ... es sei Idamantes ... und Ilia seine Gemahlin, Neptun sei beruhigt, der Himmel zufrieden, die Unschuld belohnt. Dem Reich Kreta schenke er Frieden. Im Himmel beschlossen ist ein so würdiger Bund.

Die gekürzte Version Varescos:

> Idomeneo wird das schwere Verbrechen vom Himmel vergeben, aber nicht dem König, König sei Idamantes ... und Ilia seine Gemahlin; dem Reich Kretas schenke er wieder Frieden. Im Himmel beschlossen ist ein so würdiger Bund.

Mozarts weitere Kürzung:

Amor hat gesiegt ... Idomeneo sei nicht mehr König ... es sei Idamantes ... und Ilia seine Gemahlin, Neptun sei beruhigt, der Himmel zufrieden, die Unschuld belohnt.

Mozarts noch weitergehende Kürzung (die schließlich zur Aufführung gelangte):

Idomeneo sei nicht mehr König, König sei Idamantes und Ilia seine Gemahlin.

Es ist nicht wirklich nachzuvollziehen, warum die erste Version Varescos weniger bühnenwirksam sein soll als Mozarts letzte Fassung. In Glucks *Iphigenie auf Tauris* spricht die herabschwebende Göttin Diana mindestens so viel Text wie in Varescos erster Fassung und man kann nicht sagen, dass ihr Auftritt nicht wirksam ist. Im Gegenteil erhält ihr Erscheinen durch den längeren Text noch ein größeres Gewicht. Es muss also einen anderen Grund haben, warum Mozart so viele Schwierigkeiten mit dieser unterirdischen Stimme hatte und sie womöglich am liebsten ganz gestrichen hätte. Darüber hinaus ist auch nicht unbedingt nachvollziehbar, dass diese Stimme »schreckbar seyn« muss, wie Mozart meint. Sie könnte ja auch erlösend und befreiend sein, wie es Diana in Glucks *Iphigenie* ist. Auch diese düstere Vorstellung weist darauf hin, dass die Stimme offensichtlich etwas Bedrohliches mitzuteilen hat, etwas so Bedrohliches, dass Mozart es möglichst kurz haben möchte. So wie Idamantes gegen das bedrohliche Ungeheuer in den Kampf zieht, so zieht Mozart gegen diesen Orakelspruch zu Felde.

Mozart selbst gibt uns einen Tipp, wo möglicherweise die Hintergründe für seinen Kürzungswahn zu suchen sind. Im zitierten Brief vom 29. November 1780 kommt ihm bezüglich dieser unterirdischen Stimme eine Assoziation in den Sinn, die da heißt: *Hamlet*. Ihm hat bei diesem Theaterstück nicht gefallen, dass der Geist so lange auf der Bühne präsent ist: »Wäre im Hamlet die Rede des Geistes nicht so lang, sie würde noch von besserer Wirkung seyn« (Mozart 2005, Briefe III, S. 34f.).

Der Geist in Shakespeares Drama fordert bekanntlich vom Prinzen Hamlet, dass er den Mann an der Seite seiner Mutter ermorden soll, um selbst die

Nachfolge des Vaters als König anzutreten. Sigmund Freud hat Hamlet immer wieder gern als ein Beispiel eines ödipalen Dramas par excellence angeführt. Hamlet zeigt eine sichtliche Hemmung, diesen Mordauftrag zu vollziehen. Dazu Freud: »Hamlet kann alles, nur nicht die Rache an dem Mann vollziehen, der seinen Vater beseitigt und bei seiner Mutter dessen Stelle eingenommen hat, an dem Mann [also], der ihm die Realisierung seiner verdrängten Kinderwünsche zeigt« (Freud 1900, S. 272). Die Geisterstimme mit ihrem Mordauftrag hat Hamlet gleichsam mit seinen eigenen verdrängten ödipalen Wünschen konfrontiert.

Tut nicht die unterirdische Stimme im Idomeneo das Gleiche? Auf der manifesten Handlungsebene erlebt der Zuschauer zwar nur eine Entmachtung des Vaters und die Heirat einer sowohl vom Vater als auch dem Sohn geliebten Frau. Auf der unbewussten Sinnebene jedoch sorgt der Orakelspruch für die vollständige Erfüllung der ödipalen Wünsche, wie wir sie in Idamantes vermuten dürfen: den Vater aus dem Weg räumen und die Mutter heiraten.

Wenn man es recht bedenkt, so ist die kürzeste Fassung, die eigentlich das Ödipale minimieren soll, diejenige, die es am deutlichsten – im Sinne von kurz und knapp – ausspricht: »Idomeneo sei nicht mehr König, König sei Idamantes und Ilia seine Gemahlin.«

So scheint Mozart auch in seiner Kürzungswut unbewusst Shakespeare gefolgt zu sein, der den alten Schwätzer Polonius an einer Stelle (Shakespeare 1958, 2. Akt, 2. Szene) sagen lässt:

Weil Kürze denn des Witzes Seele ist,
Weitschweifigkeit der Leib und äußre Zierrat,
Fass' ich mich kurz.

Und dass der Witz in ganz bevorzugter Weise und vor allem in aller Kürze das Verborgene und Verdrängte aus dem Unbewussten hervorholt, hat uns nicht zuletzt Freud in seiner Schrift »Der Witz und seine Beziehung zum Unbewussten« (1905) nahegebracht.

Soweit Mozarts Probleme mit der unterirdischen Stimme. Doch werfen wir noch einen Blick auf andere Gegenübertragungsreaktionen gegenüber dieser Oper, und zwar auf solche von Dirigenten und Regisseuren in der weiteren Aufführungsgeschichte des Idomeneo.

5.2 Von Kürzungen und anderen Kastrationen

Es gibt keine Oper von Mozart, an deren Libretto oder an dessen Musik von nachgeborenen Komponisten und Dirigenten so viel verändert, um- und neu geschrieben wurde wie beim *Idomeneo*. Etliche dieser Kürzungen kommen durchaus Kastrationen gleich.

So hat z. B. Ermanno Wolf-Ferrari bei seiner Münchner Aufführung im Jahre 1931 nicht nur große Teile der Rezitative, sondern auch ganze 8 der 14 Arien (60%) gestrichen. Solch ein tollkühner Eingriff stellt nun wirklich bereits eine grobe Verstümmelung dar.

Die Krönung liefert jedoch Richard Strauß. Strauß schrieb 65 Partiturseiten eigener Musik, die er in die Oper einfügte und darüber hinaus benannte er Elektra eigenmächtig in »Ismene« um. Strauß war sich immerhin seiner Ungeheuerlichkeit bewusst, denn er äußert seine Bereitschaft, falls nötig, sich dereinst im Jenseits wegen dieser Pietätlosigkeit persönlich gegenüber Mozart zu verantworten. Alfred Einstein hielt mit seiner Entrüstung über dieses Vorgehen nicht hinterm Berg und sprach von »Vergewaltigung«. Ich denke, wir können diesen Vorgang nun präziser als eine (versuchte) Kastration Mozarts durch einen nachgeborenen Sohn benennen. Die beiden gerade namentlich genannten Nachfahren des Urvaters Mozart haben sich auf des Meisters Stuhl gesetzt und an dessen Potenz herumgeschnippelt. Richard Strauß trifft mit seiner eigenmächtigen Umbenennung der »Elektra« in »Ismene« das unbewusste Geschehen dieser Oper mit instinktiver Sicherheit, denn Ismene ist bekanntlich die inzestuös gezeugte Tochter des Ödipus. Wahrscheinlich mehr intuitiv als bewusst drückt Strauß damit aus, dass Elektra ein Sprachrohr für das Ödipale in dieser Oper ist. Und damit dieses Faktum auch deutlich wird, hat er sie in Ismene umbenannt.

In dieser Genealogie der Kürzungen, die Kastrationen gleichkommen, ist noch eine weitere Inszenierung aus jüngster Zeit anzufügen, und zwar die Neuenfels-Inszenierung an der Deutschen Oper in Berlin aus dem Jahr 2006. Diese *Idomeneo*-Inszenierung ist deswegen in die Schlagzeilen geraten, weil Ende 2006 Anschläge von islamistischen Terroristen befürchtet wurden. Die Intendantin der Deutschen Oper Berlin hatte aus Sicherheitsgründen weitere Aufführungen des *Idomeneo* ausgesetzt. Doch auf öffentlichen Druck hin wurden die Aufführungen im Dezember 2006 wieder aufgenommen. Ich habe es mir nicht nehmen lassen, zur letzten Aufführung am 29. Dezember 2006 nach Berlin zu reisen. Vor dem Haus war ein großes Polizeiaufgebot und drinnen eine Sicherheitskontrolle wie an einem amerikanischen Flughafen. Jeder Besucher musste eine Sicherheitsschleuse passieren und wurde auf verdächtige Gegenstände hin durchleuchtet. Das war in der Tat ein besonderes Erlebnis. Eine Oper unter Polizeischutz! Auch darin deutet sich recht bildhaft an, dass diese Oper offenbar etwas äußerst Gefährliches in sich birgt.

Was war der Stein des Anstoßes? Der Regisseur Hans Neuenfels hatte in seiner Inszenierung wahrhaftige Götter auf der Bühne auftreten lassen, nicht nur Neptun, sondern auch Buddha, Jesus und Mohammed. Allein das Auftreten dieser Götter stellte noch kein Ärgernis dar, zumal man dem Propheten Mohammed das Gesicht mit einem Schleier verhüllt hatte. Nein, das Ärgernis war Folgendes: Nach dem Verklingen der letzten Töne des Schlusschors öffnet sich noch einmal der Hintergrund der Bühne und der zurückweichende Chor macht dem auf die Bühne taumelnden Idomeneo Platz, der aus einem Plastiksack die abgeschlagenen Köpfe von Buddha, Jesus und Mohammed hervorholt und jeweils auf einem Stuhl platziert. Idomeneo schnauft und keucht bei dieser Präsentation seiner Mordopfer und fällt nach vollendeter Tat halb wahnsinnig zu Boden.

Auch hier wird dreimal »gekürzt«. Hatte sich Mozart das Kürzen nur am Spruch der Götter erlaubt, so tut dies Neuenfels an den Göttern selbst. Das Thema, vor dem Librettist und Komponist bis zuletzt zurückgeschreckt sind und das nur durch Traummechanismen abgemildert und entstellt auf der Schattenbühne mitleben durfte, wird in dieser angehängten *scena ultima* von Neuenfels in all seinem Schrecken, den es für die menschliche Seele hat, und in unbarmherziger Offenheit präsentiert: Die ödipalen Todeswünsche gegen den Vater.

Literatur

Angermüller, Rudolph (Hg.) (2005): Wolfgang Amadeus Mozart. Sämtliche Opernlibretti. Stuttgart (Reclam).
Devereux, Georges (1967): Angst und Methode in den Verhaltenswissenschaften. München (Hanser).
Freud, Sigmund (1900): Die Traumdeutung. Über den Traum. GW Bd. II/III. Frankfurt/M. (S. Fischer).
Freud, Sigmund (1905): Der Witz und seine Beziehung zum Unbewussten. GW Bd. VI. Frankfurt/M. (S. Fischer).

Freud, Sigmund (1912): Ratschläge für den Arzt bei der psychoanalytischen Behandlung. GW Bd. VIII. Frankfurt/M. (S. Fischer).

Gluck, Christoph Willibald (1987): Gluck-Gesamtausgabe: Iphigénie en Tauride I/5. Kassel (Bärenreiter).

Mozart, Wolfgang Amadeus (2005): Briefe und Aufzeichnungen. Gesamtausgabe. Kassel und München (Bärenreiter und dtv).

Oberhoff, Bernd (2007): Christoph W. Gluck: Iphigenie auf Tauris. Ein psychoanalytischer Opernführer. Gießen (Psychosozial-Verlag).

Oberhoff, Bernd (2008): Mozart. Eine musikpsychoanalytische Studie. Gießen (Psychosozial-Verlag).

Shakespeare, William (1958): Hamlet, Prinz von Dänemark. Werke in 2 Bänden. München (Th. Knaur Nachf.).

Werner-Jensen, Arnold (2001): Wolfgang Amadeus Mozart. Musikführer. 2 Bde. Stuttgart, Leipzig (Reclam).

O mio padre, quanto mi costi!
Über Vater-Tochter-Konflikte im Opernwerk G. Verdis
Dieter Ohlmeier

1. Einleitung

Die Psychoanalyse als Wissenschaft und Praxis baut auf Vorformen prototypischer (»protopsychoanalytischer«) Gestaltungen des Unbewussten und der Objektbeziehungen auf: Sie bestehen in literarischen und, unter besonderer affektiver Verstärkung, in musikalischen Werken, insbesondere des Genres Oper. Die »Musiksprache« eröffnet direkte emotionale Zugänge zu (aus dem bewussten Denken) verdrängten Konflikten und den damit verbundenen Affekten; sie fördert die Identifizierung mit den Personen der Handlung auf einem gleichsam »basaleren« Niveau als die rein verbale Mitteilung, jenseits von Intellektualisierung und sekundärer Bearbeitung, und ermöglicht eine »primäre Imagination« des Hörers, d. h. eine (dem Traumvorgang vergleichbare) intrapsychische und affektive Etablierung eines Konfliktbereichs in der Psyche des Rezipienten. (Dies lässt sich bereits in Gestaltung und Aufführungsbedingungen der klassischen attischen Tragödien – als Vorformen der Gattung Oper – erkennen.)

Opernkomponisten bevorzugen, offenbar weitgehend unabhängig von den von je unterschiedlichen Librettisten gelieferten Vorlagen, für sie charakteristische konflikthafte Personenkonstellationen.

Bei Verdi sind es Vater-Tochter-Konflikte. Diese Variante ödipaler Konflikte und ihrer präödipalen Implikationen, die fast wiederholungszwanghaft im Verdischen Werk gestaltet wird (und den Komponisten bei seinem *King Lear*-Projekt scheitern ließ), soll hier diskutiert werden. Welche Bedeutung hat dieser Konflikt in der Vita und Persönlichkeit des Komponisten? Wie lässt sich die Vater-Tochter-Konfliktstruktur bei Verdi beschreiben und deuten? Welche »emotionale Botschaft« wird dem Rezipienten vermittelt?

2. Der Einfluss des Komponisten auf Stoffwahl und Libretto

Aber erhebt sich nicht sofort das Gegenargument, der Komponist arbeite ja schließlich mit einem vorgegebenen Text, dem Libretto eines Textdichters, und insofern sei der dargestellte und komponierte Konflikt nicht der seine?

Man kommt nicht umhin, die alte Grundfrage des Genres »Oper« anzusprechen: Was ist wichtiger, der Text oder die Musik? Dogmatisch klingt das alte italienische Opern-Credo: »prima la musica, dopo le parole« – den »Worten« wird eine klare Unterordnung unter den Primat der Musik, der Vertonung der Wörter, zugewiesen. Richard Strauss hat dieser Frage mit *Capriccio* eine eigene Oper gewidmet – in der die Entscheidung zwischen »musica« und »parole« allerdings offen bleibt; zu stark fiel auf Straussens Opernschaften der Schatten Hugo von Hofmannsthals, der sich nicht als »Librettist« im Sinne eines Wasserträgers und Zuarbeiters für seinen Komponisten verstand. Seine Opernbücher – etwa *Elektra, Rosenkavalier, Ariadne auf Naxos, Arabella* – betrachtete er als eigenständige Dichtungen, die im Grunde auch ohne Musik aufführungsfähig gewesen wären, und wie es ja zumindest mit der Komödie *Rosenkavalier* gelegentlich praktiziert worden ist. Hofmannsthal litt, wie wir es auch aus seinem Briefwechsel mit Strauss wissen, unter der Zuweisung einer Librettistenrolle und betonte dem ambivalent verehrten Komponisten gegenüber immer wieder sein eigenständiges Künstlertum und sein leidendes Gekränktsein durch die Robustheit und Dominanz der strausssschen Musik.

Richard Wagner verzichtete gänzlich auf Librettisten. Er schätzte mit großem Selbstbewusstsein seine dichterischen Fähigkeiten den kompositorischen als gleichwertig ein, entwickelte das Idealbild eines omnipotenten »Gesamtkunstwerks«. Auch Alban Berg richtete seine Texte selbst ein und wich dabei möglichst wenig von seinen literarischen Vorlagen – Georg Büchners *Woyzeck*, Frank Wedekinds *Erdgeist* und *Büchse der Pandora* – ab.

Verdi nahm in ausgreifender Weise, wie zuvor wohl von keinem Operkomponisten bekannt, auf die Entstehung und Gestaltung seiner Libretti Einfluss.

Das begann schon mit der Stoffwahl, die bereits bei dem jungen Verdi maßgeblich vom Komponisten ausging. Der Komponist wurde zum Dramaturgen. Verdi hat die Sujets für seine Opern in nahezu allen Fällen selbst bestimmt, oft ging schon die erste Idee zu einem Stoff von ihm aus. Auch die Adaption und dramatische Einrichtung begleitete er stets mit kritischem, besorgtem, anfeuerndem Blick. Andrew Porter (1980) sagt insofern mit Recht, dass man hinter die Namen der Librettisten immer auch den Namen Verdi setzen könnte. Als Beispiel nenne ich nur die Zusammenarbeit mit einem 30-jährigen, unerfahrenen Librettisten: Francesco Maria Piave, der als Faktotum und »Mädchen für alles« am Venezianer Teatro La Fenice arbeitete. Intuitiv erkannte der Musiker seine schriftstellerischen Fähigkeiten, verbunden mit einer völligen Unerfahrenheit. Verdi »machte« Piave zum Librettisten, *seinem* speziellen Librettisten. Piave erwies sich geradezu als »knetbare Masse« in den Händen des willensstarken, von den eigenen dramatischen Vorstellungen bestimmten Meisters, der den armen Librettisten mit seinen Anliegen überhäuft; ja, er stellte seinen Librettisten in den Dienst seiner Vorstellungen und Obsessionen. So entstehen die Texte zu *Ernani* (1844), *I due Foscari* (1844), *Attila* (1846), *Macbeth* (1847), *Ie corsaro* (1848), *Stiffelio* (1850), *Rigoletto* (1851), *La Traviata* (1853), *Simon Boccanegra* (1857), *Aroldo* (1857), *La forza del destino* (1862). Mit seinen anderen Textdichtern, z. B. Salvatore Cammarano, und sogar dem kongenialen Arrigo Boito bei der Arbeit an den Spätwerken *Otello* und *Falstaff* verhielt es sich nicht grundsätzlich anders. So lässt sich die kritische Frage, ob der Komponist eigentlich seinen Stoffen gegenüber »frei« war, und ob ihm die Vater-Tochter-Konfliktthematik nicht von seinen Librettisten »aufgezwungen« wurde, klar beantworten: Diese Thematik war Verdis höchsteigene Obsession.

3. Der Vater-Tochter-Konflikt als zentrale Thematik bei Verdi

Bevor ich mich der zentralen Thematik bei Verdi, dem Vater-Tochter-Konflikt, annähere, um den bei zahlreichen Beispielen die gesamte Oper wie um eine zentrale Achse kreist, sei noch ein Blick auf andere Opernkomponisten geworfen, bei denen spezifische Personenkonstellationen und -konflikte durchgehend zu erkennen sind. Ich nenne Mozart, Wagner, Strauss, Alban Berg und Benjamin Britten.

Bei Mozart steht der Vater-Sohn-Konflikt in den meisten seiner Werke, auch unabhängig von den Librettisten, im Vordergrund: Wir sehen und hören es in *Idomeneo*, bei der *Entführung aus dem Serail*, in den *Da Ponte-Opern*, insbesondere natürlich in *Don Giovanni*, aber auch in der *Zauberflöte* und vor allem in der *Clemenza di Tito*. Der Sohn begehrt gegen das väterliche Sexualverbot und die väterliche Sexualdominanz auf; in jugendlichem Protest empört er sich gegen die zweifellos brüchige, zweideutige, ja, scheinheilige Vaterposition.

Bei Wagner besteht die zentrale Beziehungskonstellation im Manne, der von einer Frau »Erlösung« verlangt, der die Liebe einer Frau als Gegenmittel gegen die eigene Autodestruktivität und libidinöse Grenzenlosigkeit sucht: so im *Fliegenden Holländer*, im *Tannhäuser*, in der *Walküre*, im *Parsifal* und besonders in *Tristan und Isolde*, wo es heißt: »Erschien zuvor die Ärztin nicht, die einz'ge, die uns hilft?« (III/1)

Bei Strauss dagegen sind es die dominanten Frauenfiguren, die sich nach Enttäuschungen, nach dem Abgewiesensein durch einen geliebten Mann, zur Freiheit und selbstgewissen Unabhängigkeit entwickeln: die Marschallin im *Rosenkavalier*, Ariadne, Arabella zum Beispiel.

Bei Alban Berg teilt sich dem Hörer das Beklemmende einer fast völligen Beziehungslosigkeit zwischen Mann und Frau mit – ob es nun Wozzeck mit seiner Marie, ob es Dr. Schön mit Lulu ist, am Schluss steht der einsame Untergang sowohl des Mannes als auch der Frau.

Und bei Benjamin Britten handelt es sich durchgehend um in der Gestaltung latent gehaltene, homosexuelle Männerbeziehungen, ob in *Peter Grimes*, in *Billy Budd* oder im *Tod in Venedig*, was sich auch darin ausdrückte, dass Britten die Tenor-Hauptpartien für seinen Lebenspartner Peter Pears speziell komponierte.

Bei Verdi steht also der Vater-Tochter-Konflikt im Zentrum. Überblickt man das gesamte Opernwerk Verdis, 26 Opern (ohne die Neubearbeitungen), so erscheint diese Thematik in 13 Werken in handlungsbestimmender Intensität, in weiteren, z. B. *Macbeth*, *Un Ballo in Maschera* und *Otello* ist die Vaterposition auf den Ehemann, die Tochterposition auf die leidende und an ihrer Entwicklung zu Selbstständigkeit scheiternde Ehefrau verschoben, auch im Falle der Lady Macbeth in ihrem am Ende hilflosen Wahnsinn, in dem sie vom kämpfenden Macbeth bedenkenlos, ja, fast gleichgültig geopfert wird.

Anhand einiger Beispiele versuche ich, die Auseinandersetzungen dieser

Verdischen Väter mit ihren Töchtern zu veranschaulichen. Giovanna d'Arco wird von ihrem Vater verflucht, weil sie göttliche Stimmen hört, die sie dem Einfluss des Vaters entziehen, über denen sie ihn vergisst, um an der Seite des machtlosen Königs zu kämpfen und zu siegen. Luisa Miller wird vom Vater verstoßen, weil sie ihre Liebe in einer anderen Gesellschaftsschicht gefunden hat, bei einem Fürstensohn. Gilda wird von ihrem Vater Rigoletto am tragischen Ende in den Tod getrieben, weil sie sich dem unbedingten Besitzanspruch des Vaters entzogen hat, der sie wie in einem Gefängnis versteckt gehalten hatte – für den Vater bricht eine Welt zusammen, nämlich die Beziehungswelt zwischen ihm und seiner Tochter, die seine »famiglia« ist, und nach deren Zerbrechen durch die Liebe der Tochter zu dem Herzog, dem skrupellosen Herzensbrecher, dem Vater nur noch grenzenlose Einsamkeit verbleibt – wie in der Stunde seines eigenen Todes, angesichts des Todes seiner Tochter, die um seine väterliche Liebe gefleht hatte. In *La Traviata* verhindert Vater Germont das Liebesglück seines Sohnes und Violettas, die nach ihrer liebelosen Karriere als Edelkurtisane zum ersten Mal ein Liebesobjekt in Alfredo gefunden hat, also auf dem Wege zu einer verbindlichen Paarbeziehung ist – die von der Vatergestalt brutal verhindert wird: Eine konventionelle bürgerliche Tochter wird der leidenschaftlich Liebenden vorgezogen, eine lauwarme Tochter (»Gott schenkte eine Tochter mir«), die in den Wertekanon des bourgeoisen Vaters passt.

In *Simon Boccanegra* handelt es sich sogar um zwei, über zwei Generationen sich erstreckende Vater-Tochter-Beziehungen: Fiesco und seine Tochter Maria, die heimlich den jungen Boccanegra liebt und von der Ablehnung des Vaters gegen eine Liebesverbindung mit einem sozial niedriger Stehenden brutal in den Tod getrieben wird – und Boccanegras Tochter Amelia, die er als ein Vater, der ein katastrophales Scheitern seiner eigenen Beziehung zu einer »Vater-Tochter« in einem generationsübergreifenden Wiederholungszwang verdrängt hat, vor den Werbungen seiner von ihm zu seinem politischen Feind erklärtem Gabriele Adorno zu bewahren versucht.

Der Kürze halber unterlasse ich die Hinweise auf *Don Carlo* und *La Forza del destino* ebenso auf *Falstaff*, um die Vater-Tochter-Auseinandersetzung in *Aida* etwas genauer zu beleuchten.

Vorher aber muss ich noch auf ein bemerkenswertes Scheitern Verdis zu sprechen kommen: Ich meine das Nichtzustandekommen seiner Oper *Re Lear*.

4. Das Scheitern des Lear-Projekts

Von besonderem Interesse für den Psychoanalytiker ist immer eine »Symptombildung«, bei einem schöpferischen Genie oft eine Arbeitsstörung oder -hemmung, die im Falle Verdis trotz heißem Bemühen das Entstehen und schließlich die Fertigstellung eines Werks mit einem von ihm hochgeschätzten Stoff, und noch dazu dem Stoff eines von ihm hochverehrten Dichters, verhinderte: das *King-Lear*-Projekt. Im shakespeareschen Drama geht es um eine konflikthafte Vater-Tochter-Beziehung par excellence. Die beiden älteren Töchter schmeicheln dem alternden Vater und akzeptieren seinen Thron- und Besitzverzicht nur zu gern, um sich zu bereichern und ihren nunmehr (selbst) entmachteten Vater in der Folge als rechtlos und entwürdigt fallenzulassen – während die jüngste Tochter, Cordelia, jede Beteiligung am Nachlass des Vaters ablehnt und ihm die Wahrheit ins Gesicht sagt: dass er ein eitler, alter Mann sei, der durch den vordergründigen Verzicht seine psychische Macht, seine narzisstische Herrschaft über die beschenkten Töchter nur zu vergrößern und zu zementieren suche. Lear verflucht seine ehrliche, den psychischen Sachverhalt bei ihrem Vater durchschauende Tochter – und muss ohnmächtig erleben, dass sie, verstoßen und depressiv, schutzlos und als Opfer der narzisstisch-gekränkten Ausstoßung, den Tod findet. Der Vater bleibt vollständig allein und psychisch verwirrt zurück.

Verdis Beschäftigung mit dem Lear-Stoff erstreckte sich über mindestens sechs Jahre und war insofern weit fortgeschritten. Zwei Librettisten, Salvatore Cammarano und Antonio Somma, erstellten Textvorlagen; Somma legte Verdi ein vollständiges Operbuch vor. Aber der Meister vermochte sich nicht zur Komposition entschließen. Er stellte äußere Widerstände in den Vordergrund – kein geeignetes Ensemble, zu wenig Vorbereitungszeit. Aber, wie Karl-Leo Gerhartz (1968) formuliert: »Schon ein flüchtiger Blick auf das Textbuch Antonio Sommas genügt, um zu zeigen, dass alle diese Hindernisse nur der sichtbare Ausdruck einer viel tieferen und grundsätzlicheren Problematik sind« (S. 281). Gerhartz sieht dann freilich diese Hindernisse im Wesentlichen darin, dass »Inhalt und Aufbau des *King Lear* durch die spezifischen Fähigkeiten und Interessen des gesprochenen Wortes geprägt« seien. »Diese Tragödie widersetzt sich deshalb auch einer Übertragung in das Reich des Gesangs« – sie sei in ihren »Strukturen«, den operntheatralischen Formen Verdis, in allen wesentlichen Punkten diametral entgegengesetzt. Auch diese »tiefere« Problematik bliebe nach Gerhartz also auf den Text, letztlich auf eine manifeste und formale oder allenfalls dramaturgische Ebene bezogen.

Kaum anzunehmen, dass hier das wahre Hindernis für den so musikdramaturgisch denkenden und arbeitenden Verdi zu suchen ist. Wir blieben damit an einer rationalisierenden Oberfläche.

In seinen persönlichen Erinnerungen an den *unsterblichen Verdi* berichtet *Pietro Mascagni* (1913), dass Verdi ihm als jungem Komponisten, der sich nach dem Erfolg von *Cavalleria rusticana* mit Gedanken an eine Lear-Oper trug, gesagt habe: »Wenn das wahr ist, kann ich Ihnen mitteilen, dass ich eine riesige Menge Material zu diesem monumentalen Vorhaben besitze, und es wäre mir eine Freude, es Ihnen zu überlassen, um Ihnen die schwere Aufgabe leichter zu machen.« Mascagni fragt mit zitternder Stimme: »Maestro, warum haben Sie King Lear nicht komponiert?« Verdi schließt seine Augen für viele Sekunden, vielleicht um sich zu erinnern, vielleicht um zu vergessen. Sanft und leise antwortet er dann: »Die Szene, in der Lear allein auf der Heide ist, versetzte mich in Schrecken.«

Hier könnte ein Ansatzpunkt zum Verstehen von Verdis schöpferischem Versagen liegen: die Einsamkeit, das Alleinzurückbleiben des Vaters auf der Heide, d. h. im Nichts, nach dem Abhandengekommensein der Töchter. Diese Szene ist für Verdi ein Weltuntergang, ein Untergang der Beziehungswelt, so wie Freud in seiner Schreber-Analyse das erste Stadium der schizophrenen Psychose beschreibt (Freud 1913).

Die verdischen Vaterfiguren sind nicht lediglich auf Moral und Standesbewusstsein bedacht – ihre leidenschaftlichen Anstrengungen, die Tochter an sich zu binden und sie vor allem keinem Liebhaber zu überlassen, scheinen nicht lediglich einer ödipalen Eifersucht zu entspringen. Der Konflikt des Vaters geht tiefer: Er ist existenziell; das Überleben – zumindest das psychische, aber in den einzelnen Opern meist auch das körperliche Überleben – ist bei einer Trennung nicht mehr möglich oder wird durch die Trennung unvermeidbar infrage gestellt. Als ob die Tochter zu einem Teil der Psyche und des Körpers des Vaters gehöre, wirkt ihre Entfernung wie ein Todesstoß oder ein Sturz in den Wahnsinn.

5. *Aida* als Beispiel

Die Schlüsselszene aus *Aida* (III. Akt, 3. Szene) mag hier als Beispiel dienen. Noch als Gefangener der Ägypter drängt der übermächtige Vater Amonasro seine Tochter Aida zum Verrat: an den Ägyptern, deren junger Feldherr Radames ihr Geliebter ist.

Amonasro
Ein ernster Grund
führt mich zu dir, Aida. Nichts entgeht meinem
Blick. Du vergehst vor Liebe
zu Radames ... er liebt dich ... und du erwartest
ihn hier. Die Tochter der Pharaonen ist deine
Rivalin ... eine infame, verhasste und für uns
verhängnisvolle Rasse!

Aida
Und ich bin in ihrer Macht! ... Ich, die Tochter
Amonasros!

Amonasro
In ihrer Macht! ... Nein! ... Wenn du es
Willst, wirst du Herrin der mächtigen Rivalin sein.
Und Vaterland und Thron und Liebe, alles wirst du
haben.

Du wirst die Wälder, die nach Balsam duften, wiedersehen ...
die frischen Täler ... unsere Tempel aus Gold! ...

Aida *(leidenschaftlich)*
Ich werde die Wälder, die nach Balsam duften, wiedersehen ...
die frischen Täler ... unsere Tempel aus Gold!
[...]

Amonasro
Doch, du erinnerst, dich, dass der grausame Ägypter
uns die Häuser, die Tempel und die Altäre
schändete ...

die entführten Jungfrauen in Ketten schleppte ...
Mütter, Alte, Kinder hinschlachtete.

Aida
Ach! Ich erinnere mich wohl an jene unglückseligen
Tage!
Ich erinnere mich an die Schmerzen, die mein Herz
ertrug!
Götter, lasst den ersehnten Morgen der heiteren
Tage für uns wiederkommen.

Amonasro
Er wird bald kommen. Unser Volk erhebt
sich jetzt in Waffen; alles ist schon bereit ...
Wir werden siegen. Ich muß nur noch wissen,
welchen Pfad der Feind verfolgen wird.

Aida
Wer kann es entdecken? Wer denn?

Amonasro
Du selber!

Aida
Ich! ...

Amonasro
Ich weiß, dass du hier Radames erwartest ... Er liebt
dich ...
(mit Nachdruck)
Er führt die Ägypter an ... Verstehst du? ...

Aida
Entsetzlich!
Was rätst du mir? Nein, nein! Niemals!

Amonasro *(in wildem Ausbruch)*
Nun auf, erhebt euch
ägyptische Kohorten!
Zerstört mit dem Feuer
unsere Städte!
Verbreitet Schrecken,
Massaker, Tod!
Nichts kann mehr
eure Wut halten.

Aida
Vater! ...

Amonasro *(sie zurückstoßend)*
Und du nennst dich
meine Tochter!

Aida *(bestürzt und flehend)*
Erbarmen!

Amonasro
Blut fließt in Strömen
in den Städten der Besiegten ...
Siehst du? Aus den schwarzen Strudeln
steigen die Toten auf ...
Sie zeigen auf dich und rufen:
wegen dir stirbt dein Volk!

Aida
Erbarmen!

Amonasro
Ein grauenvolles Gespenst zeigt sich uns unter den
Schatten ...
Zittre! Es hat seine fleischlosen
Arme auf deinen Kopf gelegt ...

Es ist deine Mutter ... erkenne sie ...
Sie verflucht dich!

Aida *(im höchsten Schrecken)*
Ach, nein!
Ach, Erbarmen, Vater!

Amonasro *(sie zurückstoßend)*
Du bist nicht meine Tochter!
Du bist die Sklavin der Pharaonen!

Aida *(sich mit Mühe zu den Füßen
des Vaters schleppend)*
Vater, ich bin nicht ihre Sklavin ...
Verfluche mich nicht ... verwünsche mich nicht ...
Du kannst mich noch deine Tochter nennen;
ich werde meines Vaterlandes würdig sein.

Amonasro
Denke daran, dass ein besiegtes, zerrissenes
Volk nur durch dich wieder auferstehen kann!

Aida
O Vaterland, o Vaterland, wie teuer bist du mir!

Amonasro
Mut, er kommt ... von dort werde ich alles hören ...
(versteckt sich zwischen den Palmen)

(Übersetzung des Operntextes von Antonio Ghislanzoni [1871] durch M. L. Heinz in Csampai/Holland 1985)

Die Tochter soll also im Besitz des Vaters bleiben, ihm politisch und familiär zu Willen sein; sie soll als Person bei ihm bleiben und mit dem Vater im Vaterland glücklich werden. Ihre Gegenargumente, ihre Verzweiflung werden vom Vater nicht gehört, mit Drohen und Schmeicheln niedergewalzt.

Damit wird die Tochter psychisch und am Ende auch physisch zugrunde gerichtet.

Interessant ist der Aufbau dieser Vater-Tochter-Szene: Er lässt sich in drei Stadien aufteilen.

Erstes Stadium: Aida ist zuerst identifiziert, ja, imitativ dem Vater nahe; sie folgt ihm in der Melodieführung. Amonasro hat, mehr in seiner Gesangsmelodie als im Inhalt seiner Worte, etwas Verlockendes und Verführendes. Er stellt seiner Tochter die Wiedervereinigung im Heimatland als paradiesische Freude, ja, Erlösung dar.

Zweites Stadium: Die Forderung des Vaters an Aida, den Geliebten zu verraten, stürzt die Tochter in Zwiespalt, Konflikt und Protest. Amonasro reagiert mit offenen Drohungen und Entwertungen gegen die Tochter; er wird zu einem wahrhaft furchtbaren Vater. Die im ersten Teil weitgehend gleichgerichtete Melodie wird im zweiten Teil auseinandergeführt, kontrovers geführt – der Gesang von Vater und Tochter driftet förmlich auseinander. Wir werden von heftigen Stakkati und heftigem Agitato berührt, ja, aufgeschreckt.

Drittes Stadium: Im Schlussteil des Duetts wird die Melodieführung wieder gleichgerichtet. Aber das Singen Aidas vermittelt tiefe Resignation und Depression, während die Schönheit der Schlusskantilene des Vaters, ihre Gesanglichkeit, weniger Frieden oder Zufriedenheit, sondern vielmehr narzisstischen Triumph, Befriedigtheit, übermittelt. Die Klage der Aida »o mia *patria*, quanto mi costi« kann mit Fug und Recht gelesen werden als »o mio *padre*, quanto mi costi«.

Es versteht sich von selbst, dass in der vorliegenden Skizze auf die Vermittlung des zentralen musikdramatischen Affekts verzichtet werden muss. Diese Affektimpulse lassen sich nicht verbal, sondern eben nur musikalisch vermitteln. Um den Zorn des Amonasro identifikatorisch mitzuerleben, muss man das Schmettern der Blechbläser auf »Zerstört mit dem Feuer unsere Städte!« hören, muss mit dem Gehör ein archaischeres Wahrnehmen, als es Lesen und Wortverständnis ermöglichen, nutzen.

Eine genauere *musikalische Analyse*, als ich sie hier geben kann, wäre wichtig. Immerhin kann hier gesagt werden, dass die entscheidenden Schlüsselszenen – die Achse, um die die Handlung sich dreht – vor allem Duette sind, nicht Arien oder Monologe in erster Linie, und zwar mit einem Bariton in der Vaterpartie und einem Sopran in der Partie der Tochter. Diese entscheidenden Duette sind übrigens meist im Mittelteil des Dramas lokalisiert.

Es handelt sich um eine spezielle Form des Baritons, die gern als »Verdi-Bariton« bezeichnet wird: trompetenartige Höhe, bassartige Tiefe, also mit großem Umfang. Es handelte sich um eine neuartige, von Verdi eingeführte Stimmform. Verdi entwickelte die Baritonstimme in eine ganz autonome Richtung weiter. Er trieb den Bariton nicht nur zu höheren Spitzentönen, als sie z. B. Bellini und Donizetti verlangt hatten, sondern er hob die Tessitura, die mittlere Tonhöhe, generell an, forderte ausgedehnte Phrasen in hoher und höchster Lage. Auf diese Weise kreierte er eine Stimme, die zwischen Bass und Tenor angesiedelt ist; der Terminus »Verdi-Bariton« gilt für einen Bariton mit ausladendem und tenoral hohem Register. Die Figuren, die Verdi seinem Bariton übertrug, so nahezu sämtliche seiner Vaterfiguren, verlangen wegen ihrer charakterlichen Komplexität, Ausdrucksvielfalt und Ausdrucksgegensätzlichkeit sowie ihrer hohen emotionalen Gespanntheit nach ganz besonderer stimmlicher Flexibilität.

Die Beschreibung des Stimmcharakters des Verdi-Baritons enthält auch einen Hinweis auf die Psychodynamik dieser Vaterfiguren: emotional höchst erregbar, zu extremen Affektäußerungen fähig, mit großer emotionaler Wucht agierend – übermächtige Vaterfiguren, neben denen eine eigene »Stimme« zu haben, denen standzuhalten schwer ist, die etwas Einschüchterndes ausstrahlen.

Die Sopranstimme der Tochterfiguren überschreitet ebenfalls bis dahin gültige Stimmfächer. Es handelt sich um »mehrere Stimmfächer in einem«: Gilda *(Rigoletto)* und Violetta *(Traviata)* beginnen ihre Partien als Koloratursopran, werden bei Intensivierung der Konflikte zum dramatischen Sopran (lirico spinto), beenden ihre Partie als lyrischer Sopran: leidend und nachdrücklich. Wir können das an Aida, aber auch an Elisabetta *(Don Carlo)*, Leonora *(La forza del destino)* beobachten. Es handelte sich um eine Neugestaltung der Sopranstimmlage.

Um es noch einmal zusammenzufassen: Zur Erreichung einer, mit Verdi zu sprechen, musikalischen »Wahrheit« wird der Zentralkonflikt seiner Vater-Tochter-Opern in das Duett erweiterter, spezifisch bereicherter Stimmen verlegt; er scheint nicht so sehr in der Einzelreflexion (Arie, Monolog) auf, ja nicht einmal in der Gesamtcharakterisierung der Vaterfiguren, die nicht von vornherein als töchterunterdrückende Tyrannen dargestellt werden.

6. Schlussfolgerungen

Schlussfolgerungen lassen sich nach drei Richtungen hin ziehen: biografisch, werkimmanent, gesellschaftlich-historisch.

a) *Biografisch* gibt die Lebensentwicklung Verdis, jedenfalls von der Oberfläche her, wenig Hinweise auf Vater-Tochter-Konflikte. Verdi war einziger Sohn seiner Eltern, hatte also keine Schwester, und seine eigene Tochter hatte er schon in jungen Jahren durch eine Krankheit verloren, ebenso wie seine erste Frau und seinen Sohn. Die zweite Ehe mit der Sängerin Giuseppina Strepponi blieb kinderlos. Das Paar hatte lange unverheiratet zusammengelebt, was manchem sittenstrengen Bürger, insbesondere dem Vater der verstorbenen ersten Frau, Antonio Barezzi, nicht gefallen konnte. Es bleibt mehr oder weniger Spekulation, zu fragen, ob Verdi der Gestaltung seines ödipalen Konflikts mit seinem Vater dadurch ausgewichen ist, dass er nicht (wie etwa Mozart) einen *Sohn* mit seinem Vater kämpfen lässt. Handelt es sich also um eine Außerkraftsetzung des ödipalen Vater-Sohn-Konflikts in Verdi selbst mithilfe der Ersetzung des Sohnes durch eine Tochter? War Verdi gar mit den unglücklichen Töchtern identifiziert? Eine solche Hypothese erscheint aber vorerst zu wenig gestützt und belegbar, wobei allerdings zu berücksichtigen ist, dass die Kenntnisse der privaten Person Verdis eher gering sind.

Durch den Verlust seiner gesamten Familie im Zeitraum eines Jahres kann Verdi allerdings als Traumatisierter gesehen werden. Er blieb wie König Lear »allein auf der Heide« zurück. Er war ein Vater, dem die Kinder abhandengekommen sind. Denkbar erscheint, dass bei diesem traumatischen Verlusterlebnis die Identifizierung mit starken, sicheren Vaterfiguren in Verdi vertieft und erneuert worden ist – Vateridentifizierung zur Traumabewältigung. Der autoritäre Vater Carlo Verdi ebenso wie der bourgeoise, konservative Schwiegervater Antonio Barezzi boten sich als Identifikationsfiguren für Verdi an.

b) *Werkimmanent*, also endodramatisch oder endomusikalisch gesehen, erleben wir wahrhaft furchtbare Väter, die den Untergang ihrer Töchter aktiv betreiben. Es sind vielfach keine leidenden, nicht einmal trauernde Väter. Diese Väter, die ihre Töchter verlieren, sterben oder bleiben einsam zurück mit einem Fluch auf den Lippen, einem Fluch auf sich selbst. Sie sind »allein auf der Heide« wie Lear.

Von der Tochter wird Verzicht verlangt: auf Sexualität mit einem altersgemäßen Partner *und* auf ein eigenes, selbstbestimmtes Leben als Frau. Unterordnung und Gehorsam, Verzicht auf den Geliebten oder Verrat an ihm für die Ehre des Vaterlandes und des Vaters selbst, wie bei Amonasro.

Die sexuelle Zuwendung zu einem anderen Mann wird vom Vater als eine narzisstische Beraubung und Kränkung gesehen und mit narzisstischer Wut gerächt oder bedroht. Die Tochter bricht unter diesem Konflikt zusammen.

Das Trennende, das der Vater um jeden Preis verhindern will, ist die erwachende Sexualität der Tochter. Es wird durch die Besetzung mit älteren Sängerinnen oft überdeckt, dass es sich bei den verdischen Tochter- und Frauenfiguren um sehr junge Frauen im Entwicklungsstadium der Pubertät oder Adoleszenz handelt. Das Trennende der töchterlichen Sexualität wird vom Vater nicht so sehr oder nicht allein *eifersüchtig* empfunden, sondern es führt zu einer *narzisstischen* Wunde, ja, zu einem Zusammenbruch des Vaters, der Zusammenbruch seiner narzisstischen Ideale einer dauernden Inbesitznahme der Tochter, als ob sie ein ständiger Teil seiner Welt und seines Körpers bleiben könne (eine Konstellation wie in *Ödipus auf Kolonos* des Sophokles). Wir fragen also: Sollen Frauen, Töchter, im Vorpubertären oder doch Voradoleszenten gehalten werden, »kleine Mädchen« bleiben; hatte Verdi einen »Horror« – Abscheu und Angst – vor heranreifenden Frauen, vor postadoleszenter Weiblichkeit? Oder sprechen doch solche weitverbreiteten Ängste bei Vätern an?

Es wäre aber auch zu erwägen, ob die Vater-Tochter-Beziehung unbewusst die Mutter-Sohn-Beziehung repräsentiert, wie es die britische Analytikerin Ella Freeman Sharpe (1934) in Bezug auf Shakespeares *King Lear* formulierte. Der Sohn fantasiert sich an die Stelle des Vaters und eine Tochter an die Stelle der Mutter – der Mutter, die nunmehr und dadurch ihres ödipalen Primärobjekt-Charakters entkleidet ist; als »Tochter« ist die Mutter für den Sohn als »Vater« ein bestimmbares, aktiv zu behandelndes und zu steuerndes Objekt, was die Mutter nicht sein kann. Es entspräche also den narzisstischen Wünschen eines Sohnes, die Mutter zu beherrschen.

Es würde sich dabei um die Einnahme einer phallisch-narzisstischen Position als Abwehr infantiler Hilflosigkeit handeln, in welcher der Sohn einst bei der Mutter gewesen war, oder noch in seinen Wunschfantasien *ist*. »Muttersöhne« waren oft die größten phallisch-narzisstischen Tyrannen.

Aber auch aufseiten der Töchter ist eine durchgehende psychische Tendenz zu verzeichnen: Sie streben ebenso stark zurück zu einer libidinösen und narzisstischen Wiedervereinigung mit ihren Vätern, ihren männlichen Primärobjekten wie sie sich von ihnen, sich emanzipierend, fortbewegen. Die Wiedervereinigung mit dem Vater fällt mit ihrem Untergang zusammen. Aida bleibt Amonasro verpflichtet – die Tochter opfert den Geliebten aus Liebe zum Vater. Gleiches erleben wir bei Leonora *(La forza)*, bei Gilda *(Rigoletto)*, bei Elvira *(Ernani)*, etc.

c) *Historisch-gesellschaftlich* lässt sich beitragen, dass zu Zeiten Verdis eine selbstständige Frau im öffentlichen Leben, in Politik oder Wissenschaft etwa, kaum vorstellbar war. Rollenbilder der »befreiten Frau« waren allenfalls berühmte Schauspielerinnen und natürlich die Rolle einer »primadonna assoluta«, einer berühmten Sängerin – oder die einer Edelkurtisane (so wie Violetta in der *Traviata*). Aber zur »Traviata«, zur vom Wege Abgekommenen, wird Violetta erst durch den Beginn ihrer Liebe zu Alfredo – hier, an diesem Punkt setzt die Vaterfigur an, zerstört diesen Befreiungs- und Reifungsschritt Violettas und trägt so zu ihrem Tod bei.

So werden wir in den Opern Verdis mit einer tiefen Ambivalenz gegenüber der Frau konfrontiert: Einerseits »feiert« der Komponist seine Heroinen als Befreierinnen ihrer selbst und in der gesellschaftlich-politischen Realität (Aida, Johanna von Orleans, Traviata, Gilda usw.). Andererseits fürchtet er die befreite, sexuell eigenständig aktive, erwachsene Frau und führt uns vor, dass es mit ihr ein böses Ende nimmt, ebenso für den beraubt, gekränkt, am Rande des psychotischen Objektverlusts zurückbleibenden Vater.

Diese Personenkonstellationen, verstärkt durch die musikdramatische Gestaltung, haben den Opern Verdis bis heute Erfolg und Anerkennung gesichert. Es muss sich in ihnen etwas vermitteln, das überindividuelle Grundkonflikte spiegelt und künstlerisch formt.

Literatur

Conati, Marcello (1984): Encounters with Verdi. New York (Cornell University Press).
Csampai, Attila & Holland, Dietmar (1985): Aida. Texte, Materialien, Kommentare. Reinbek (Rowohlt).
Freud, Sigmund (1913): Psychoanalytische Bemerkungen über einen autobiographisch beschriebenen Fall von Paranoia (Dementia paranoides). GW Bd. VIII. Frankfurt/M. (S. Fischer).
Gerhartz, Leo-Karl (1968): Die Auseinandersetzung des jungen Giuseppe Verdi mit dem literarischen Drama. Berlin (Merseburger).
Mascagni, Pietro (1913): Verdi (personal reminiscences). In: Conati, Marcello: Encounters with Verdi. New York (Cornell University Press), 1984, S. 312–316.
Porter, Andrew (1980): Verdi. In: The New Grove Dictionary of Music and Musicians. London (Macmillan).

Die Grenzenlosigkeit bei Richard Wagner
Dieter Ohlmeier

1. Einleitung: Grenzenlosigkeit und ihre Abwehr

Ein Gefühl der Grenzenlosigkeit, oder anders gesagt: ein Schwinden gewohnter Maßstäbe und Leitlinien, befällt wohl jeden, der sich mit Richard Wagner und seinem Werk beschäftigt. Werk und Künstler erscheinen überdimensional und schwer erfassbar, wenn man sich näher darauf einlässt. Je genauer man Einzelheiten zu erkennen versucht, desto unschärfer wird der Blick aufs Ganze.

Ist es einerseits die »Überdimensionalität« des Werkes – des dichterischen, des kompositorischen, des aufführungstechnischen, des theoretischen und pamphletistischen Werkes und des unübersehbaren, wohl eine Extrabibliothek füllenden Sekundärschrifttums, gar nicht zu reden von dem immensen Einfluss auf nachfolgende Opern- und Orchestermusik-Komponisten – sowohl diejenigen, die in ihrer Abhängigkeit bis hin zur Imitation Wagners unverkennbar sind, wie etwa Humperdinck und Richard Strauss, als auch jene, die in strikter Abkehr oder Abwehr von Wagnerscher Musik ihre künstlerische Identität suchten, wie zum Beispiel Strawinsky; so ist es andererseits das psychische Erleben eines Vereinnahmt- und Bezwungenwerdens, das der Rezipient bei sich wahrnehmen und verzeichnen kann, als ob er in Tannhäusers Venusberg oder in Klingsors Zaubergarten geraten sei, von nichts anderem mehr besetzt als vom Wagnerischen Werk, ja, gefangen und ohne Ausweg in einer eigenen, berauschenden Welt. Baudelaire (dt.: 1992) hat dieses Erleben beim Wagner-Hören in Worte gefasst. Manchen Hörern ist es wie ein oral-regressives In-sich-hinein-Trinken, wie das Eindringen eines Suchtstoffes erschienen. Andere haben sich strikt solcher Zumutungen erwehrt, sich zu Wagner-Feinden, zu »Anti-Wagnerianern« erklärt.

Ein prominentes Beispiel für diese von Wagner ausgelöste Ambivalenz ist Friedrich Nietzsche, zeitlebens ein süchtiger Wagnerianer, der mit seinen – erst nach dem Tode des Meisters publizierten – Streitschriften *Der Fall Wagner* (1888a) und *Nietzsche contra Wagner* (1888b), das er zu Lebzeiten nicht veröffentlichen wollte, mit heißem Bemühen um eine Emanzipation von Wagner gerungen hat. Wagner spaltete also nicht nur die Musik- und Opernfreunde in zwei Lager, sondern trug auch gemischte, gespaltene Gefühle und Vorstellungen in den jeweils einzelnen Rezipienten.

Es sei gestattet, zwei Träume, die ich während der Vorbereitung des vorliegenden Beitrags hatte, kurz mitzuteilen. Sie sind vielleicht geeignet, Abwehrmechanismen zu kennzeichnen, die angesichts einer grenzenlos erscheinenden Beherrschtheit durch das Wagner-Thema auf den Plan gerufen werden:

Erster Traum: Auf der Versammlung einer kulturellen Stiftung. Die Stimmung unter den zahlreichen Anwesenden heizte sich immer stärker auf: Es ging um die höchst kontrovers geführte Diskussion der Bewilligung eines Forschungsprojekts zum Werk Karl Mays. Die Meinungen der erregt Diskutierenden neigten sich immer mehr dem Negativen zu, und schon schien mir der Vorsitzende die Ablehnung aussprechen zu wollen – da ergriff ich energisch, wie tollkühn das Wort: »Aber Karl May ist doch ein bedeutender Autor!! Ein ganz besonderes Werk der deutschen Literatur« usw. Mir war so, als ob ich dadurch einen Meinungsumschwung erreichte; es wurde ruhiger und aufmerksamer im Raum.

Könnte ich hier im Traum den einen »kleinen Sachsen« (Wagner) durch den anderen (Karl May) ausgetauscht haben? Das wäre in der Tat eine Ermäßigung des Themas, des »Forschungsprojekts«: die Ersetzung des Großkünstlers durch den Trivialautor, beide im Leben klein von Gestalt, beide aus Sachsen stammend, beide an großen Heldenstoffen arbeitend (hier Siegfried, dort Old Shatterhand), beide seit jeher von der Öffentlichkeit kontrovers aufgenommen.

So »heruntergebrochen«, zum Trivialmythos erniedrigt, konnte das unendliche Wagner-Thema wenigstens in der Wunscherfüllungswelt des Traums zugänglich werden. Jetzt konnte ich beruhigter an meine Arbeit herangehen.

Zweiter Traum: Anlässlich eines Kongresses bin ich in einer fremden Stadt. An einer Straßenecke stehe ich an einem Telefon oder Mikrofon und mache an eine mir unbekannte und unsichtbare Menschenmenge die Durchsage: »Ich werde Ihnen jetzt den 1. Satz der Brahms-Symphonie vorspielen!«, und hatte dabei im Sinn, anschließend Erläuterungen dazu zu geben. Aber das Problem, das mir jetzt Druck und Schrecken erzeugte, war Folgendes: Ich müsste die CD mit der versprochenen Brahms-Symphonie erst noch beschaffen, und das von mir eben angesprochene Publikum wartete ja! Wie gehetzt lief ich die Hauptstraße der Stadt entlang, fragte in verschiedenen Läden, ob sie die Platte auf Lager hätten oder mir sagen könnten, wo ich sie bekommen würde. Erfolglos – man verstand nicht recht, was ich wollte; es waren ja auch eher Lebensmittel- oder Spielzeugläden.

Mit Brahms wollte ich also im Traum just den Antipoden und Zeitgenossen Wagners vorstellen, der sich häufiger ablehnend und despektierlich über seinen musikalischen Widerpart geäußert hat. Konnte ich durch diesen Austausch entkommen, versuchte ich dann durch die fluchtartige und erfolglose Suche nach der Musikkonserve dem Gefangen- und Gefesseltsein durch Wagner und sein Werk zu entrinnen, zumal mir im Unbewussten das Angesagte und Versprochene nicht einlösbar erschien, allenfalls auf einer blamablen »Küchen«- oder Spielzeugebene?

2. Biografie und Identität

Auf »Grenzenlosigkeit« stößt man bei Wagner auf mindestens drei Ebenen: auf der biografischen Ebene, im musikalischen und theoretischen Werk sowie in der von Wagner vorgeschriebenen Aufführungspraxis, und schließlich in der besonderen Art des Rezeptionsvorgangs im Hörer.

1. Zur Biografie eines eigentlich ständig entgrenzten Lebens seien nur folgende Daten erwähnt: Richard Wagner wird am 22. Mai 1813 als neuntes Kind aus der Ehe Carl Friedrich Wilhelm Wagners (1770–1813), des »ersten Actuarius im königlichen Polizeyamte«, eines mittleren Gerichtsbeamten also, mit der Weißenfelser Bäckerstochter Johanna Rosine Pätz (1774–1848) geboren. Der Vater stirbt noch im Geburtsjahr des Sohnes am 23. November an Typhus. 1814 heiratet die Mutter den Maler und Schauspieler Ludwig Geyer (1779–1821), einen langjährigen Freund der Familie, der – das ist nicht auszuschließen – eventuell der leibliche Vater Richards gewesen ist; auszuschließen ist aber eine jüdische Abstammung Geyers, die lange Zeit in der Wagner-Literatur immer wieder behauptet und diskutiert worden ist. Übersiedlung der Familie nach Dresden, wo Geyer am Hoftheater engagiert ist. Geyer will Wagner zum Maler ausbilden lassen. 1821 stirbt Geyer; dessen jüngerer Bruder in Eisleben nimmt Wagner zu sich. 1822 wird Wagner unter dem Namen Wilhelm Richard Geyer Schüler der Dresdner Kreuzschule. Kurzer, unregelmäßiger Klavierunterricht. Wagner, in seiner Begeisterung für das antike Griechenland, will Schriftsteller werden. Zur Konfirmation 1827 führt Wagner zum letzten Mal den Namen Geyer. 1828 Übersiedlung nach Leipzig, Schüler der Nicolaischule. Selbststudium in Kompositionslehre und vor der Familie verborgen gehaltener Unterricht in Harmonielehre. 1829 autodidaktische Kompositionsstudien. 1830 bald wieder aufgegebener Violinunterricht; erste Kompositionen. 1831 verlässt Wagner ohne Abschluss die Thomasschule, in die er 1830 übergetreten war; im Herbst wird er Schüler des Thomaskantors Chr. Th. Weinlig; am 25. Dezember Aufführung seiner Konzertouvertüre d-Moll im Leipziger Theater; sein eigentliches Debüt als Komponist (vgl. Mack/Voss 1978).

Schon diese fragmentarischen biografischen Daten machen deutlich, dass der junge Wagner es mit ständig wechselnden Beziehungsobjekten zu tun hatte, dass keine Bindung dauerhaft bestand, dass es zahlreiche Beziehungsabbrüche gegeben haben muss. Diese Unstetigkeit erstreckte sich auch auf Wagners Berufsvorstellungen: Seine kurzzeitigen Lehrer wechselten oft, seine musikalische Ausbildung blieb fragmentarisch. Eines aber blieb dauerhaft: seine offenbar unerschütterliche Vorstellung von eigener Bedeutung und Größe als Künstler, der im Grunde keiner persönlichen Lehrer bedarf (wohl aber künstlerischer Idealgestalten, wie die antiken Tragiker, und musikalische Vorbilder, wie z. B. C. M. v. Weber).

Seine frühzeitig einsetzende Bemühung um autobiografische Darstellungen (zuerst 1843, mit 30 Jahren), korrespondierend mit den autobiografischen Elementen in seinem musikdramatischen Werk (vgl. z. B. seinen Walther von Stolzing, aber ebenso dessen Gegenpart Hans Sachs in den *Meistersingern von Nürnberg*), weist auf eine ständige Neukonzeptualisierung der eigenen Biografie, auf die ständige Suche nach einer kontinuierlichen Lebens- und Entwicklungslinie hin, die er selbst zu konstruieren hatte. An deren Anfang steht die »Vater-Unsicherheit«: die für ihn als Kind wahrscheinlich unklärbare, unentscheidbare Frage nach der Identität seines wahren Vaters und Namens. Aber auch eine »Mutter-Unsicherheit« dürfte vorgelegen haben: Welchem Mann und Vater gehörte seine Mutter an, inwieweit entsprach sie einem Idealbild der »Heiligen« – einer »reinen«, ehrbaren, mütterlichen, Trost und »Erlösung« (aus Zweifeln und Identitätsverwirrungen) bringenden Frau; was bedeutete sie für den Sohn, eher die »Hure«, eine zweifelhafte und verlockende »Venus«, verführbar und verführend?

Sowohl die präödipale als auch die ödipale Entwicklung dieses sensiblen und fantasiereichen Knaben erscheinen von tiefer Verunsicherung und Ungewissheit, von einem gravierenden Orientierungsmangel geprägt. Das Verhältnis zu Frauen bleibt während seines gesamten Lebens prekär. Die drei bekanntesten Frauenbeziehungen in Wagners Biografie sind dadurch ausgezeichnet, dass es sich bei ihnen einerseits um »gesetzte« Mütter und andererseits um die Grenzen der Ehe und der Bürgerlichkeit überschreitende Geliebte handelt: Die erste Ehefrau, Minna Planer, eine bekannte Schauspielerin und offenbar lebenspraktische Partnerin, hatte ein Kind vor ihrer Ehe, hatte »Nebenbeziehungen« während ihrer Ehe mit Wagner. Cosima von Bülow, geborene Liszt, hatte Ehemann und Kinder, bevor sie Wagners Geliebte, Mutter seiner Kinder und spätere Ehefrau wurde. Mathilde Wesendonck, Wagners geliebte Muse bei der Arbeit am *Tristan*, war die saturierte Ehefrau eines reichen Fabrikanten.

Richard Wagner kann als ein in seiner Identität, seiner Abstammung vollständig verwirrter Mensch verstanden werden, der sich in seinem künstlerischen (und theoretischen) Werk gleichsam selbst erfindet und konstituiert, der sich in einer grandiosen Selbstgeburt zu begründen sucht, ohne dass seine Identitätsunsicherheit je ganz zu bewältigen ist. So lässt er seinen Lohengrin sagen:

»Nie sollst du mich befragen,
Noch Wissens Sorge tragen,
Woher ich kam der Fahrt,
Noch wie mein Nam' und Art!«
(Lohengrin I/3)

Doch was ist Identität? Etwas sich gesetzmäßig und übersichtlich Entwickelndes, wie es etwa E. H. Erikson (1966) nahelegte, wohl nicht. Vielleicht begründet sich das Identitätsgefühl, ein »Sich-selbst-Gleichsein«, in der ständigen Suche nach einem Selbstbild, der immerwährenden Neuerschaffung des eigenen Bildes, im ständigen und verändernden Wachstum des Selbstgefühls in der Orientierung an »idealen« Vorbildern (Ohlmeier 2000). Insofern wäre Wagner wohl als ein Beispiel moderner Identitätssuche als unablässliches Streben nach Idealen künstlerischer Größe und Originalität zu werten.

Der fragliche Vater, der zweifache Verlust einer Vaterfigur, aber ebenso die wahrscheinlich ambivalent erlebte, einerseits mächtige und beschützende, andererseits als »untreu« und unzuverlässig wahrgenommene Mutter (und Frau), prägen seine Opergestalten ebenso wie in seinem persönlichen Leben die abrupt-leidenschaftlichen Zuwendungen, ja, Vereinnahmungen, wie ebenso das kalte Fallenlassen seiner Mitmenschen.

2. Das musikalische und theoretische Werk wird, wenn schon nicht von Grenzenlosigkeit, so doch von bis dato unerhörten Grenzausweitungen und Grenzüberschreitungen geprägt. Hierfür stehen wagnersche Zentralbegriffe wie der des *Gesamtkunstwerks,* also der Gleichberechtigung, des Ineinandergreifens von Text, Musik und Aufführungspraxis (performance) – womit eine Überschreitung der »Kunstgrenzen« und »Kunstfächer« verbunden ist. Sodann die *unendliche Melodie,* das heißt, die gleichsam »ewige« Fortsetzung des Melodiestroms, ohne Absätze, Neuansätze und Pausen, was z. B. Th. W. Adorno in seinem *Versuch über Wagner* (1952) kritisch beleuchtet hat. Schließlich die Vorstellung einer *Zukunftsmusik* (Wagner 1860), eines »Kunstwerkes der Zukunft«, mit dem der Wille zu einer Überwindung, einer Transgression der Epochen, der Zeiten verbunden ist.

Die »unendliche Melodie« wäre in einem zweiten, vielleicht eigentlichen Sinne zu verstehen: als eine Melodie, die der Hörer »nicht wieder loswird«, als einen »Ohrwurm«. Sie kann oder soll zu einer Obsession werden, die den Rezipienten vollständig durchdringt. Wagner sprengt hier die Grenzen zwischen Kunstwerk und Rezipienten, er »pflanzt« seine Melodie dem Rezipienten ein, sodass dieser von ihr intrapsychisch beherrscht, obsediert wird. Dies beobachtete Nietzsche bei sich, oder besser: er fühlte es. Diese Selbstbeobachtung kränkte ihn. Er wehrte sich gegen den eingreifenden Einfluss Wagners, zumal dieser, umgekehrt, sich von Nietzsches Gedanken in keiner Weise tangieren, geschweige denn invadieren ließ. Nietzsche war als Propagator willkommen und als Bewunderer, als ein vom Meister Besessener, nicht jedoch als bestimmendes, maßgebendes Individuum und als Künstler aus eigenem Recht.

Nietzsche können wir als einen »Urhörer« Wagners verstehen, der in exemplarischer Weise die Faszination und Zumutung für den Rezipienten des Wagnerschen Werkes erlebt und ausgedrückt hat. Nicht zuletzt die Ambivalenz, die das Eindringliche der Wagnerschen Figuren und seiner Musik auslöst: Faszination bis zum Rauschhaften, zum Gefangensein wie in Klingsors Zaubergarten, oder wie die Eingliederung in eine verschworene, mystische Gralsritterschaft *(Parsifal)*, trivialisiert als »Wagnerianer« oder »Bayreuthianer«. Aber auch das Abstoßende: das im Rezipienten aufkommende Gefühl einer Überlastung und Überfütterung, einem »Zuviel« an verlangter Hingabe. »Anti-Wagnerianer« – denn leidenschaftliche Feinde hat dieser Komponist ebenso wie ergebene Freunde – machen ihren Widerwillen dann an der Überlänge, der (zu) großen Orchesterbesetzung und »Lautstärke« der Opern, aber auch an der »Deutschtümelei« der Stoffe – und der historischen Person einschließlich ihres schmähenden Antisemitismus – fest. Aber auch diese Gegnerschaft hat etwas Maßloses, »Ungerechtes« und übersieht dann die Vorzüge wie die innovative Kraft des Werkes.

3. Vergegenwärtigung

Was Wagner von seinem Publikum verlangt, und ebenso von seinen Künstlern (Sängern, Dirigenten, Orchestermusikern, Regisseuren etc.), ist die unbedingte *Vergegenwärtigung*. Vergegenwärtigung ist ein Schlüsselbegriff für das wagnersche Werk, für die wagnersche Welt. Wagner verlangt äußerste emotionale Präsenz, d. h. die Erschaffung und das Erleben einer unbedingten affektiven Realität im Hier und Jetzt der Gegenwart. Im Hören soll sich eine vollständige Identifizierung – möglichst in der Intensität einer grenzenlosen Infizierung – mit den handelnden Personen und ihrer Musik herstellen.

Damit geht eine möglichst totale Ausblendung einher, ein »Vergessen« (in der Identifikation etwa mit dem Siegfried der *Götterdämmerung* oder mit Tristan) von Vergangenheit und Zukunft als psychische Dimensionen eines Vergangenen (als Abgeschlossenes, Betrauertes) oder Kommenden (Voraussehbaren, Planbaren, Denkbaren). Die vergangene wie die kommende Zeit ist im Jetzt, im gegenwärtigen Moment kondensiert und verdichtet, und zwar unter äußerster affektiver Anspannung.

Der Affekt, »dessen Ausdruck der gesungene Ton ist«, erfüllt sich »in der jeweiligen Gegenwart, der unmittelbaren Präsenz« (Dahlhaus 1971, S. 20).

Partitur und Text haben nach Wagner (1872) den Zweck, »einer vollendeten dramatischen Aufführung als technisch fixiertes Vorbild zu dienen« – überhaupt erst hervorgebracht wird das Werk im Hier und Jetzt der Szene und dem Produzieren der Musik, nach jener »Vorlage«, die noch nicht das »Werk« ist.

Der Rezipient ist, geht es nach Wagner, in diesen Vergegenwärtigungsprozess miteinbezogen. Reflexion, Kritik, Distanzierung, ja, »nur« Deutung sind hier nicht vorgesehen. Es wird klar, dass ein strukturierendes, eigenständiges und auch zu Abwehrmechanismen bereites Ich bei diesem Vorgang nicht gefragt ist. Dass eine vehemente Aufforderung zur Ich-Regression als Voraussetzung der Werk-Verwirklichung gefordert wird, hat Abwehr auf den Plan gerufen, die wiederum oft etwas Maßloses annimmt. Wagner und sein Werk erzeugen »infektiöse« Identifizierung ebenso wie verteufelnde Abstoßung – bei einer »gereifteren« Ichstruktur des Rezipienten aber wenigstens heftige Ambivalenz.

4. Zentrale Thematik: Die Wiedervereinigung des »Helden« mit der Mutter

Suchen wir nach einem thematischen Zentrum des Wagnerschen Werkes, so ist es die Wiedervereinigung des »Helden« mit der Mutter (oder einer Mutter-Stellvertreterin). Es handelt sich also nicht lediglich um eine Vereinigung, gar sexuelle Vereinigung mit der Mutter, die als Erfüllung eines ödipalen Wunsches gelten müsste, sondern um eine psychogenetisch frühere Entwicklungsstufe, die – vom »Helden« meist zuvor niemals erlebt – im Drama aufgesucht wird. Hierfür lassen sich nahezu sämtliche Protagonisten Wagners benennen: der Holländer, der nach der mütterlichen Treue Sentas »bis in den Tod« (den gemeinsamen Tod) trachtet; Tannhäuser und Lohengrin, die ihr Glück in der Vereinigung mit »reinen« Frauen wie Elisabeth und Elsa suchen und nicht finden; Tristan, der in Isolde seine bei seiner Geburt gestorbene Mutter sucht; oder auch Parsifal, der seine Mutter Herzeleide verliert und den Verlockungen Kundrys zu erliegen droht. Siegmund *(Die Walküre)* findet in Brünnhilde, als sie ihm seinen Tod verkündet, eine Mutterfigur; Siegfried *(Götterdämmerung)* findet im Tod zu Brünnhilde zurück.

Gleichzeitig sind die Wagner-Protagonisten von Unsicherheit, einer tiefen

Enttäuschungsbereitschaft geprägt, wenn die Annäherung an die Mutter, als Restitution einer präödipalen Mutter-Sohn-Beziehung, nicht gelingt. Wir erleben es mit dem Holländer, mit Siegfried, Tannhäuser und Tristan. Tod oder Verschwinden in ein psychisches Niemandsland (Holländer, Tristan) sind die Folge. Auch das Schwanken und Sichverstricken zwischen zwei gegensätzlichen Mutterfiguren – wie sie im Doppelcharakter Kundrys, in den hexenhaften, »verzaubernden« Eigenschaften Isoldes und Brünnhildes, der Sehnsüchte Tannhäusers nach dem *Venusberg* aufscheinen – ist zu beobachten. Die zentrale Sehnsucht des Helden gilt nicht der »Hure«, sondern der »Heiligen«, die Erlösung verheißt und sichere Aufgehobenheit des präödipalen Kindes im Schoße einer beschützenden und bergenden Mutterfigur.

Es ist also kein glatter Weg der gelingenden Wunscherfüllung, sondern ein »sehrendes« (Partituranweisung in *Tristan und Isolde*), von Scheitern bedrohtes »Sehnen« nach frühkindlicher Geborgenheit bei der Mutter-Geliebten, das Wagner in immer neuen Handlungen zur Vergegenwärtigung bringt. In dieser Konstellation können wir das eigentliche Zentrum des Wagnerschen Musikdramas auffinden.

Das Sehnen nach Wiederherstellung der frühkindlichen Geborgenheit im Mutterschoß bedeutet im Grunde einen Todeswunsch: ein Rückgängigmachen der Geburt und der dadurch erfolgenden Trennung von der Mutter. Der Todeswunsch entsteht also nicht aus einer Selbstvernichtungshaltung heraus, sondern aus Getrenntheitsängsten und dem Wunsch nach einer symbiotischen Wiedervereinigung. Das regressive Trachten nach einer solchen symbiotischen Wiedervereinigung hat etwas Grenzaufhebendes, Grenzenloses. Es geht einher mit einem »ozeanischen Gefühl«. Sind die »Helden« Wagners auch Söhne, denen die reale Mutter fehlt, so fehlt ihnen jedoch nicht die imaginative Vorstellung einer Mutterfigur, die sehnend aufgesucht wird.

5. Elation und Erlösung

Zur *Vergegenwärtigung* dieser Konstellation im Musikdrama fordert Wagner vom Künstler ebenso wie vom Rezipienten einen besonderen psychischen Zustand, den ich mit B.D. Lewin (1961) *Elation* nenne. Es ist ein Zustand des »Hochgefühls« (so die deutsche Übersetzung von 1982), einer Exaltation, eines Über-sich-Hinausseins, ohne dass allerdings eine (sich verselbständigte) hypomanische oder manische Verstimmung vorliegt, sondern jeweils die intensive Identifizierung mit dem Werk im Zentrum bleibt; deswegen mag der sonst ungebräuchliche Kunstbegriff der *Elation* (»Abgehobenheit« wäre wohl eine weitere Umschreibung) Verwendung finden.

Als Beispiel sei *Tristan und Isolde* (II. Akt, 2. Szene) angeführt, wobei, in grober Vernachlässigung des Musikalischen, im hier gegebenen Rahmen lediglich Textzitate genannt werden können:

Tristan *(ein wenig das Haupt erhebend)*
Laß den Tag
dem Tode weichen!

Isolde
Tag und Tod
mit gleichen Streichen
sollten unsre
Lieb' erreichen?

Tristan *(sich mehr aufrichtend)*
Unsre Liebe?
Dein' und mein',
Isoldes Liebe?
Welches Todes Streichen
konnte je sie weichen?
Stund' er vor mir,
der mächt'ge Tod,
wie er mir Leib
und Leben bedroht',
der ich so willig
der Liebe lasse,
wie wäre seinen Streichen
die Liebe selbst zu erreichen?
(Immer inniger mit dem Haupt sich an Isolde schmiegend)
Stürb' ich nun ihr,
der so gern ich sterbe.
wie könnte die Liebe

mit mir sterben,
die ewig lebende
mit mir enden?
Doch stürbe nie seine Liebe,
wie stürbe dann Tristan
seiner Liebe?

Isolde
Doch unsre Liebe,
heißt sie nicht Tristan
und – Isolde?
Dies süße Wörtlein: und,
was es bindet,
der Liebe Bund,
wenn Tristan stürb'
zerstört' es nicht der Tod?

Tristan
Was stürbe dem Tod,
als was uns stört,
was Tristan wehrt,
Isolde immer zu lieben,
ewig ihr nur zu leben?

Isolde
Doch dieses Wörtlein: und –
wär' es zerstört,
wie anders als
mit Isoldes eigenem Leben
wär' Tristan der Tod gegeben?
(Tristan zieht, mit bedeutungsvoller Gebärde Isolde an sich.)

Tristan
So stürben wir,
um ungetrennt,
ewig einig

ohne End',
ohn' Erwachen,
ohn' Erbangen,
namenlos
in Lieb umfangen,
ganz uns selbst gegeben,
der Liebe nur zu leben!

Diese vollkommene Verschmelzung der Liebenden ist ein Zustand tiefer Regression (wie auch P. Dettmering [1969] hervorgehoben hat) – einer Regression des »Helden« auf eine präödipale Stufe, die zu einer Wiedervereinigung mit der Mutter in einem letztlich todbringenden oder doch vorgeburtlichen Zustand des Nicht-mehr- oder des Noch-nicht-Daseins führt, welcher als »Erlösung« ersehnt wird. Eine gleichartige Elation erfahren Siegfried und Amfortas *(Parsifal)* sowie Walther in seinen emphatischen »Eva im Paradies«-Gesängen *(Meistersinger)*.

Diese Elation des »Helden«, der aufführenden Künstler und der Hörer verlangt nach einer Verleugnung der äußeren Realitäten, einer Aufhebung der Zeitstruktur, der Inzestschranke, der Moralschranken. In Umkehrung von Freuds Forderung an den psychoanalytischen Prozess (»Wo Es war, soll Ich werden«), müsste es bei Wagner heißen: Wo Ich war, soll Es werden. Es handelt sich um ein regressives Wiedereinsetzen des Primärvorgangs und das Wiedererreichen eines Zustandes des primären (frühinfantilen) Narzissmus; über das Mutterobjekt und das Selbstobjekt des Kleinstkindes hinausgehende Objektbeziehungen existieren hier noch nicht oder nicht mehr (Freud 1914, S. 140–141). »Dieser anfängliche Zustand, den er (Freud) nun »primären Narzissmus« nennt, wird durch das völlige Fehlen einer Beziehung zur Umgebung charakterisiert, durch eine Ununterscheidbarkeit des Ichs vom Es, und hat sein Vorbild im intrauterinen Leben«, wie Laplanche/Pontalis (1972, S. 319) formulieren.

Damit geht eine Ausklammerung, eine Umgehung des triangulierenden Ödipuskomplexes einher, einschließlich einer Rückgängigmachung der in der ödipalen Entwicklungsphase errichteten Inzestschranke.

Die *Erlösung*, Schlüsselbegriff und Zentralvorgang des Wagnerschen Werkes, nach der Wagners Helden schmachten, ist nicht nur die vollständige Wunscherfüllung nach der Wiedervereinigung mit der frühen (präödipalen)

Mutter, sondern auch eine Erlösung von den Mühen und Konflikten des Ödipuskomplexes – und seines »Erbes«, der Bildung eines inzestverbietenden und sozialisierten Über-Ichs mit all seinen Grenzen und Begrenzungen.

Der wagnersche Held soll reflexionslos dem Sturm und Wechsel der Affekte ausgesetzt sein. Siegfrieds »Vergessenstrank« am Gibichungenhof ist ein allegorischer Ausdruck der Gedächtnislosigkeit, einer Eingeschlossenheit und Befangenheit in der jeweiligen Gegenwart (Dahlhaus 1990). Und wie T. W. Adorno (1952) formulierte: »Brünnhildes Liebe zu Siegfried schlägt angesichts des Verrats oder dessen Schein ebenso unvermittelt in Hass um, wie sich später der Hass in Liebe zurückverwandelt«, und weiter: »Es ist, als hätte Wagner auch jene Einsicht Freuds vorweggenommen, der zufolge beim archaischen Menschen alles in jäher krasser Aktion sich äußerte, was beim zivilisierten nur als innerliche Regung nachzittert.«

6. Reflexion – Das »Hans-Sachs-Prinzip«

Aber es darf angesichts der Elation eine dazu gegenläufige psychische Strömung im Werk des dem deutenden und ordnenden Ideal der antiken Tragödie verpflichteten Wagner nicht übersehen werden, dass es auch Wege aus der Regression gibt, nämlich Reflexion und Wiedergewinnung einer reiferen, depressiven Position (im Sinne Melanie Kleins *1946*).

Wotan *(Walküre, Siegfried)* ebenso wie Hans Sachs *(Meistersinger)* und Gurnemanz *(Parsifal)*, aber auch Kurwenal und Brangäne (im *Tristan*, die wie ein reduzierter griechischer Chor fungieren) bedeuten in ihrem reflektierenden Innehalten, ihrer (und sei es auch erfolglosen) Wiederaufrichtung von Grenzsetzungen »die Summe der Intelligenz der Gegenwart« (Wagner in einem Brief an Röckel, 1903); sie sind in solchen Momenten ganz Gedächtnis und Reflexion. Bis in die Kompositionstechnik, insbesondere des Leitmotivverfahrens hinein, ist vor allem das spätere Werk Wagners »von der ständigen Gegenwart des Vergangenen geprägt« (Dahlhaus 1990). Es ist einerseits Affektdrama, andererseits aber auch Reflexionsdrama.

Man mag sagen: Anders geht es nicht. Die Formung eines »Werkes« bedarf der reflektierenden Ordnung in der Grenzenlosigkeit der elativen Affektströme. Wie auf zwei Pfeilern ruht dann das Werk nach dem Vorbild der antiken Tragödie auf Elation und Reflexion. Wobei allerdings die Reflexion stets gefährdeter und flüchtiger erscheint als die vorantreibenden Elemente der Elation. (Ein Hinweis auf das Prekäre der Reflexionsbemühung bei Wagner mag in einer zuweilen auftretenden »Gemütlichkeit«, ja, sogar Männergesangsvereinsstimmung zu finden sein, in einer falsch und gleisnerisch klingenden Ruhe, die ihre Kritik in sich selbst trägt. Neben den Männerchören verschiedener Wagner-Werke könnte hier das Hörnermotiv im Vorspiel zum dritten Akt der *Meistersinger* als Beispiel dienen.)

Die Reflektierenden bei Wagner sind allesamt Umgetriebene: Sie müssen sich ihre Lösung (ihre Loslösung von der regressiven Erlösung) immer wieder aufs Neue erkämpfen. Eine »dritte Position« im Sinne eines reflektierenden, abstandnehmenden und urteilenden Denkens wird als flüchtiger und sisyphoshaft immer neu zu erarbeitender innerer Besitz deutlich.

Wagner fordert vom Rezipienten, »zu schauen [...], wie Hans Sachs es macht, dass er den Wahn fein lenken kann«, nachdem oder während er mitten im wahnhaften Über-sich-Hinaussein steht. Diesen mühevollen Reflexionsprozess, um gleichsam sichere Inseln in einem Meer des »Wahns« zu erreichen, nenne ich nach seinem Hauptvertreter im Wagnerschen Werk das »Hans-Sachs-Prinzip«.

Der »Wahn-Monolog« des Hans Sachs (*Meistersinger* III/1) mag dies exemplarisch verdeutlichen, wobei auch an dieser Stelle wieder das zentrale Moment der Vergegenwärtigung, nämlich die musikalische Komposition, hier im Schriftlichen nicht erklingen kann. Wir hätten, hörten wir sie beim Lesen des verbalen Textes mit, darauf zu achten, dass sich in der Komposition selbst, insbesondere auch in der Aufeinanderbezogenheit der Musik und des Textes, der psychische Arbeitsprozess der Figur (Sachs) und des Rezipienten darstellt. Der Monolog führt aus einem ersten Teil, in dem eine angst- und sorgenerfüllte Stimmung der Unsicherheit vorwiegt, in einen zweiten, bewegten und zerrissenen, musikalisch im Rhythmus »zerhackten« und gehetzten, stakkatohaften Teil – bis schließlich in einem dritten Teil in Musik und Text (vorläufige) reflektierende Ruhe wieder erreicht werden kann.

Wahn! Wahn!
Überall Wahn!
Wohin ich forschend blick'
in Stadt- und Weltchronik
den Grund mir aufzufinden,

warum gar bis auf Blut
die Leut' sich quälen und schinden
in unnütz toller Wut?
Hat keiner Lohn
noch Dank davon;
in Flucht geschlagen
wähnt er zu jagen;
hört nicht sein eigen
Schmerzgekreisch,
wenn er sich wühlt ins eigne Fleisch,
wähnt Lust sich zu erzeigen! –
Wer gibt den Namen an? –
's ist halt der alte Wahn,
ohn' den nichts mag geschehen,
's mag gehen oder stehen!
Steht's wo im Lauf,
er schläft nur neue Kraft sich an
gleich wacht er auf. –
dann schaut, wer ihn bemeistern kann! –
Wie friedsam treuer Sitten,
getrost in Tat und Werk,
liegt nicht in Deutschlands Mitten
mein liebes Nürenberg! –

Doch eines Abends spat,
ein Unglück zu verhüten
bei jugendheißen Gemüten,
ein Mann weiß sich nicht Rat,
ein Schuster in seinem Laden
zieht an des Wahnes Faden,
wie bald auf Gassen und Straßen
fängt der da an zu rasen!
Mann, Weib, Gesell' und Kind
fällt sich da an wie toll und blind;
und will's der Wahn gesegnen,
nun muß es Prügel regnen,

mit Hieben, Stoß' und Dreschen
den Wutesbrand zu löschen.
Gott weiß, wie das geschah? –
Ein Kobold half wohl da; –
ein Glühwurm fand sein Weibchen nicht; –
der hat den Schaden angericht', –
Der Flieder war's; – Johannisnacht! –
Nun aber kam Johannistag! –
Jetzt schaun wir, wie Hans Sachs es macht,
dass er den Wahn fein lenken kann,
ein edler Werk zu tun;
denn läßt er uns nicht ruhn,
selbst hier in Nürenberg,
so sei's um solche Werk',
die selten vor gemeinen Dingen,
und nie ohn' ein'gen Wahn gelingen.

Die identifizierende Beteiligung des Rezipienten an solchen psychischen Bewegungsprozessen ließe sich am dichtesten mittels einer *Affekt- und Imaginationsanalyse* darstellen, die, orientiert an der Assoziationstechnik der psychoanalytischen Traumanalyse, die im Hören durch die Musik evozierten Emotionen und inneren Bilder manifest benennbar zu machen versucht (Ohlmeier 2008). Neben der aufgezeichneten »notierten« Notenschrift kann so eine »psychische Niederschrift« der Musik transparent werden. Dantlgraber (2008) hat in seiner Konzeption eines »musikalischen Zuhörens« derartige Phänomene in der psychoanalytischen Behandlungssituation betont, wobei er einen Zustand der beidseitigen Regression (von Analysand und Analytiker) auf frühe Organisationsstufen der Ich-Instanz hervorhebt, die auch für das Hören und Rezipieren von Musik charakteristisch ist.

7. Schluss

Nicht in erster Linie die überlebensgroßen Heldenstoffe sind es, ebenso wenig wie die luxuriöse Orchesterbesetzung oder musikalische Innovationen wie die »unendliche Melodie«, die das »Grenzenlose« bei Richard Wagner ausmachen.

Die Grenzenlosigkeit stellt sich mittels der Identifizierung (ja »Sucht« und »Infektion«) her, die das Werk dem Rezipienten zumutet und die der Autor vom Hörer fordert. Gestaltet im Hier und Jetzt der Aufführung, wird (wohl auch als tyrannische Einladung zur Identifizierung mit Wagners eigner Biografie) der sehnsüchtige Wunsch nach primärnarzisstischer Wiederherstellung der Mutter-Kind-Dyade laut, und damit die Außerkraftsetzung der ödipalen Triangulierung und ihrer Abgrenzungskonflikte.

Deswegen hat Wagner in der Öffentlichkeit immer auch ein hohes Ambivalenzpotenzial erzeugt. Friedrich Nietzsche bietet dafür ein Beispiel. Es kann nicht erstaunen, dass durch das im Werk induzierte Außerkraftsetzen der ödipalen Gesetze auch die Ich-Abwehr aktiviert wird, die sich gegen eine triebhafte Hingabe an solche rauschhaften »ozeanischen Gefühle« verwahrt. Durch die Momente der Reflexion, wie sie Werkfiguren wie Hans Sachs innehaltend anbieten, die aber auch in sich instabil und unbeständig erscheinen, kann diese abwehrbedingte Ambivalenz nur ungenügend aufgefangen werden.

Literatur

Adorno, Theodor W. (1952): Versuch über Wagner. Frankfurt/M. (Suhrkamp).
Baudelaire, Charles (1992): Richard Wagner und der »Tannhäuser« in Paris. In: Ders.: Sämtliche Werke. Hrsg. von Kemp, F. u. a. Bd. 7. München, Wien (Hanser).
Dahlhaus, Carl (1971): Wagners Konzeption des musikalischen Dramas. München, Kassel (dtv, Bärenreiter).
Dantlgraber, Josef (2008): »Musikalisches Zuhören« – Zugangswege zu den Vorgängen in der unbewussten Kommunikation. Forum der Psychoanalyse 24, 161–176.
Dettmering, Peter (1969): Die Regression Tristans. In: Dettmering, P.: Dichtung und Psychoanalyse. München (Nymphenburger).
Erikson, Erik H. (1966): Identität und Lebenszyklus. Frankfurt/M. (Suhrkamp).
Freud, Sigmund (1914): Zur Einführung des Narzißmus. GW Bd. X. Frankfurt/M. (S. Fischer).
Klein, Melanie (1946): Bemerkungen über einige schizoide Mechanismen. In: Klein, Melanie: GS, Bd. 3. Stuttgart (frommann-holzboog).
Laplanche, Jean & Pontalis, J.-B. (1972): Das Vokabular der Psychoanalyse. Frankfurt/M. (Suhrkamp).
Lewin, Bertram D. (1961): The Psychoanalysis of Elation. Deutsch: Das Hochgefühl. Frankfurt/M. (Suhrkamp), 1982.
Mack, Dietrich & Voss, Egon (Hg.) (1978): Richard Wagner. Leben und Werk. Frankfurt/M. (Insel-Taschenbuch).
Nietzsche, Friedrich (1888a): Der Fall Wagner. In: Colli, G. & Montinari, M. (Hg.): Kritische Studienausgabe, Bd. 6. München und Berlin (Deutscher Taschenbuch Verlag/de Gruyter), 1980.

Nietzsche, Friedrich (1888b): Nietzsche contra Wagner. In: Colli, G. & Montinari, M. (Hg.): Kritische Studienausgabe, Bd. 6. München und Berlin (Deutscher Taschenbuch Verlag/ de Gruyter), 1980.

Ohlmeier, Dieter (2000): Identität im Wandel – aus psychoanalytischer Sicht. Gruppendynamik und Organisationsberatung 4, 372–382.

Ohlmeier, Dieter (2008): Versuch einer Affektanalyse beim Hören von Wagner-Musik. Unveröff. Vortragsmanuskript beim 8. Coesfelder Symposium Musik & Psychoanalyse (Veröffentlichung in Vorbereitung).

Wagner, Richard (1848): Lohengrin. In: insel taschenbuch 445. Frankfurt/M. (Insel), 1980.

Wagner, Richard (1860): Zukunftsmusik. Leipzig (Insel), 1913.

Wagner, Richard (1865): Tristan und Isolde. Csampai, A. & Holland, D. (Hg.). Reinbek (Rowohlt), 1983.

Wagner, Richard (1868): Die Meistersinger von Nürnberg. Csampai, A. & Holland, D. (Hg.). Reinbek (Rowohlt), 1984.

Wagner, Richard (1872): zit. n. Dahlhaus, Carl (1971).

Unbewusst – höchste Lust
Richard Wagners Oper *Tristan und Isolde* als Werk von Sehnsucht, Überfluss und Mangel

Karin Nohr

In eine Wagner-Oper geht man, um sich überwältigen zu lassen. In *Tristan und Isolde*, um an einer alle Grenzen überschreitenden Liebeserfahrung teilzuhaben, die von vielen bewusst abgelehnt wird, die aber, angetrieben durch Kräfte des Unbewussten, immer wieder »passiert«.

Wagner nennt seine Oper unter dem Einfluss Schopenhauers eine »Handlung« (Schopenhauer, 3. Buch, §48f.). Eine Handlung ist etwas, das wir vollziehen, sie ist nicht sprachlich organisiert. Sie kann von Reden begleitet sein, ja, ein Wort kann auch zu einer Handlung werden, zu einem »Sprechakt« (vgl. auch Watzlawick et al. 1974), aber die Handlungsdynamik selbst ist etwas Wortloses. Keine der anderen Opern Wagners trägt diesen Untertitel. Es scheint, dass Wagner damit darauf hinweisen will, dass es um etwas geht, das trotz vieler gewechselter Worte dranghaft-wortlos vorantreibt. Bildhaft gesprochen: Die von Wagner selbst gedichteten Worte – bei all ihrer romantischen Unschärfe (nach Wapnewski, 1986, »pathetisch, artifiziell, hymnisch verstiegen«, nach Breig, 1986, in ihrer »variierenden, steigernden und antithetischen Wiederholung« den musikalisch neuen, »symphonischen« Sequenzstil der Komposition vorbereitend) – als Worte das Gesagte und dadurch Abgegrenzte, treiben auf der Dynamik einer unbegrenzbaren, aus noch näher zu kennzeichnenden Quellen gespeisten, in der weiteren musikalisch ausgedrückten »Handlung« wie die von Menschen gebauten Schiffe auf den großen Gewässern der Natur.

Auch das Unbewusste und die Lust sind sprachlos. Das Unbewusste als das Irrationale, das ganz Andere, sprachlich nicht Erfassbare, aber wortreich

Umkreiste ist das Hauptthema des 19. Jahrhunderts (vgl. Safranski 2007); Freud hat es dann bekanntlich den romantischen, philosophischen und literarischen Gestaltungen als die den Menschen jenseits seiner Kontrolle beeinflussende innere Macht konzeptualisiert und für sein Verständnis menschlicher Veränderungsmöglichkeit genutzt.

Wenn Thomas Mann (Vaget 1999) in Notizen über *Tristan und Isolde* schreibt: »In Wagners ›Tristan‹ steckt mehr Novalis als Schopenhauer«, so betont er damit zugespitzt den Vorrang der dichterischen Beiträge bei der Entdeckung einer unbewussten Dynamik in der Liebe vor den philosophischen. Es seien daher, um in die *Tristan*-Thematik einzuführen, zunächst einige verwandte dichterische Gestaltungen zitiert, während die philosophischen Beiträge an späterer Stelle gewürdigt werden sollen.

Bereits der von Wagner hoch verehrte, viel zitierte, vorromantische Goethe verwendet das Wort unbewusst (zwischen 1776–1778 in *An den Mond*, frühere Fassung):

> Selig, wer sich vor der Welt
> Ohne Hass verschließt,
> Einen Mann am Busen hält
> Und mit dem genießt,
>
> Was den Menschen unbewusst
> Oder wohl veracht'
> Durch das Labyrinth der Brust
> Wandelt in der Nacht.

Eduard Mörike spricht 1832 von »unbekannt«, »kaum bewusst« (in *Verborgenheit*):

> Was ich traure
> weiß ich nicht,
> es ist unbekanntes Wehe,
> immerdar durch Tränen sehe
> ich der Sonne helles Licht,
> oft bin ich mir kaum bewusst
> und die helle Freude zücket

durch die Schwere so mich drücket
wonniglich in meine Brust.

Die Liebe als ein dem Bewusstsein entzogenes, entgrenzendes Geheimnis feiert Novalis u. a. in seiner *Hymne* (1798):

Wenige wissen
Das Geheimnis der Liebe,
Fühlen Unersättlichkeit
Und ewigen Durst. [...]
Nie endet das süße Mahl,
Nie sättigt die Liebe sich [...]
Hätten die Nüchternen
Einmal gekostet,
Alles verließen sie,
Und setzten sich zu uns
An den Tisch der Sehnsucht,
Der nie leer wird [...]«

In diesen Zuständen finden wir Wagners Protagonisten, wenn sie singen:

So stürben wir,
um ungetrennt,
ewig einig,
ohne End,
ohn' Erwachen,
ohne Bangen,
namenlos
in Lieb umfangen
ganz uns selbst gegeben
der Liebe nur zu leben?
(Wagner, *Tristan und Isolde*, 2. Aufzug, Z. 1372ff.)

Hier, im eingangs erwähnten Meer des Unsagbaren, finden wir auch Tristan allein, wenn er mühsam zu Kurvenal hin beim Erwachen aus seinem Krankheitsschlaf singt:

Doch wo ich weilte,
das kann ich dir nicht sagen. [...]
Ich war,
wo ich von je gewesen,
wohin auf je ich gehe:
im weiten Reich
der Welten Nacht [...]«
(3. Aufzug, Z. 1747ff.)

Hier also finden wir die Protagonisten der musikalischen Liebeshandlung; sie vereinen sich in den Labyrinthen der Nacht und »sättigen« sich, um mit Wagners eigenen, Liszt gegenüber verwendeten Worten zu sprechen (vgl. Wapnewksi 1986, S. 312), an Novalis' »Tisch der Sehnsucht«, der von dem Dichter-Komponisten so eingedeckt wird, dass auch Zuschauer und Zuhörer zu Teilnehmern eines »Abendmahls« (Novalis) der Liebe werden können.

1. Wagners Dramaturgie der Entgrenzung

Entgrenzung braucht einen festen Rahmen, sonst kann sie nicht zugelassen werden. In *Tristan und Isolde* entsteht der feste Rahmen dramaturgisch durch folgende Kunstgriffe (vgl. hierzu auch Wapnewski 1986 und Mertens 1986):
- Wagner lässt das viele Nebenschauplätze auskolorierende narrative Beiwerk der Textvorlage – es ist das spätmittelalterliche Versepos Gottfried von Straßburgs – radikal weg;
- er fokussiert in seiner eigenen Dichtung alles auf die Herstellung einer Dreiheit: drei Akte, drei Personen. Den beiden Hauptpersonen steht der ausgeschlossene Dritte, Marke, gegenüber; den beiden vertrauten Freunden Brangäne und Kurwenal der »Verräter« Melot;
- dem entspricht die Konzentration auf drei Schauplätze, drei Zeitgegebenheiten, drei Handlungsschritte: Der erste und der dritte Akt spielen am Tag auf dem Meer bzw. am Meer, der Mittelakt in der »Minnegrotte« spielt nachts. Von der Handlung her gruppieren sich die beiden »Tages«-Akte mit der Entstehung und der Transzendierung der Liebe in den Tod um den Mittelakt, welcher der vollen Hingabe der Liebenden aneinander gewidmet ist;

➤ so stellt Wagner eine Symmetrie des Aufbaus her (im ersten Akt dominiert Isolde, im dritten Tristan, der Mittelakt ist beiden Liebenden gewidmet).

Mithilfe dieser dramaturgischen Raffung und symmetrischen Konzentration bereitet Wagner die entgrenzenden Schwebezustände, die »Mythisierung« (Wagner 1851), wie er es nennt, vor.

Denn die klar umrissenen Orte, Zeiten und Einheiten der Handlung rahmen gleichsam *Projektionsflächen verschiedener Grenzüberschreitungen* ein. Die Oper beginnt auf dem Meer. Die Grenzen Irlands, woher das Schiff kommt, das die irische Königstochter Isolde dem König von Cornwall, Marke, zuführen soll, sind nicht mehr zu sehen und die Grenzen Cornwalls sind noch nicht aufgetaucht. Kein festes Land in Sicht. Nichts Genaues, nichts Klares. Der zweite Akt spielt sich in Markes Schlossgarten oder einem Raum seines Schlosses ab. Nachdem die Lampe gelöscht wird, verschwimmt alles im Dunkeln und stellt den Hintergrund der Individualität auflösenden, alles andere und alle anderen ausschließenden Liebeserfüllung dar. Im dritten Akt auf Tristans Heimatschloss am Meer geht es fortwährend zwischen Meer und Schloss auf dem Strand als dem Grenzbereich zwischen Meer und Land, Unbewusstem und Bewussten, Erkenntnis und Verleugnung, hin und her.

Die *Identitäten sind unkonturiert*. Die Braut ist keine Braut, die ihrem Erwählten entgegenfiebert, sie ist eine Entführte, die Tochter einer mächtigen Zauberin und selbst Heilerin, die eine ganze Reiseapotheke magischer mütterlicher Mittel mitführt, welche die begrenzten menschlichen Möglichkeiten außer Kraft setzen können. Der Brautwerber/Entführer ist Tantris/Tristan, ein Mann ohne Elternnamen. Mit dem sprechenden Namen ist er als Trauernder (l'homme triste) definiert, Trauer über die bei seiner Geburt gestorbenen Eltern; er ist ein von seinem Onkel Marke – dessen Name auch »Grenze« bedeutet – an Sohnes statt Aufgenommener, ein Sohn also, der kein Sohn ist. Als Brautwerber kommt er friedlich auf Isolde zu, doch ist er gleichzeitig ihr ehemaliger Todfeind, da er ihren früheren Verlobten ermordet hat, dessen Tod Isolde aus Liebe auf den ersten Blick zu Tristan nicht rächten konnte. Der Bräutigam, König Marke, ist ein Bräutigam aus Staatsräson, wider Willen hat er sich mit der Werbung um Isolde dem Drängen der Berater und vor allem Tristans gebeugt. Brangäne ist gleichzeitig gute Freundin Isoldes wie ihre Dienerin und Beschützerin und spielt zudem Schicksal wie eine Norne;

ähnlich ist Kurwenal sowohl der Schatten Tristans als auch sein Diener, Vater, Betreuer und Arzt in einem (vgl. Kupfer 2000). Beide Diener repräsentieren die menschliche Fürsorge, die die Helden als Traumatisierte sich selbst nicht zukommen lassen können.

Die *Handlung ist vielschichtig, komplex, undurchsichtig*. Innerhalb der klaren Umrisse der sichtbaren Handlung – die zukünftige Königin von Cornwall wird vom Ziehsohn des Bräutigams per Schiff dem König zugeführt, der von den beiden in Liebe zueinander Entbrannten ehebrecherisch hintergangen wird. Der König ertappt sie auf frischer Tat, worauf es zu Akten der Selbstzerstörung der Liebenden kommt – spielen sich ganz andere Handlungen ab, und unter denen wieder andere: Die Rache-, die Verleugnungs-, die Gesellschafts-, die Wunsch-, die Liebes-, die Todeshandlung, um nur einige zu nennen. So erfährt man, dass Isolde die Brautwerbung Tristans für Marke als unerträgliche Kränkung erlebt, da sie sich seit der schicksalhaften Erst-Begegnung mit Tristan diesem in einer Fern-Liebe verbunden fühlt. Isolde kann sich nach dem damaligen Liebesblick und dem, was darin an Verheißung lag, den Umstand, dass Tristan sie nun für seinen Onkel wirbt, nur als doppelbödiges Spiel erklären. Sie nimmt an, er will sie immer bei sich am Hofe haben, aber gleichzeitig auf sie verzichten, was für sie sowohl eine unerträgliche Zurücksetzung bedeutet als auch eine tiefe Enttäuschung über das, was sie als Verrat und Selbstverrat sieht. Daher beschließt sie in gleichzeitig suizidaler wie rächender Absicht, Tristan einen von ihrer Mutter für alle Fälle mitgegebenen Todestrank anzubieten und gemeinsam mit ihm auszutrinken. Ihr Angebot ist also ein szenisch ausgedrückter »Test«: Nimmt Tristan den Todestrank an, gesteht er seine Liebe und steht auch zu ihr vor sich selbst und aller Welt. Mit dem gemeinsamen Trinken hätte Isolde Rache, Rehabilitation, Liebeserfüllung in einem. Ihre Dienerin Brangäne aber reicht ihnen statt des Todes- den Liebestrank, was einerseits aus dramatischen Gründen nötig, viel wichtiger aber: was von der inneren Szene her folgerichtig ist. Denn nachdem Tristan etwas zögerlich begreift, was er Isolde und sich selbst angetan hat mit der Verleugnung seiner Liebe, ist er wie sie bereit zu sterben und sich aus den Grenzen seiner selbst übernommenen Brautwerber-Aufgabe und Sohnes-Loyalität zu befreien. So ist das Anbieten und Akzeptieren des vermeintlichen Todestrankes eine Liebeserklärung besonderer Art im Sinne einer Paradoxie von Liebeserfüllung und Liebesverzicht.

Die *Thematik ist auf Paradoxien zugespitzt*: Liebes- und Todesthematik,

Tages- und Nachtsein, Schuld und Schuldlosigkeit, Verleugnung und Wahrnehmung, Gesellschaftsanspruch und Individuationstriumph durchdringen sich gegenseitig. Liebe und Tod als Grenzzustände des Seins werden miteinander verwoben und in einen komplexen Sinnzusammenhang gestellt, der einfache Dichotomien überschreitet und einen »unendlichen« Verweisungszusammenhang aufbaut, der wie die »unendliche Melodie« (Wagner 1860) schon während der Ouvertüre, nicht zu beginnen und nicht zu enden scheint.

Man sieht also auf den ersten, mehr noch, auf wiederholten Blick, dass Wagner bereits mit seiner Dichtung, die ja der Komposition vorausging, dem »Endlichen einen unendlichen Schein« verliehen hat, was nach Novalis die Definition von »Romantisieren« ist (vgl. Safranski 2007).

Das »Endliche« ist hier der mittelalterliche Tristan-Stoff, mit dem Wagner genau vertraut war (die Hälfte der Bücher seiner Privatbibliothek befasste sich mit der mittelalterlichen Literatur; an zweiter Stelle stand die antike griechische, vgl. Wapnewski 1986). Werkentstehungstechnisch könnte zum »Endlichen« auch gehören, dass er an eine sperrige Stelle seiner ihn zu der Zeit beschäftigenden *Ring*-Tetralogie geraten war, eine Arbeit, von der er nach eigenen Aussagen mit der Komposition von *Tristan und Isolde* Entlastung suchte. Als »endlich« könnte man auch seine bewusste Absicht bezeichnen, eine »konzertante« Oper zu schreiben, die sich von seinem Wunsch her leicht aufführen lassen sollte, mit überschaubarem Personal, eine Oper, die sich ganz und gar auf das Eine – anders als der »Ring« auf das Viele – fokussiert und von der er sich rasche Aufführungsmöglichkeit und finanziellen Erfolg versprach. Angesichts der 77 erfolglosen Proben an der Wiener Hofoper, wo erstmals versucht wurde, dieses Werk einzustudieren, das dann als unaufführbar zunächst ad acta gelegt werden musste (vgl. Bauer 1986), sieht man, was aus diesem »Endlichen« geworden ist und wie sehr Wagners »Romantisierung« für »Komplexitätserhöhung« gesorgt hat!

2. *Tristan und Isolde* als Dokument sublimatorischer Identitätsvergewisserung

Biografisch waren eine eigene Liebesbeziehung sowie die Begegnung mit Schopenhauers Buch *Die Welt als Wille und Vorstellung* von zentraler Bedeutung für die Entstehung der Oper. Diese Erkenntnis ist nicht neu (vgl.

Wapnewski 1986, 1998). Meine These ist, dass diese beiden Ereignisse, die Liebeserfahrung und die besondere Art der Schopenhauer-Rezeption, seelisch anders als – wie im Allgemeinen beschrieben – in additiver Weise (vgl. Wapnewski 1986) zusammenwirkten und insofern zusammengehören; und zwar derart, dass Wagner in dem durch die Liebe ausgelösten inneren Zerreißprozess seine Identität als Mann und seine Schaffenskraft als Künstler durch die Schopenhauer-Hinwendung zu sichern, zu legitimieren und zu erweitern suchte. Wagners bewusste Auslieferung an eine in realen Zusammenhängen nicht lebbare Liebe hängt in dieser Auffassung mit einer verinnerlichten hoch idealisierten Vaterimago zusammen, die es Wagner unmöglich machte, Liebeserfüllung in der ersehnten Form zu finden, die ihn also in einem Zustand des Mangels hielt, jedoch einem ihn immer nach Erfüllung drängenden, daher produktiven Mangel.

Wenn im Folgenden aus dem verwobenen Geflecht der vielen äußeren und inneren Anlässe zur Komposition der Oper (vgl. Breig 1986) ausschließlich diese zwei Entwicklungslinien: die Liebesverstrickung und die Schopenhauer-Begeisterung in ihrer Verwobenheit konkreter nachvollzogen werden, muss aber doch klar bleiben, dass man das Geheimnis solcher Schöpfungen nie völlig ergründen kann.

2.1 Die Liebesverstrickung

Seit 1850 leben Wagner und seine Frau Minna nach der durch Wagners politische Aktivitäten bedingten Flucht aus dem revolutionären Dresden in Zürich. Die finanzielle und die eheliche Situation waren prekär (die folgende Darstellung fußt weitgehend auf Rieger 2003).

Wagner hatte als 22-jähriger Musikdirektor am Magdeburger Theater die vier Jahre ältere Minna Planer als schöne, umschwärmte Schauspielerin kennen gelernt. Minna hatte als eines von vielen Kindern eines schuldlos verarmten, glaubensstrengen Vaters von Kindesbeinen an die Familie unterstützen müssen (Herstellung von Schmuckstücken, Botengänge etc.). Sie glaubte, 15-jährig, an das Heiratsversprechen eines Verehrers, wurde von dem jedoch, als sie schwanger war, verlassen. Um dem Vater die »Schande« zu ersparen, wurde mithilfe von Minnas Mutter die Schwangerschaft vertuscht und so getan, als sei das Neugeborene ein Nachkömmling der Mutter. Bis zu ihrem 50.

Lebensjahr erfuhr Minnas Tochter, die später mit den Wagners lebte, nicht, dass sie gar nicht Minnas viel jüngere Schwester war. Minna muss man sich als sehr moraltreue, eng an die Eltern gebundene Tochter-Frau vorstellen, die ihre Schuldgefühle durch Altruismus abzutragen gewohnt war. Lebenslang unterstützte sie ihre Eltern finanziell.

Nach der Heirat geriet Minna Richard gegenüber schnell in die Rolle der ihn bedingungslos unterstützenden und durch viele Krisen begleitenden Mutter-Frau, die ihn wie ein Kind mit seinen zahlreichen seelischen und körperlichen Malaisen pflegte, seinen langen Ausführungen zu künstlerischen Projekten zuhörte und ihm in jeder Lebenslage ein Heim mit der ihm notwendigen angenehm-luxuriösen Umgebung, mit Essen und Gastlichkeit, nicht zu vergessen: mit der Versorgung der Haustiere, aufbaute. Aus hunderten von Briefen, die sie sich schrieben, geht eine äußerst eng zu nennende Bindung hervor. Wagner konnte ohne ihre Gegenwart zeitweilig nicht arbeiten.

Im Laufe der Ehe fühlte sich Wagner durch ihre ihm gebrachten Opfer, vor allem aber durch ihre Vorwürfe wegen seines permanenten Geldborgens und des immer wieder bedrohten gemeinsamen Heims eingeengt (mehrfach mussten Wagners vor den Gläubigern fliehen und das Aufgebaute zurücklassen, vor Gläubigern, die sich ja immer erst an Minna wandten; *sie* musste anschreiben lassen, was sie vor ihrem biografischen Hintergrund tief beschämte). Es kam zu ehelichen Polarisierungen: Er, der Luftikus – sie, die Beständige, er, der geniale Bestimmer – sie, die strukturierende Nörglerin etc. Diese Polarisierungen führten zu frustrierenden Streitigkeiten, die es beiden aber immer wieder zu überbrücken gelang. Man kann sagen, dass Wagner Minna lebenslang als hochbedeutsames, Sicherheit spendendes, aber einengendes Mutterobjekt nie aufgeben konnte. Auch nach der Trennung und während seiner zweiten Ehe träumte Wagner immer wieder von ihr, was seine zweite Frau, die Liszt-Tochter Cosima, als Protokollantin seiner Lebensäußerungen genau vermerkte. Der Gegenstand dieser Träume waren meist die Geldkonflikte. (Ich betone dies, weil erst in jüngerer Zeit die Bedeutung der ersten Ehefrau Wagners ins klarere Licht gerückt worden ist; bis vor Kurzem wurde sie als die Frau, die den Genius nicht verstand, abgewertet; die Forschung hat so mimetisch auf Wagners in späteren Ehejahren geäußerte Abwertung seiner Frau reagiert.)

Die Entstehung der Oper *Tristan und Isolde* markiert den Wendepunkt der ehelichen Beziehung. Sie wird zu Recht mit der Liebe zwischen Wagner und Mathilde Wesendonck in Verbindung gebracht, doch gibt es einen entscheidenden Vorläufer zu dieser Liebe, ohne den die Wagner-Wesendonck-»Handlung« in ihrer Dynamik nicht zu verstehen ist (auch hierzu vgl. Rieger 2003).

Wir sind in Zürich 1850, Wagner ist 37 Jahre alt. Minna leidet unter dem Wegzug aus Dresden, wirft Richard seinen politischen Leichtsinn vor, der ihn um die sichere gute Stellung brachte. Sie sind abhängig von finanziellen Zuwendungen ihrer Freunde, besonders großzügig unterstützt Franz Liszt die Familie. Wagner ist hoffnungslos und erträgt Minnas Vorwürfe nicht. Er geht nach Paris und gaukelt ihr vor, er verfolge dort ein vielversprechendes Opernprojekt *(Die Walküre)*. In Wirklichkeit ist er arbeitsunfähig und tut nichts, wie er in Briefen an Freunde offen und teilweise selbstzerfleischend darlegt. Da erreicht ihn aus Orléans der Brief der 20-jährigen Jessie Laussot, die, seit sie mit ihrem wohlhabenden Weinhändler-Mann auf einer Reise nach Dresden die Oper *Tannhäuser* gehört hat, den Komponisten glühend verehrt. Sie ist geistreich, gebildet, schön, leidenschaftlich und in ihrer Ehe mit dem wohl etwas »nüchternen« Mann frustriert. Sie hört von Wagners finanzieller Misere, lädt ihn nach Orléans ein und legt ihm das Reisegeld bei. Wagner reist erfreut hin, er spielt ihr vor, sie ist begeistert, es kommt zu einer leidenschaftlichen Anziehung zwischen diesen beiden nach Gefühlshingabe seelisch ausgehungerten Menschen. Sie wird seine Geliebte und Muse in einem. Sie planen eine Flucht im Überschwang der Gefühle – nach Griechenland wollen sie. In einer Kleinstadt wartet Wagner auf die Abreise, während Jessie das Geld besorgen soll. Völlig von diesem Traum beflügelt, schreibt Wagner Minna einen Brief, in dem er ihr in bis dahin ungekannter und auch später nie wieder erreichter Schroffheit mitteilt, dass er sich von ihr trennen müsse, und zwar wegen charakterlicher Gegensätze. Sie strebe nach Besitz und Sicherheit, so spitzt er es zu, er aber möchte Mensch, Liebender und Schaffender sein. Er drückt auch »ungeheuren Jammer« angesichts der Trennung aus und bittet sie, in der Zukunft sein (allerdings nicht vorhandenes) Geld anzunehmen. Seine Liebe zu Jessie verheimlicht er. Minna, die bei allen Streitigkeiten nie daran gezweifelt hat, dass sie lebenslang vereint bleiben, ist auf diesen Brief wie vom Donner gerührt und hält Wagner für fieberkrank, reist, damals sehr ungewöhnlich, allein nach Paris und sucht ihn dort elf Tage lang wie besinnungslos ohne Erfolg, muss unverrichteter Dinge nach Hause zurückkehren, von wo sie ihm eine lange, beschwörende Replik schreibt. Inzwischen erhält jedoch Wagner einen Brief von Jessie, die ihrer Mutter alles gebeichtet und den Fluchtplan aufgegeben hat. Wie von Sinnen versucht

Wagner sie umzustimmen, aber erreicht sie nicht, da die ganze Familie Laussot vor ihm aufs Land geflüchtet ist. Minna wird von den Laussots benachrichtigt, es wird ihr schockartig klar, warum ihr Wagner die Ehe aufkündigte. Tief verletzt beschließt sie, nach Dresden zurückzugehen, informiert ihre Mutter und Freundinnen, lässt in Dresden schon nach Arbeit für sich suchen, wird krank, verliert an Gewicht. Freunde schalten sich ein und führen Wagner seine Verantwortung gegenüber Minna vor Augen. Wagner aber hört erst auf sie, als er einen letzten Brief Jessies erhält, in dem sie sich endgültig von ihm lossagt. Gebrochen kehrt er zu Minna zurück: »Die eine glaubt nicht an mich, weil sie mich nicht versteht, die andere, weil sie aus Feigheit mich plötzlich nicht mehr verstehen will« (zit. n. Rieger 2003).

Diese leidenschaftlich ausgelebte, für alle Beteiligten äußerst schmerzhafte Affäre enthält gleichsam in einer Nussschale alle Elemente des späteren biografischen Geschehens um Mathilde Wesendonck. Die tiefen Verletzungen durch Jessie haben Wagner aber vorsichtiger gemacht. Seine sich ein Jahr nach der Jessie-Affäre anspinnende, idealisierende Liebe zu der 22-jährigen, schönen, äußerst geistreichen, ebenfalls sehr wohlhabend verheirateten Mathilde (ihr Mann ist nur zwei Jahre jünger als Wagner), die Mutter mehrerer Kinder ist, zieht sich über Jahre hin. Mathilde und ihr Mann fördern Wagners musikalische Projekte. Es gibt freundschaftlichen Kontakt zwischen beiden Familien, Mathilde sorgt sogar dafür, dass die Wagners ein Haus (»Das Asyl«) auf dem weitläufigen Gelände ihrer Villa zu niedriger Miete beziehen. Mathilde wird, wie Jessie, die leidenschaftlich geliebte Muse Wagners, die Beziehung bleibt aber weitgehend platonisch, ist allerdings darin ins Extreme aufgeheizt. (Wagners Vertonung insbesondere des Gedichts »Im Treibhaus« von Mathilde Wesendonck legt von dieser Atmosphäre Zeugnis ab. Einige seiner Vertonungen ihrer Gedichte bereiten musikalisch auf *Tristan und Isolde* vor.) Beide Ehepartner schauen nicht zu genau hin, sehen das Verhältnis als Schwärmerei. Denn Minna ist erstmals, seit sie im Exil in Zürich sind, durch das Haus mit Garten mit ihrem Schicksal ausgesöhnt, während Otto Wesendonck sich durch das Interesse des schon bekannten Komponisten an seiner Frau geschmeichelt fühlt. (Es kommt übrigens nach Enthüllung der Liebesgeschichte zwar zu heftigen Erschütterungen zwischen den Familien, aber der freundschaftliche Kontakt beider Wesendoncks zu Wagner bleibt nach einer Unterbrechung bis in die Bayreuth-Zeit erhalten, ja, das Ehepaar Wesendonck besucht die dortigen Aufführungen, und ihre finanzielle Unterstützung Wagners hört nie auf. Auch hierin liegt ein großer Unterschied zu dem völligen Abbruch der Beziehungen zwischen Wagner und den Laussots.)

Dies ist die Zeit, in der Wagner die Beschäftigung mit der *Ring*-Tetralogie unterbricht und den *Tristan* beginnt. Ich möchte behaupten, es ist eine für Wagners Kreativität sehr günstige Situation, da charakterisiert durch dreierlei: Sehnsucht, Überfluss und Mangel. Überfluss liegt in der Liebessituation, schaut man aufs Gesamte und nicht nur auf die Wagner-Wesendonck-Beziehung: Minna ist zufrieden und sorgt umfassend und liebevoll für Wagners leibliches und auch seelisches Wohl. Aus der angenehmen Sicherheit des versorgten, mütterlich geliebten Mannes heraus schreibt er den gesamten ersten Akt in erotischer Spannung und Hochgefühl auf eine Frau hin, die ihm leidenschaftlich zugetan ist, die ein geistig-sinnliches, ebenbürtiges Gegenüber darstellt, anders als Minna, die sich unterordnet oder, strukturgebend, dominiert. Hierin liegt ein »Überfluss«, dem jedoch ein »Mangel« zugrunde liegt, denn die gesamte Liebessituation stellt ein prekäres, destabilisierendes Gleichgewicht der Kräfte dar, da sie in inkompatibler Weise gegeneinander wirken. Ich betrachte die äußere Liebessituation als Ausdruck eines rein innerpsychischen, aber mit den nahen anderen ausagierten Konflikts. Die auf Lebendigkeit hindrängenden Kräfte, insbesondere die der männlich-leidenschaftlichen Selbstaktualisierung, bedrohen die basalen Bedürfnisse nach Sicherheit und Aufgehobensein. Wagner stürzt in eine schwere Krise, die sein Selbst bedroht. Er leidet unter Schlaflosigkeit und anderen psychosomatischen Symptomen. Als Wagner die fertige Komposition des ersten Akts Mathilde mit einem Liebesbrief zueignet, entdeckt Minna den Brief. Man kann sich fragen, ob Wagners Sehnsucht, aus dem zerrissenen Zustand befreit zu werden, ihr den Brief durch die Fehlleistung besonderer Unachtsamkeit in die Hände spielte: Indem er nun Minna durch ihr Mitwissen belastet, entlastet er sich selbst, belastet sich aber in neuer Weise durch die Gefährdung der Liebesbeziehung zu Mathilde. Es beginnen Monate der Zuspitzung, der ehelichen Auseinandersetzungen auf beiden Seiten, der heftigen Eifersucht der beiden Frauen aufeinander. Schließlich reisen Wesendoncks nach Italien. Mathilde schreibt an Wagner: »Wir müssen uns längere Zeit nicht sehen, um uns nah bleiben zu können« (zit. n. Rieger 2003). Die Wagners müssen das geliebte Haus aufgeben, Wagner geht nach Venedig, Minna krank nach Chemnitz zu Freunden, wo man um ihr Leben fürchtet. Aus der Situation des Überflusses hat sich so eine des Mangels entwickelt.

In Venedig, allein, komponiert Wagner den zweiten Akt des *Tristan*, die

Liebeserfüllung und Entdeckung, dabei fortwährend sowohl mit Minna als auch mit Mathilde korrespondierend. Noch immer glaubt er an eine spätere Vereinigung mit Mathilde, und erst nach deren definitiver Entsagung wendet er sich verstärkt wieder, hauptsächlich brieflich, Minna zu. Nach Mathildes Lossagung von ihm muss er aus politischen Gründen 1859 Venedig verlassen und geht nach Luzern, wo er in völliger Einsamkeit den dritten Akt des *Tristan* schreibt. Er sitzt ab dem Morgen bis 16.00 Uhr am Schreibtisch, geht dann spazieren, schreibt seine Briefe und geht um 22.00 Uhr ins Bett. Auch in der Luzerner Einsamkeit und Mangelsituation gelingt es Wagner, die ihn seelisch stabilisierenden Aspekte der komplexen Bindungen an beide Frauen symbolisch zu bewahren: Er umgibt sich mit von Minna geschenkten oder für ihn hergestellten Einrichtungsgegenständen (z. B. liegt unter seinen Füßen ein Teppich mit Schwanmotiv, den ihm Minna anlässlich des *Lohengrin* geknüpft hatte), er schreibt abwechselnd ihr und auch Mathilde, an letztere nach deren Entsagung, die er auf diese Weise zunächst verleugnet, in Form eines Tagebuchs, das er ihr später überreichen möchte; ja, besucht einmal Wesendoncks wieder, da sich Otto durch Mathildes Entscheidung sicher fühlt.

In den vier Monaten in Luzern beendet Wagner die Oper. An Mathilde schreibt er: »Kind! Dieser Tristan wird was Furchtbares! Dieser letzte Akt! ------------Ich fürchte, die Oper wird verboten« (zit. n. Staatsoper Unter den Linden 2000).

3. Die Schopenhauer-Begeisterung

1854 wird Wagner von einem Züricher Mit-Exilanten, dem Vormärz-Dichter Georg Herwegh, auf das damals noch wenig bekannte, bereits 1818 erschienene, aber nun in zweiter Auflage durch eine englische Rezension dem deutschen Publikum näher gebrachte Hauptwerk Arthur Schopenhauers *Die Welt als Wille und Vorstellung* aufmerksam gemacht. Wagner fühlt sich von dieser »rücksichtslos grüblerischen Philosophie« (Reinhardt 1986) zutiefst angesprochen. Er liest es viermal, bezeichnet die Wirkung auf ihn Liszt gegenüber als »lebensentscheidend«, ja, als ein »Himmelsgeschenk« (ebd., S. 102). Mathilde gegenüber nennt er Schopenhauer seinen »Freund«. Minna, Mathilde, allen Gästen seines Hauses liest er unablässig Schopenhauer vor. Die Schopenhauer-Lesungen im Freundeskreis werden weit nach der Zürich-Zeit bis ins höhere

Alter und in der Ehe mit Cosima beibehalten, Wagner träumt laut Cosimas Protokoll seiner Lebensäußerungen mehrfach von dem Philosophen und empfiehlt seinem Sohn Siegfried Schopenhauers Werk als Lebensorientierung. Auffällig ist das Element der Seelenverwandtschaft, das Wager zu Schopenhauer empfindet (den er nie persönlich kennenlernte, da dieser einsame Geselligkeitsverächter Wagners Einladung ablehnt und die Verehrung des Komponisten bespöttelt; Schopenhauer setzt Wagner übrigens auch als Musiker herab und lässt ihn nur als »Dichter« gelten; vgl. ebd., S. 102).

Wagner spricht über den überwältigenden Eindruck der Geistesbegegnung mit Schopenhauer Liszt gegenüber in demselben Brief vom Dezember 1854, in dem er ihm erstmals von seinen Tristan-Plänen schreibt. Er lebt zu dieser Zeit seit vier Jahren in Zürich, die Affäre mit Jessie liegt dreieinhalb Jahre hinter ihm, die Beziehung zu Mathilde und ihrem Mann hat sich in gegenseitiger Idealisierung angesponnen:

> »Sein [Schopenhauers, K.N.] Hauptgedanke, die endliche Verneinung des Willens zum Leben, ist von furchtbarem Ernst, aber einzig erlösend. […] Niemand kann ihn überhaupt denken, in dem er nicht bereits lebte [Motiv der Seelenverwandtschaft, K.N.]. Wenn ich auf die Stürme meines Herzens, den furchtbaren Krampf, mit dem es sich – wider Willen – an die Lebenshoffnung anklammert, zurückdenke [hier könnte die Jessie-Zeit gemeint sein, K.N.] […,] ja wenn sie noch jetzt oft zum Orkan anschwellen [hier könnte es um Mathilde gehen, K.N.] – so habe ich dagegen doch nun ein Quietiv gefunden, das mir endlich in wachen Nächten einzig zum Schlaf verhilft; es ist die herzliche und innige Sehnsucht nach dem Tod: volle Bewusstlosigkeit, gänzliches Nichtsein, Verschwinden aller Träume […] endliche Erlösung« (zit.n. Kesting 1988).

Wagner benutzt mit dem Begriff »Quietiv« ein Lieblingswort Schopenhauers, d.h., er macht sich sogar dessen Diktion zu eigen. Etwas später dann spricht er zu Liszt von der Konzeption des Tristan in dem berühmten Zitat:

> »Da ich aber nun doch im Leben nie das eigentliche Glück der Liebe genossen habe, so will ich diesem schönsten aller Träume noch ein Denkmal setzen, in dem vom Anfang bis zum Ende diese Liebe sich einmal so recht sättigen soll: ich habe im Kopf einen *Tristan und Isolde* entworfen, die einfachste, aber vollblutigste musikalische Konzeption; mit der schwarzen Flagge, die am Ende weht, will ich mich dann zudecken, um – zu sterben« (ebd.).

Es gibt zahlreiche Fragen, die sich dem, der über den Schopenhauer-Einfluss auf die Entstehung der Oper *Tristan und Isolde* nachdenkt, stellen. Ich möchte mich hier auf zwei beschränken. 1. Durch welche Gedanken oder besser: durch welche Offenbarungen konnte Schopenhauers Werk in Wagner eine derart leidenschaftliche Akzeptanz hervorrufen? 2. Was fehlte Wagner, dass er in der damaligen Lebenssituation sich so rückhaltlos der Gedankenwelt eines »seelenverwandten«, aber nach seiner Auffassung »klareren« (vgl. Kesting 1988) anderen öffnete, sie förmlich in sich aufsog?

Beginnen wir mit der zweiten Frage. Wagner findet nach eigenen Aussagen Liszt und auch Mathilde gegenüber in der »Klarheit« des Philosophen (Kesting 1988) eine Beruhigung aus ihm unlösbar erscheinenden, ihn krank machenden seelischen Konflikten. Lebenslang beschäftigte Wagner die Sehnsucht nach einem inneren Zustand, den er »wahre Liebe« nannte (vgl. Bermbach 2000); ihr wird die entfremdende »Macht« der Gesellschaft mit ihren Reglementierungen gegenübergestellt. Privat erlebt er diese Polarisierung als eine zwischen Minna und Mathilde, später auch immer wieder als die zwischen Cosima und anderen Geliebten. Die Polarisierung von »Macht« und »Liebe« macht er zum Motor der in der *Ring*-Tetralogie dargestellten Entwicklungen: Alberich, der von den Rheintöchtern zu Recht abgewiesene und verhöhnte (zu Recht abgewiesene, da seine Art der Annäherung an sie unbezogen und narzisstisch-vereinnahmend ist, er will irgendeine erhaschen, meint keine persönlich), will sich für diese Kränkung mit der Macht des Ringes rächen. Unerfüllte Liebe, ja, Liebesunfähigkeit waren auch die Themen der allerersten Opernversuche Wagners (*Die Feen, Das Liebesverbot*). Als liebender Mann sah er sich selbst zum Zeitpunkt der Tristan-Entstehung als gescheitert an, folgt man seiner eigenen Aussage Liszt gegenüber (s. o.) und sieht man von dem einen großen Moment einer Liebeserfüllung ab, den er nach seinen eigenen Äußerungen mit Mathilde, als er ihr den ersten Akt des *Tristan* überreichte, erlebte. Vier Jahre später, an dem Jahrestag dieses Moments, erinnert er sich in einem Brief daran:

> »Du geleitetest mich nach dem Stuhl vor dem Sofa, umarmtest mich und sagtest: ›Nun habe ich keinen Wunsch mehr.‹ [...] Zu dieser Stunde wurde ich neu geboren. [...] In jenem wundervollen Augenblicke lebte ich allein. Du weißt, wie ich ihn genoss? Nicht aufbrausend, stürmisch, berauscht; sondern feierlich, tief durchdrungen, mild durchwärmt, frei, wie ewig vor mich hinschauend. Von der Welt hatte ich mich, schmerzlich, immer weiter abgelöst [...]. [S]chmerzlich war mir selbst mein Kunstschaffen, denn es war Sehnsucht [...,] das Bejahende,

Eigene, Sich-mir-vermählende zu finden. Jener Augenblick gab es mir mit einer so untrüglichen Bestimmtheit, dass ein heiliger Stillstand sich meiner bemächtigte […]. Nun war der sehnsüchtige Zauber gelöst! […] [U]nd klar wusste ich immer, dass deine Liebe mein höchstes sei, und ohne sie mein Dasein ein Widerspruch mit mir selbst sein müsste. Dank Dir, Du holder, liebevoller Engel« (Brief an Mathilde Wesendonck vom 18.09.1858, zit. n. Staatsoper 2000).

Man kann aus diesen Stellen entnehmen, dass Wagner Schopenhauer und dessen Werk gleichsam als Leuchtturm zur rettenden Orientierung nutzte, als sein Selbst-Schiff auf dem Meer der Spannungen, welche die oben beschriebenen Polarisierungen im Inneren der Seele bewirken, vom Untergang bedroht war. Deutlich wird aus diesen Textstellen, wie sehr auch sein gesamtes Kunstschaffen diese Sehnsuchts- und Rettungsdimension hatte.

Über die Hintergründe von Wagners Selbst-Labilität, eine mächtig sprudelnde Quelle seiner ungeheuren Kreativität, lässt sich nur spekulieren. Es scheint aber nicht zu weit gegriffen, sich an dieser Stelle vor Augen zu führen, wie versehrt Wagner durch den frühen Tod seines leiblichen Vaters im ersten sowie dazu noch seines geliebten Ersatzvaters im achten Lebensjahr aus der Kindheit hervorgegangen ist. Orientierungs- und vaterlos wie Tristan, hin und her geschoben in der Verwandtschaft, von Mutter und der älteren Schwester Rosalie dominiert, wendet er sich nach eigenen Aussagen seiner vielen autobiografischen Äußerungen (zum Beispiel in *Mein Leben*) schwärmerisch Vater-Ersatzfiguren zu, auf der Suche nach Festigung der männlichen Identität. Zu den hochverehrten Vorbildern gehörten vor allem Weber, Beethoven, der Kontrapunktlehrer Theodor Weinlig unter den Musikern, dann Shakespeare, Goethe und E. T. A. Hoffmann unter den Dichtern. Als Zehnjähriger will Wagner nach der miterlebten Uraufführung des *Freischütz* Dirigent werden, mit 13 schreibt er nach Shakespeares Vorbild ein Jahr an einem Drama und zerreißt es, ebenso wie die Jugend-Oper *Die Hochzeit*, als es der älteren Schwester nicht gefällt. »Beethovens Bild floss«, so schreibt er 15-jährig nach dem Besuch der Oper *Fidelio*, »mit dem Shakespeare in mir zusammen; in ekstatischen Träumen begegnete ich beiden, sah und sprach sie; beim Erwachen badete ich in Tränen« (zit. n. Kühnel 1986). Wagner schreibt auf die *Fidelio*-Erlebnisse hin seine erste Oper *(Die Feen)*. Man sieht hieran, wie der Jugendliche mit der Erschaffung eines »ähnlichen« Werks als eines symbolischen Bindeglieds den idealisierten Vater auf imitatorisch-verschmelzende Weise zu erreichen sucht.

Und man kann sich des Eindrucks nicht erwehren, dass Wagner in der seelischen Zerreißprobe seiner Liebesbeziehungen zur *Tristan*-Zeit auf das frühe Muster dieser Art von Vatersuche als Stabilisierung zurückkommen musste, um der Übermacht des Weiblich-Mütterlichen in der Doppelform der Selbsterweiterung (in der Liebessehnsucht nach Mathilde) und der an Minna abgetretenen kontrollierenden Selbstbeengung etwas entgegensetzen zu können. Psychoanalytisch gesprochen mangelte es Wagner an dem triangulierenden Dritten, den er sich so hilfsweise »dazuholte«, da er ihn nicht verinnerlicht hatte, sodass er seine innerseelisch polarisierenden Strebungen nicht zu einer eigenen festen Identitätskontur versöhnen konnte und entsprechend permanent Beziehungssituationen herstellte, die dies widerspiegelten und in denen er sich nur noch mühsam ausbalancieren konnte und unfrei, »erlösungsbedürftig« blieb.

Worin aber bestand inhaltlich die Orientierung, die Schopenhauer, ein Philosoph, Wagner, dem Musiker und Dichter geben konnte? Diese Frage kann hier nur skizzenhaft beantwortet werden.

Der große Gedankenbeitrag Schopenhauers zur Kulturgeschichte bestand in seiner Konzeption eines leibnahen, nicht von der eigenen Subjektivität und ihrer Bedürfnislage abstrahierenden Verstehens der Natur, sowohl der äußeren als auch und insbesondere der inneren Natur des Menschen (vgl. Glockner 1958). Dem auf das Äußere gerichteten und nach dem Kausalprinzip funktionierenden Erkennen, das Schopenhauer »Vorstellung« nennt, setzt er den leibnahen »Willen«, die Impulsregungen der eigenen Natur, entgegen.

Zu der Welt der äußeren Erscheinungen, der »Lichtwelt«, damit auch der Welt der Künste, bildet die Nacht- und »Schallwelt« der Musik in Schopenhauers Lehre einen Gegensatz. Die Musik erhält bei ihm eine zentrale Bedeutung unter den Künsten, insofern sie »unmittelbar Abbild des Willens selbst ist« (*Die Welt als Wille und Vorstellung I*, S. 366). Schopenhauer feiert die »wunderbare Welt der Töne« wortreich trotz ihrer »Irrationalität«. Hier liegt ein erster inhaltlicher Anknüpfungspunkt. Viele der Gedanken Schopenhauers zur Musik werden von Wagner aufgegriffen und z. B. in seiner Beethoven-Schrift theoretisierend weitergeführt.

Schopenhauer geht in seinem umfassenden Werk allen Manifestationen des Willensdranges, die man auch mit »Naturkraft« umschreiben könnte, nach, insbesondere auch der Sexualität, deren Macht er, Freud vorbereitend, vielfältig umschreibt. Hier liegt ein weiterer inhaltlicher Anknüpfungspunkt zu Wagners

Tristan und Isolde-Plan. Die Absegnung durch eine philosophisch väterliche Autorität bestärkt Wagner darin, in der von ihm erwünschten, rückhaltlosen Ausschließlichkeit das Glück der Liebe in all ihren Facetten, von der des körperlichen Begehrens bis hin zu der des seelisch-körperlichen Verschmelzens, auf die Bühne zu bringen. Allerdings setzt er sich von Schopenhauers Gedanken, wie eine Erlösung aus den instinktgesteuerten Willensdrängen und Sehnsüchten geschehen kann, radikal und ebenso unbekümmert ab, wie er frühere Vorbilder unbekümmert imitierte: Wo bei Schopenhauer moralisch-asketische Willensverneinung nach buddhistischem Vorbild als Weg zur Erlösung und zur wahren menschlichen Freiheit empfohlen wird (ebd., Bd. 4, *Bejahung und Verneinung des Willens*), wird in Wagners Oper die volle, entindividualisierende, Ich-Du-Grenzen aufhebende Liebeserfüllung im Sinne einer alles andere ausschließenden Verschmelzung geradezu gefeiert. Die Gefühle von Sehnsucht, Einssein, Verlust und Selbstauflösung werden durch eine teilweise die Grenzen der Tonalität sprengende, alle Motive immer wieder um und um variierende, chromatisch-schwebende, niemals zur Auflösung gelangende, orgiastische »Sehnsuchtsmusik« klarer ausgesprochen, als es in Worten möglich ist. Der Tod der Liebenden in seiner Oper ist Wagners Idee von Liebeserfüllung, nicht Schopenhauers Idee von Entsagung. Denn Schopenhauer sieht in der Geschlechtsliebe letztlich nur »Wahn« am Werke, sein Hauptbegriff für die Täuschung des Individuums durch die seinem eigenen naturhaften Liebeswillen entspringenden, enttäuschungsanfälligen Verklärungen des Geliebten.

Einen letzten inhaltlichen Anknüpfungspunkt stellen die Aussagen Schopenhauers über das Wesen des Künstlers dar. Nach meinem Eindruck hat Wagner sich hier bis in Einzelheiten (z. B. dass er ein lebhafter Vielredner war) erkannt, verstanden und exkulpiert gefühlt. Hier können nur einige Passagen zitiert werden, in denen sich Wagner gefunden haben könnte:

»Demnach ist Genialität die Fähigkeit, sich rein anschauend zu verhalten [...,] sein Wollen, seine Zwecke ganz aus den Augen zu lassen [...,] um als rein erkennendes Subjekt, klares Weltauge, übrig zu bleiben [...]. Daraus erklärt sich die Lebhaftigkeit bis zur Unruhe in genialen Individuen, indem die Gegenwart ihnen selten genügen kann [...]. [D]ieses gibt ihnen jene rastlose Strebsamkeit [...,] dann auch jenes fast nie befriedigte Verlangen nach ihnen ähnlichen, ihnen gewachsenen Wesen, denen sie sich mitteilen können [...].« (Hierin könnte man eine Vorwegnahme von Kohuts Auffassung der Neigung zu »Zwillingsübertragung« bei kreativen Persönlichkeiten sehen! Vgl. Kohut 1990, K.N.).

»[Genies sind] oft heftigen Affekten und unvernünftigen Leidenschaften unterworfen [...]. Ein Grund hiervon ist dennoch nicht Schwäche der Vernunft, sondern [...] ungewöhnliche Energie der ganzen Willenserscheinung [...]. Daher auch werden sie im Gespräch nicht sowohl an die Person denken, zu der, sondern mehr an die Sache, wovon sie reden, die ihnen lebhaft verschwebt [...,] und sind endlich zu Monologen geneigt [...].« Und noch: »Demnach darf niemand dem Dichter vorschreiben, dass er edel und erhaben, moralisch, fromm, christlich sein soll, noch weniger ihm vorwerfen, dass er dies und nicht jenes sei. Er ist der Spiegel der Menschheit und bringt ihr was sie fühlt und treibt zum Bewusstsein« (alle Zitate aus: *Die Welt als Wille und Vorstellung*, Bd. 3, S. 48ff.).

Die Oper *Tristan und Isolde* ist insofern schopenhauernah und schopenhauerfern. Wagner profitierte von der philosophischen Unterstützung, die er durch die Untertitelung »Handlung« ausdrücklich würdigt, meiner Meinung nach mehr in seelischer als in gedanklicher Hinsicht. (Wie identitätsstützend er Schopenhauer empfunden haben muss, erhellt sich auch aus dem Spruch zu Schopenhauers zentralem Wahnbegriff, den Wagner in den Fries seines späteren Hauses »Wahnfried« in Bayreuth einmeißeln lässt: »Hier wo mein Wähnen Friede fand / Wahnfried sei dieses Haus von mir genannt.«)

Die Oper *Tristan und Isolde* hat, würdigt man sowohl die Liebesverstrickung als auch die Schopenhauer-Rezeption Wagners im Zusammenhang, aus diesen beiden Bereichen allein (s. o.) schon drei Inspirationsquellen: die quälende, aus einengender Selbstbegrenzung erwachsende Sehnsucht, den destabilisierenden, auf Klarheit und Selbstvergewisserung drängenden Mangel an klarer männlicher Identität und den Überfluss an Liebeserwiderung. Diesen drei Inspirationsquellen, als Themen vielfältig in sein Werk eingedrungen, hat Wagner die in der Oper vor uns liegende, so anrührend-überwältigende Gestalt abgerungen.

An den Schluss meiner Ausführungen möchte ich wiederum Worte eines Dichters stellen, in denen man die von Wagner in *Tristan und Isolde* gefeierte Form der »furchtbaren« Liebe leicht wieder erkennt:

Hebbel: »Ich und Du«
Wir träumten voneinander
Und sind davon erwacht
Wir leben, um uns zu lieben,
Und sinken zurück in die Nacht.

Du tratst aus meinem Traume
Aus deinem trat ich hervor,
wir sterben, wenn sich eines
Im andern ganz verlor ...

Literatur

Bauer, Oswald (1986): Die Aufführungsgeschichte in Grundzügen. In: Müller, U. & Wapnewski, P. (Hg.): Richard-Wagner-Handbuch. Stuttgart (Kröner), S. 647–674.

Bermbach, Udo (2000): Tagesgespenster, Morgenträume. In: Staatsoper Unter den Linden: Tristan und Isolde. Programmheft der Deutschen Staatsoper zur Neuinszenierung der Oper im April 2000. Frankfurt/M. (Insel), S. 77–97.

Breig, Werner (1986): Wagners kompositorisches Werk. In: Müller, U. & Wapnewski, P. (Hg.): Richard-Wagner-Handbuch. Stuttgart (Kröner), S. 353–470.

Glockner, Hermann (1958): Die europäische Philosophie von den Anfängen bis zur Gegenwart. Stuttgart (Kröner).

Goethe, Johann Wolfgang von (1981): An den Mond. In: Erich Trunz (Hg.): Goethes Werke, Bd. I, München (Beck), S. 128f.

Kesting, Hermann (Hg.) (1988): Franz Liszt – Richard Wagner: Briefwechsel. Frankfurt/M.

Kohut, Heinz (1990): Narzissmus. Frankfurt/M. (Suhrkamp).

Kühnel, Jürgen (1986): Richard Wagners Schriften. In: Müller, U. & Wapnewski, P. (Hg.): Richard-Wagner-Handbuch. Stuttgart (Kröner), S. 471–588.

Kupfer, Harry (2000): Die selbstmörderische Akzeptanz der Lüge. Gespräch mit Harry Kupfer. In: Staatsoper Unter den Linden: Tristan und Isolde. Programmheft der Deutschen Staatsoper zur Neuinszenierung der Oper im April 2000. Frankfurt/M. (Insel), S. 9–19.

Mertens, Volker (1986): Richard Wagner und das Mittelalter. In: Müller, U. & Wapnewski, P. (Hg.): Richard-Wagner-Handbuch. Stuttgart (Kröner), S. 19–59.

Mörike, Eduard (1968): Verborgenheit. In: Holthusen, Hans-Egon (Hg.): eduard mörike, gedichte. Frankfurt/M. (Fischer), S. 83.

Müller, U.; Wapnewski & P. (Hg.) (1986): Richard-Wagner-Handbuch. Stuttgart (Kröner).

Novalis (1987): Hymne. In: Schulz, Gerhard (Hg.): Novalis, Werke. München (Beck), S. 36ff.

Reinhardt, Hartmut (1986): Richard Wagner und Schopenhauer. In: Müller, U. & Wapnewski, P. (Hg.): Richard-Wagner-Handbuch. Stuttgart (Kröner), S. 101–113.

Rieger, Eva (2003): Minna und Richard Wagner. Stationen einer Liebe. Düsseldorf (Patmos).

Safranski, Rüdiger (2007): Romantik. Eine deutsche Affäre. München (Hanser).

Schopenhauer, Arthur (2005): Die Welt als Wille und Vorstellung. Gesamtausgabe. Hrsg. von Lütkehaus, Ludger. 3. Aufl. München (dtv).

Urmoneit, Sebastian (2000): Die Tragödie einer unmöglichen Liebe. In: Staatsoper Unter den Linden: Tristan und Isolde. Programmheft der Deutschen Staatsoper zur Neuinszenierung der Oper im April 2000. Frankfurt/M. (Insel), S. 50–62.

Vaget, Hans Rudolf (1999): Im Schatten Wagners. Thomas Mann über Richard Wagner. Frankfurt/M. (Fischer).

Wagner, Richard (1851), Das Kunstwerk der Zukunft. Zitiert nach Kühnel, a.a.O., S. 504.
Wagner, Richard (1860): Zukunftsmusik. In: Wagner, Richard (1907): Gesammelte Schriften und Dichtungen. Bd. 7. Leipzig (Siegel), S. 125ff.
Wagner, Richard (1865): Mein Leben. (Erstdruck 1911.) Zitiert nach Kühnel, a.a.O., S. 815–817.
Wapnewski, Peter (1986): Die Oper Richard Wagners als Dichtung. In: Müller, U. & Wapnewski, P. (Hg.): Richard-Wagner-Handbuch. Stuttgart (Kröner).
Watzlawick, Paul et al. (1974): Menschliche Kommunikation. Bern (Huber).

Alberich oder der Ringkomplex
Bernd Oberhoff

1. Wo alles begann: Im Es

Das größte Musikdrama aller Zeiten, Wagners vierteiliges Bühnenfestspiel »Der Ring des Nibelungen«, besteht aus vier abendfüllenden Opern, dem *Rheingold* (Vorabend), der *Walküre* (1. Tag), *Siegfried* (2. Tag) und der *Götterdämmerung* (3. Tag). Wagner hatte die Götterdämmerung bereits fertiggestellt, als ihm zu Bewusstsein kam, dass man Siegfrieds Tod nur verstehen kann, wenn man auch über seine Kinderjahre unterrichtet ist. So entstand der *Junge Siegfried*, worin das Heranwachsen des jungen Helden bei seinem Ziehvater Mime geschildert wird. Doch auch das erschien Wagner als zu kurz gegriffen, und so brach er in noch davor liegende Zeiten auf, gleichsam in die Urfrühe menschlichen Daseins. Wagner proklamierte als sein Ziel: »Ich will dem Publikum eine Kulturepoche vor Augen führen, die jeder Erfahrung oder Anknüpfung an eine Erfahrung fern liegt« (Wagner 1907, S. 187). Diese Urfrühe siedelte er bildlich in den Tiefen des Rheins an. So deutet diese Ausgangslage bereits darauf hin, dass die *Ring*-Tetralogie als ein Entwicklungsdrama konzipiert ist, und zwar als ein Drama, das uns in jene Lebenszeit zurückführen wird, die vor unserer bewussten Erinnerung liegt.

In einem somnambulen Zustand in einem Hotelzimmer in La Spezia will Richard Wagner die Eingebung zur Ouvertüre des *Rheingold* empfangen haben. In solch einen somnambulen Zustand versetzte wenige Jahrzehnte später Sigmund Freud seine PatientInnen, um auf diesem (hypnotischen) Wege an die jenseits der Erinnerungsschranke aufbewahrten Erfahrungen der Frühzeit heranzukommen, allerdings weniger einer phylogenetischen als vielmehr einer ontogenetischen Frühzeit.

Nach Freud beginnt alles psychische Leben in jenen Gefilden, die er in Anlehnung an Nietzsche und Groddeck mit dem mythisch-numinos klingenden Namen »Es« bezeichnet hat. Vom Es sagt Freud, dass es die älteste der psychischen Provinzen des Menschen ist, aus der sich erst ganz allmählich das bewusste Ich herausentwickelt (Freud 1938, S. 67).

Auch Wagner lässt sein Entwicklungsdrama im »Es« beginnen. Die Kontrabässe – unterstützt von einem Orgelpedalton – eröffnen die Ouvertüre auf dem tiefen Es. Dieses Es, das aus unendlichen Weiten herüber weht, wird ganze viereinhalb Minuten lang den im abgedunkelten Theatersaal in die Abgründe des Rheins blickenden Zuschauer wie eine endlose, unwandelbare Urwelt-Harmonie dargeboten. Und wie das freudsche Es weder Anfang noch Ende kennt, zeitlos und ohne räumliche Grenzen ist, unergründlich in seinem Wollen und unermesslich in seiner Fülle, so ist auch Wagners Es nichts als strömende Bewegung, die sich endlos und grenzenlos ausbreitet.

Zum tiefen Es treten nach vier Takten die Fagotte mit dem Quintton (B) hinzu und dann ab Takt 17 die acht Hörner, die einzeln nacheinander von unten nach oben das erste Leitmotiv des *Rheingold* vorstellen: das Natur-Motiv.

Die phylogenetische Urzeit hat schon immer eine vorzügliche Projektionsfläche für Ereignisse aus unserer ontogenetischen Frühzeit abgegeben. Der Basler Altertumsforscher Johann Jakob Bachofen, ein Zeitgenosse Wagners, hat ein sehr plastisches Bild der menschlichen Urfrühe als einer Zeit des Matriarchats entworfen. In dieser menschheitsgeschichtlichen Vorzeit, die Bachofen als tellurisch (Tellus = Erde, Erdreich) bezeichnet, war seiner Recherche nach der Mutterschoß diejenige numinose Naturerscheinung, die im Zentrum der religiösen Verehrung stand. Das tellurische Gewässer als der fruchtbare Urgrund, aus dem alles Leben hervorgeht, war das äußere Abbild für jenes geheimnisvolle Mysterium, das sich im (befruchteten) mütterlichen Schoß ereignet.

Es ist nicht zu übersehen, dass auch ontogenetisch jeder Mensch in seiner Urfrühe in einem tellurischen Gewässer seine Heimat hat. Auch hier ist es der Mutterschoß, der in den prähistorischen neun Monaten unseres Lebens unsere natürliche Umwelt bildet. Wagners Musik am Beginn des *Rheingolds* liefert ahnungsvolle Anklänge an jenes uterale Milieu, das Béla Grunberger (1971) als ein Schwimmen im Urmeer charakterisiert hat. Das intrauterine Pränatalleben ist nach Grunberger eine Zeit, wo der Mensch aufgrund totaler Versorgung psychologisch gesehen allmächtig, einzigartig, grenzenlos und zeitlos ist. Er nennt diese Frühzeit das Stadium des »reinen Narzissmus«, in dem Gefühle glückseliger Hochstimmung verbunden mit solchen von Vollkommenheit und Allmacht vorherrschen. Es ist dem erwachsenen Menschen eine dunkle Erinnerung an diesen »privilegierten, einzigartigen, erhaben-erhebenden Zustand« (Grunberger) geblieben, der in ihm zeitlebens den starken und unauslöschlichen Wunsch aufkommen lässt, in dieses verlorene Paradies zurückzukehren.

Auch Wagner zeichnet diesen Urzustand als paradiesisch und jenseits aller Konflikthaftigkeit. Bildlicher Ausdruck dieses pränatalen Daseins ist das sorglose, scheinbar ewig währende Spiel der schwimmenden Nixen, die im wässrigen Milieu fröhlich ihre Kreise ziehen. Sie geben dabei Laute von sich, die einer vorsprachlichen Welt zu entstammen scheinen, in der die Alliteration vorherrschend ist: »Weia! Waga! Woge, du Welle! Walle zur Wiege! Wagalaweia!«

Wei-a! Wa-ga! Woge du Wel-le, walle zur Wiege, Wagala wei-a! Wallala weiala wei - a

Zur Wassernixe Woglinde gesellen sich noch zwei weitere Gespielinnen mit Namen Floßhilde und Wellgunde. Floßhilde ermahnt ihre Schwestern: »Des Goldes Schlaf hütet ihr schlecht; besser bewacht des Schlummernden Bett, sonst büßt ihr beide das Spiel!« In diesen Worten erscheint das Gold als ein lebendiges Wesen, als ein schlummerndes, dessen Schlaf sorgsam zu behüten sei. Handelt es sich vielleicht um jenes »Goldschätzchen«, das im Leib der Mutter mal schläft und mal wacht?

2. Die narzisstische Wunde – Die Unreife und Hilflosigkeit des Neugeborenen

Im Halbdunkel an einem Riffe klimmend hat sich Zwerg Alberich hinzugesellt, der offensichtlich Gefallen am Spiel der Rheintöchter gefunden hat: »Wie scheint im Schimmer ihr hell und schön! Wie gerne umschlänge der Schlanken eine mein Arm, schlüpfte hold sie herab!«

Doch die Nixen denken gar nicht daran, hold herabzuschlüpfen, sondern beginnen mit Alberich ein böses Spiel. Woglinde schwingt sich auf ein Riff in größerer Tiefe und ruft Alberich zu: »Steig nur zu Grund: Da greifst du mich sicher!« Doch als Alberich zu Grund gestiegen ist, hat sich die Holde bereits auf ein nächstes Riff geschwungen. Floßhilde schwimmt in seine Nähe und gaukelt ihm vor, von seiner Anmut eingenommen zu sein. Ja, sie zieht ihn sogar zärtlich an sich, sodass er sich bereits im Liebeshimmel wähnt. Doch die Abfuhr lässt nicht lange auf sich warten. Mit einer verächtlichen Geste stößt sie den liebessehnsüchtigen Alberich schließlich von sich.

Wagner ist mit Alberichs Situation offenbar hoch identifiziert, weshalb er genaue Verhaltensanweisungen an den Alberich-Darsteller formuliert:

> »Er [Alberich] macht sich mit verzweifelter Anstrengung zur Jagd auf: mit grauenhafter Behändigkeit erklimmt er Riff für Riff, springt von einem zum anderen, sucht bald dieses, bald jenes der Mädchen zu erhaschen, die mit lustigem Gekreisch stets ihm entweichen; er strauchelt, stürzt in den Abgrund hinab, klettert dann hastig wieder in die Höhe zu neuer Jagd. Sie neigen sich etwas herab. Fast erreicht er sie, stürzt abermals zurück und versucht es nochmals. Er hält endlich vor Wut schäumend atemlos an und streckt die geballte Faust nach den Mädchen hinauf.«

Wir sind mit dieser Szene offenbar in ein Entwicklungsstadium eingetreten, in dem der vorgeburtliche reine Narzissmus eine erste schwere Niederlage erleidet. Nehmen wir das »Walle zur Wiege« wörtlich, so befinden wir uns mittlerweile in jenem frühen postnatalen Stadium, in dem der Säugling zunehmend deutlicher gewahr wird, dass die ursprüngliche Verschmolzenheit mit der Mutter nun einer Welt heftiger innerer Triebe und komplizierter äußerer Objektbeziehungen gewichen ist, einer Welt, die Frustrationen und Versagungen für ihn bereithält. Eine fürsorgliche Mutter wird sich große Mühe geben, sich möglichst so vollkommen auf die Bedürfnisse ihres Schätzchens einzustellen, dass dieses die aus dem pränatalen Dasein stammende narzisstische Illusion von Allmacht und Vollkommenheit zunächst noch eine Weile aufrechterhalten kann. Doch die Wasserfrauen im *Rheingold* sind nicht dazu bereit, sich mütterlich-fürsorglich zu zeigen, sondern nutzen ihre körperliche Überlegenheit dazu, um Knirps Alberich seine Kleinheit, Unattraktivität und motorische

Unbeholfenheit erfahren zu lassen. So wie der Säugling die sich entfernende Mutter weder festhalten noch ihr nachlaufen kann, so erfährt auch Knirps Alberich eine gleichartige lokomotorische Ohnmacht. Er erleidet das Trauma der verlorenen Allmacht. Bei Franz Kafka finden wir diese niederschmetternde Erfahrung mit den Worten ausgedrückt: »Mit einer schönen Wunde kam ich auf die Welt; das war meine ganze Ausstattung« (Kafka 1919).

Doch als wäre die lokomotorische Ohnmacht nicht bereits traumatisch genug, erleidet Alberich auch noch jene zweite Traumatisierung, mit der das postnatale Leben aufwartet. Mit der Geburt sind wir nicht nur in eine Situation der totalen Hilflosigkeit eingetreten, sondern ebenso in das Reich der Triebe geworfen, indem sich schon früh libidinöse Regungen einstellen. Bereits in den ersten Monaten gibt es sexuelle Erregungszustände, ja, beim männlichen Kind bereits Erektionen. Diese Triebregungen streben nach Entladung, doch der sexuelle Apparat des Neugeborenen ist noch nicht funktionstüchtig. So erzeugt auch diese Erfahrung der sich einstellenden Erregungszustände bei gleichzeitiger Unfähigkeit, sie zu entspannen, ein Gefühl der Ohnmacht und lässt den Säugling den Verlust seines pränatalen Paradieses umso schmerzlicher empfinden.

Man kann sich vorstellen, wie verheerend es sich auswirken muss, wenn der Säugling in dieser ohnehin niederschmetternden Situation von Seiten der Mutter oder einer anderen Pflegeperson zusätzlich noch eine sexuelle Überstimulierung erfährt. Und es hat den Anschein, dass in dieser Eingangsszene die schädigende Erfahrung einer sexuellen Überstimulierung zur Darstellung gelangt. Die Rheintöchter begnügen sich nicht damit, den liebebedürftigen Alberich abzuweisen, nein, sie legen es darauf an, seine sexuelle Erregung anzufachen. Es beginnt mit Wellgundes aufreizender Bemerkung gegenüber Alberich: »Bist du verliebt und lüstern nach Minne, lass sehn du Schöner, wie bist du zu schaun?« Richtig heiß gemacht wird Alberich dann durch Floßhilde, die ihm zunächst einmal eine narzisstische Bestätigung vorgaukelt. Hier der Wortwechsel:

Floßhilde *(taucht zu Alberich hinab)*
Wie törig seid ihr, dumme Schwestern,
dünkt euch dieser nicht schön?

Alberich *(hastig ihr nahend)*
Für dumm und hässlich darf ich sie halten,
seid ich dich Holdeste seh.

Floßhilde
O singe fort so süß und fein:
Wie hehr verführt es mein Ohr!

Alberich *(zutraulich sie berührend)*
Mir zagt, zuckt und zehrt das Herz,
lacht mir so zierliches Lob.

Floßhilde *(ihn sanft abwehrend)*
Wie deine Anmut mein Aug erfreut,
deines Lächelns Milde den Mut mir labt!
(Sie zieht ihn zärtlich an sich.)
Seligster Mann!

Alberich
Süßeste Maid!

Es folgt jene ironische Überhöhung von Alberichs Vorzügen (stechender Blick, struppiger Bart, Krötengestalt, der Stimme Gekrächz etc.), an deren Ende Floßhilde Alberich verächtlich von sich stößt. Doch auch damit noch nicht genug. Die Schwimmerinnen setzen ihre unbarmherzige Überstimulierungsaktion weiter fort, indem sie ihn auffordern, Jagd auf sie zu machen: »Treu sind wir dem Freier, der uns fängt. Greife nur zu ...« Und in der Tat erreicht Alberichs sexuelle Erregung einen Siedepunkt: »Wie in den Gliedern brünstige Glut mir brennt und glüht! Wut und Minne wild und mächtig wühlt mir den Mut auf! Wie ihr auch lacht und lügt, lüstern lechz ich nach euch ...!« Doch wir wissen es bereits, dass Alberichs sexuelle Erregung keine Befriedigung erfährt, weil das im Säuglingsstatus nicht möglich ist. Am Ende seiner ergebnislosen Jagd heißt es: *Er [Alberich] hält endlich vor Wut schäumend atemlos an und streckt die geballte Faust nach den Mädchen hinauf*: »Fing' eine diese Faust!«
  Ein Gespür dafür, dass es sich hier um eine sexuelle Überstimulierung handelt, hatten wohl schon die zeitgenössischen Opernbesucher. So schreibt z.B. der Musikkritiker Lindner in der *Vossischen Zeitung* über die Rheintöchter: »Ihre sittliche Natur taugt an und für sich wenig« (zit. n. Kolland 1995, S. 48). In anderen Blättern wird man deutlicher und spricht recht deftig, aber die Sache auf den Punkt bringend, von der Wassernixenszene als von einem

»Huren-Aquarium«. Im »Bayerischen Vaterland« meldet sich ein beunruhigter Opernbesucher zu Wort, der wohl – wie Alberich durch die Rheintöchter – das Opfer einer übermäßigen sexuellen Erregung geworden ist, die sogar seine Realitätswahrnehmung in Mitleidenschaft gezogen hat. Er meint gesehen zu haben: »die unterwässrigen Weibsleute sind splitternackt, nicht einmal ein Hemdchen hat's ihnen gelitten, den armen Wassertierchen« (ebd., S. 123, Fußnote). Dieser »unerhörten« Darstellung trat der damalige Loge-Sänger Heinrich Vogl, dessen Gattin eine der drei Rheintöchter-Rollen übernommen hatte, voller Empörung entgegen und zog gegen den Rezensenten wegen dessen ehrenrühriger Äußerungen sogar vor Gericht. Über den Ausgang des Gerichtsverfahrens ist leider nichts überliefert.

Aber man sieht, es gibt deutliche Anzeichen für ein Zuviel an sexueller Erregung als ein Charakteristikum dieser Eingangsszene, die für einen erwachsenen Menschen verkraftbar sein mag, nicht jedoch für ein kleines Kind. Sollte es hierzu bei Wagner eine biografische Erfahrung gegeben haben, die sich hier reinszeniert?

Alberich durchleidet beide Ohnmachtserfahrungen: Er erlebt die lokomotorische Ohnmacht, indem er keine der Nixen erhaschen kann und er erlebt die Triebohnmacht, indem er von sexuellen Erregungen überschwemmt wird, die er weder zu entspannen noch zu kontrollieren vermag. Diese Ohnmachtserfahrungen lassen im Innern heftigste Wut- und Racheaffekte aufflammen, deren Auftritt Wagner uns nicht vorenthält.

3. Der Schatz im Mutterschoß – Das Rheingold

Auf die Bühne fällt urplötzlich ein lichter Schein, ein Sonnenstrahl, der an einem der Riffe einen Goldschatz hell aufglänzen lässt. Die drei Rheintöchter besingen überschwänglich diesen großartigen Schatz: »Rheingold, leuchtende Lust, wie lachst du so hell und so hehr.«

Alle sind wie verzaubert von dieser leuchtenden Lust. Äußerst interessiert fragt Alberich: »Was ist's ihr Glatten, das dort so glänzt und gleißt?« Wellgunde klärt ihn über das Rheingold auf: »Der Welt Erbe gewänne zu eigen, wer aus dem Rheingold schüfe den Ring, der maßlose Macht ihm verlieh'.« Und Woglinde fügt hinzu: »Nur wer der Minne Macht entsagt, nur wer der Liebe Lust verjagt, nur der erzielt sich den Zauber, zum Reif zu zwingen das Gold.«

Alberich ist ins Nachdenken gekommen und so mischt sich ins strahlende Rheingoldmotiv zunehmend deutlicher das karge *Ring*-Motiv, das aus einer nach unten abstürzenden und nachfolgend einer nach oben drängen Bewegung besteht.

Das Ring-Motiv wird in Alberichs Rede mehrere Male wiederholt, als Anzeichen dafür, dass der Gedanke an den Ring unaufhörlich in Alberichs Kopf kreist. Dazu sinniert er: »Der Welt Erbe gewänn' ich zu eigen durch dich? Erzwäng ich nicht Liebe, doch listig erzwäng ich mir Lust?«

In diesem Gedankenspiel wird Liebe und Lust in einen Gegensatz gebracht, eine Auffassung, die den zentralen Antagonismus der Ring-Tetralogie bereits erahnen lässt, nämlich den zwischen dem reinen Narzissmus und der Welt der Triebe. Dem narzisstischen Reich wird das Reich der Triebe als eine feindliche Gegenwelt gegenübergestellt. Die Unvereinbarkeit dieser Welten macht eine Entscheidung notwendig. Alberich zögert nicht lange. Er entscheidet sich für das Reich der Triebe. Er kündigt den Ur-Narzissmus auf und setzt auf den machtvollen Ring, den er sich alsbald zu schmieden gedenkt.

Wer oder was ist der Ring? Diese Frage wartet noch auf eine Antwort.

4. Die Aggression gegen den Mutterleib – Der Raub des Rheingolds

Zum Schein setzt Alberich das Fangspiel fort und springt zum mittleren Riff. Die Nixen stieben kreischend auseinander und verspotten ihn von einer höher gelegenen Position aus. Diesen Moment nutzt Alberich, um seinen Entschluss in die Tat umzusetzen und sich in den Besitz des Goldes zu bringen.

Noch ein letztes Mal lassen die Trompeten das strahlende Rheingold-Motiv aufleuchten, dann wird es finster in der Unterwasserwelt. In der Bühnenanweisung heißt es: *Er [Alberich] reißt mit furchtbarer Gewalt das Gold aus dem Riffe und stürzt damit hastig in die Tiefe, wo er schnell verschwindet.* Kurz vor seinem Zugriff hat er noch einen Fluch auf die Liebe ausgestoßen.

Finstere Nacht ist hereingebrochen. Die von diesem Coup völlig überraschten Rheintöchter schwimmen verstört umher und rufen verzweifelt um Hilfe. Doch Alberich ist mit seiner Diebesbeute bereits in der Finsternis verschwunden. Alberich hat den Rheintöchtern ihr Liebstes geraubt und ihr sorgenfreies Dasein zerstört. Laut krachend versinkt die strahlende Lebenswelt der Rheintöchter in tiefste Finsternis, das goldene Zeitalter ist buchstäblich an sein Ende gelangt.

Was Alberichs Raub entwicklungspsychologisch symbolisiert, ist nach allem bisher Gesagten unschwer zu erraten. Wir hatten das Gold als jenes Goldschätzchen im Bauch der Mutter kennengelernt und so nimmt Wagner hier Melanie Kleins Entdeckungen vorweg, indem er jene phantasmatische Aggression gegen die Inhalte des Mutterleibes in Szene setzt, die sich beim Säugling einstellt, wenn er Versagungssituationen ausgesetzt ist.

Alberich ist eine narzisstische Wunde geschlagen worden, die seine narzisstische Wut auf den Plan gerufen hat. Und im Gefolge dieser Wut sind jene archaischen Zerstörungsfantasien der Zerreißung und der Eviszeration, also des Ausraubens von Eingeweiden aus der Körperhöhle der Mutter, evoziert worden, wie sie M. Klein (1945) beschrieben hat. Aus jener Körperhöhle, in der vor Kurzem noch er selbst das Goldschätzchen war, werden in einem aggressiv-kannibalistischen Akt die jetzt dort befindlichen Goldschätzchen wie auch alle anderen vermuteten Kostbarkeiten herausgerissen und sich selbst einverleibt.

Dass diese Deutung in Übereinstimmung mit Wagners inneren Bildern steht, machen zwei Bemerkungen Wagners deutlich: den Hort bezeichnet er als »die metallenen Eingeweide der Erde« und über die Nibelungen sagt er: »in unsteter, rastloser Regsamkeit durchwühlen sie (gleich Würmern im todten Körper) die Eingeweide der Erde: sie glühen, läutern und schmieden die harten Metalle« (Wagner 1848, S. 812). Wenn es sich beim Goldschatz also um die metallenen Eingeweide der Erde handelt, so bedeutet Alberichs Tat nichts anderes als ein Ausrauben der Schätze aus dem Leib der Urmutter Erde.

Diese frevelhafte räuberische Tat bleibt für die kindliche Seele natürlich nicht ohne Folgen. Es treten massive Schuldgefühle auf, die Mutter verletzt oder gar zerstört zu haben, und es treten Ängste vor der Rache der derartig angegriffenen Mutter auf. An diesem kritischen Punkt steht das Kind vor der Aufgabe, das Tor zur Depressiven Position (M. Klein) aufzustoßen und Trauer und Schuldgefühle über den angerichteten Schaden ins Erleben einfließen zu lassen. Doch Wagner geht in seinem Musikdrama an diesem Tor vorbei, man könnte auch sagen, er mogelt sich an ihm vorbei. Man wird in Wagners Werk vergeblich nach Trauer und Schuldgefühlen Ausschau halten. Sie kommen nicht vor. Um sich diese Gefühle vom Leibe zu halten, werden eine Fülle von Abwehrmechanismen in Anwendung gebracht, die sich in Wagners Musik in unangenehmer Weise ausdrücken, z. B. in übertriebener Pathetik, süßlichen Idealisierungen und einem mitunter größenwahnsinnigen Getöse. Wer Wagner diese ungelöste Problematik nicht verzeihen mag, findet seine Musik abscheulich und reiht sich ein in die Schar der Antiwagnerianer.

Doch es erscheint mir mittlerweile als unklug, in dieser Haltung zu verharren, denn man bekommt dann etwas Entscheidendes nicht mit. Es stimmt, dass Wagner sich an der Depressiven Position – und im Übrigen nicht nur dort, sondern z. B. auch am Ödipus – vorbeimogelt, doch dafür stößt er das Tor zu einem anderen mythischen Raum auf, an dem sich wiederum viele andere Menschen wie auch Komponisten vorbeigedrückt haben. Dieses Neuland, das Wagner hier für uns erobert, ist düster und erschreckend, sodass viele Wagnerianer, so glaube ich, am liebsten gar nicht wissen möchten, was sie jedes Jahr in Bayreuth so inbrünstig genießen. Doch das soll mich nicht davon abhalten, mich hier – wie auch bei Mozart – als Spielverderber zu betätigen und den Schleier über Wagners Musik ein wenig zu lüpfen.

Kehren wir noch einmal zu Alberich zurück. Es ist auffällig, wie flink und behände Alberich urplötzlich agiert. War er zuvor noch äußerst plump und ungelenk den Schwimmerinnen gefolgt, ohne im Entferntesten eine Chance zu haben, sie zu greifen, so markiert sein wütender »Sprung nach dem mittleren Riff« offenbar zugleich einen Entwicklungssprung zu einem höheren Reifegrad seiner körperlichen Leistungsfähigkeit. Keine Spur mehr von einer lokomotorischen Ohnmacht, sondern äußerst geschickt und mit großer Körperkraft gelingt es ihm, in Sekundenschnelle das Gold aus dem Riff zu reißen und nicht minder schnell mit seiner Beute in der Tiefe zu verschwinden. Die Verteilung von Macht und Ohnmacht hat sich umgekehrt. Auf einmal ist Alberich der Mächtige, der erfolgreich das Gold an sich reißt und die Wassernixen können nur hilflos und ohnmächtig zuschauen, wie ihnen ihr liebster Besitz abhandenkommt.

Entwicklungspsychologisch ist Knirps Alberich offenbar in ein neues Stadium übergewechselt, wo sich die kindliche Motorik rasant auszubilden beginnt und wo das kleine Kind ein Machtmittel in Händen hält, das ihn erstmals in die Lage versetzt, dem Willen der Erwachsenen zu trotzen. Um diese neue Entwicklungsphase näher zu identifizieren, müssen wir wohl oder übel Alberich in jene Gefilde folgen, in die er entschwunden ist. Mit anderen Worten: wir müssen hinab nach Nibelheim. Heften wir uns also an die Fersen von Göttervater Wotan und seinem Chefberater Loge, die sich bereits auf dem Weg dorthin befinden, um Alberich das Gold zu entreißen. Nach Wotans Willen soll es nicht durch den Rhein, sondern durch »schwefeldampfende Felsklüfte« hinab in die Tiefe gehen. Diese Landschaftsbeschreibung lässt bereits Ahnungen aufkommen, in welche finsteren unteren Körperregionen die Reise geht.

5. Nibelheim – Der finstere Ort der Analität

Der Übergang von der oralen zur analen Phase gehört zu jener Frühzeit unseres Werdens, für die charakteristisch ist, dass ein psychisches Ich noch kaum entwickelt ist, stattdessen treffen wir auf einen Ich-Vorläufer, auf das Körper-Ich. »Das [frühe] Ich ist vor allem ein körperliches«, hatte bereits Freud (1920, S. 253) festgestellt. Ein Denken in Worten ist erst im Entstehen begriffen, stattdessen herrscht ein Denken durch körpermotorisches Handeln vor. D. h., die notwendigen Anpassungs- und Abwehrleistungen gegenüber der von innen und von außen sich aufdrängende Realität werden zunächst einmal mittels körperlicher Handlungen erbracht.

Diese körpermotorischen Bewältigungsmechanismen sind in zweifacher Hinsicht bedeutsam: Sie sind zum einen eine Stimulanz für die beginnende Ausbildung entsprechender psychischer Mechanismen, und zum anderen geben sie das Modell ab, nach dem sich das psychische Ich strukturiert. Mit anderen Worten: Unsere Psyche hat ihren Ursprung und ihre Wurzeln in körpermotorischen Handlungen, nach deren Vorbild sie sich konstituiert. In einer Übergangszeit ist das im Aufbau begriffene Ich bei der Bewältigung übermächtiger Affekte noch längere Zeit auf die Unterstützung durch körperliche Abwehrreaktionen angewiesen. Wir finden dieses Zusammenspiel von Körperabwehr und psychischer Abwehr auch noch im Erwachsenenalter. Beim Militär z. B. werden die Soldaten dazu angehalten, sich zusammenzureißen, die Gesäßbacken zusammenzukneifen und auf das Kommando »Still gestanden« den gesamten Körper in unnatürlicher Weise zu versteifen. Dieses Eintrainieren von Körperversteifung wird ganz offensichtlich in den Dienst der Abwehr störender Emotionen gestellt, welche die Ausführung des blutigen Kriegshandwerks beinträchtigen könnten.

Der amerikanische Psychoanalytiker Robert Fliess hat es als die wichtigste Aufgabe des Kindes in der Analphase angesehen, die archaischen Affekte unter Kontrolle zu bekommen. Dabei kommt dem analen Sphinktermuskel eine zentrale Bedeutung zu. Fliess: »Oft scheint es, als ob der Analmuskel [Sphinkter] als Beherrscher regressiver und archaischer Affekte angesehen werden kann« (1956, S. 124).

Waren in der vor-analen Zeit die Eltern die einzig wirksamen Kontrolleure der kindlichen Affektivität, nur ihnen gelang es, überbordende Affekte durch Tröstung und Besänftigung wieder in den Griff zu bekommen, so wird nun das infantile Ich mehr und mehr in Stand gesetzt, diese Funktion selbst zu übernehmen, zunächst auf körperlicher, dann auch auf psychischer Ebene.

Es ist nun meine These, dass uns Wagners Musik in die Frühzeit unseres Körper-Ichs zurückführt und in seiner Musik die anale Körperfunktion eine hervorgehobene Rolle spielt. Alberich und das unterirdische Nibelheim stehen als Symbol für diese anale Welt. Wenn diese Annahme zutrifft, müssten wir Spuren dieser psychosexuellen Entwicklungsstufe in jenen Leitmotiven finden, die mit Alberich und Nibelheim im Zusammenhang stehen. Dem möchte ich im Folgenden einmal nachgehen.

Das Liebesverzichts- und das Liebesfluch-Motiv sind im Grunde Abwandlungen und Variationen eines dritten Motivs, das erstmals bei Loge zu den Worten »Weibes Wonne und Wert« (2. Szene) erklingt.

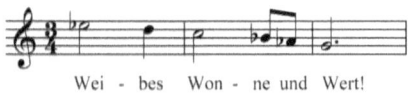

»Weibes Wonne und Wert« besteht aus einer abwärts gerichteten Tonfolge. Es handelt sich um eine weich fließende Bewegung, die in einem gemächlichen Tempo nach unten gleitet. Gibt es auf der Körperebene eine Entsprechung bzw. ein Vorbild für diese Bewegung?

Mir kam spontan jenes Traumbild eines Patienten in den Sinn, von dem die französische Psychoanalytikerin Janine Chasseguet-Smirgel (1988, S. 99) berichtet. Dieser Patient sieht im Traum in der Auslage eines Schaufensters einen Fisch mit offenem Maul liegen, dessen Körperinneres ganz glatt und am hinteren Ende offen ist, sodass, wenn man einen Kieselstein in sein Maul wirft, dieser durch den ganzen Körper rollt und am hinteren Ende wieder herausfällt. Als solch ein oben und unten offener Körper wird sich das Kleinkind vor der Ausbildung des Schließmuskels erleben. Das Essen, das über den Mund in den Körper aufgenommen wird, fällt gleichsam unten wieder heraus. Die Ausscheidung ist passiv, ohne willentliche Kontrolle. Wie bei dem oben und unten geöffneten Fisch gibt es keine Trennung von innen und außen. Es gibt nur einen universalen Innen-Außenraum Raum, der alles umfasst und der keinerlei Abtrennungen oder Grenzen aufweist. Nichts trennt das Kind von der Mutter, mit der es eine Einheit bildet. Ein barrierefreies ungehindertes Fließen ist ein Kennzeichen dieser konfliktfreien symbiotischen Verbundenheit.

Das im »Weibes-Wonne-und-Wert-Motiv« sich ausdrückende freie Fließen der Körperenergien erfährt nun in Alberichs Liebesverzichts-Motiv eine signifikante Veränderung. Die weich fließende Abwärtsbewegung wird nach drei Tönen gestoppt. Dem freien Fluss wird an dieser Bruchstelle eine Barriere entgegengesetzt. Körpersprachlich ausgedrückt: es wird etwas von unten dagegen gedrückt, wodurch die Fließbewegung unterbrochen wird.

Min - ne Macht ver - sagt

Dieser Gegendruck klingt bei der gesanglichen Darbietung des Liebesverzichts-Motivs noch recht gelinde. Doch dass diese kleine Aufwärtsbewegung so harmlos nicht ist, sondern durchaus eine machtvolle und zudem bedrohliche motorische Aktion darstellen kann, macht die Darbietung des Motivs im Orchesterzwischenspiel am Ende der ersten Szene deutlich. Dort klingt das »entsagt« in den Kontrabasstuben bereits deutlich düsterer. Vollends eindeutig wird es in Szene drei, wo Alberich gegenüber Wotan und Loge drohend prophezeit: »Wie ich der Liebe abgesagt ...« Auf die aufwärts gerichtete Gegendruckbewegung beim Wort »abgesagt« hören wir ein ausgesprochen aggressives Tongebilde.

Als eine somatosensorische Erfahrung auf der Ebene des Körper-Ichs lässt sich dieses Tongebilde durchaus als ein Abbild der Aktivität des Schließmuskels auffassen. Durch den in Aktion tretenden Sphinkter wird das bis dahin passive Ausscheiden unter die Herrschaft der Willkür-Muskulatur gestellt und in eine aktive willentliche Aktion umgewandelt. Aus einem bis dahin unabgegrenzten Innen-Außenraum wird durch die Etablierung eines Pförtners ein geschlossener Innenraum abgetrennt. Dies ist zweifellos ein signifikantes Faktum in der Persönlichkeitsentwicklung. Diese Grenzsetzung zwischen innen und außen führt zwangsläufig zur Differenzierung von Ich und Nicht-Ich. Das Erleben, ein von der Mutter getrenntes eigenständiges Wesen zu sein, wird spätestens von diesem Zeitpunkt an zur sicheren Erkenntnis.

Damit ist zugleich die Frage beantwortet, wer oder was mit dem Ring gemeint ist. Der Ring des Nibelungen ist weder ein Schmuckring noch ein Armreif. Nehmen wir Wagner beim Wort, dass er uns zu einer Epoche vor aller Erinnerung zurückführen will – und dazu zählt die Erfahrungswelt des Körper-Ichs –, so ist mit dem Ring des Nibelungen auf einer entwicklungspsychologischen Folie offenkundig der Sphinkterring gemeint. Der Sphinkterring verkörpert all jene Attribute von Macht, Herrschaft und Grausamkeit, die dem Ring zugesprochen werden. Alberichs Entschluss, den Liebesverzicht zu leisten und den Ring zu schmieden, bringt – wie wir in der ersten Szene vorgeführt bekommen haben – das goldene Zeitalter zum Einsturz. Ganz analog dazu lässt sich entwicklungspsychologisch formulieren: die Ausbildung des Sphinkterringes in der analen Phase bringt die harmonisch-symbiotische Einheit mit der Mutter endgültig zum Einsturz.

Auch das dritte zu dieser Gruppe gehörende Motiv, das Liebesfluch-Motiv, vermag uns auf dieser körpermotorischen Deutungsebene seinen spezifischen Sinn zu offenbaren. Es beginnt ebenfalls mit dem mollgetönten Abgang des Weibes-Wonne-und-Wert-Motivs, endet aber dann in einem aggressiven Stoß in die Tiefe, in einer abstürzenden Septime auf das Wort »Liebe«. Körpermotorisch haben wir es hier mit einem aggressiven Ausstoßen zu tun, wie es bei einer explosiven analen Entleerung stattfindet.

Mit diesen analen Bildern haben wir uns dem unterirdischen Nibelheim bereits gefährlich angenähert. Es wird in Nibelheim in einer riesigen Werkshalle mit glühenden Öfen und Hunderten von Ambossen emsig und unaufhörlich gearbeitet. Dabei bleibt es jedoch im Dunkeln, was dort fabriziert wird. Außer Ring und Tarnhelm, die längst fertiggestellt sind, ist an keiner Stelle erwähnt, was auf den Ambossen geschmiedet wird. Alberichs Bruder Mime beschreibt die Arbeit in Nibelheim als »die Beute schmelzen und schmieden den Guss, ohne Ruh und Rast dem Herrn zu häufen den Hort«. In der Bühnenanweisung wird beschrieben, dass eine Schar Nibelungen goldenes Geschmeide auf einem Haufen speichert und zu einem Hort häuft. Alberich kommandiert dazu: »Träges Heer, dort zu Hauf schichtet den Hort!« Vor seinen Gästen Wotan und Loge brüstet er sich: »Das ist für heut ein kärglich Häufchen, kühn und mächtig soll er künftig sich mehren.« Loge tituliert Alberich folgerichtig einen »Häufer des Hortes«.

Offensichtlich geht es in Nibelheim überwiegend ums Anhäufen, also um jene Tätigkeit, die auch für den Darm spezifisch ist. Das Hort-Motiv vermittelt uns musikalisch einen Eindruck von dieser Affinität. Obwohl es sich beim Hort um Gold handelt, hat dieses Motiv merkwürdigerweise rein gar nichts mehr von einem leuchtenden Edelmetall an sich, sondern ist durch eine träge, kriechende Bassfigur gekennzeichnet, der man durchaus das Prädikat »Darmträgheit« zuerkennen kann.

Welches ist die Aufgabe des Darms außer der Haufenbildung? Grunberger spricht von der Verdauung als einer »Zerkleinerung der aufgenommenen Nahrung und ihrer Herabminderung in immer weniger differenzierte Elemente, die fortschreitend ihre früheren Eigenheiten verliert und schließlich eine homogene Masse bildet, den Fäkalbolus« (zit. n. Chasseguet-Smirgel 1986, S. 83). Mit dieser Beschreibung ist die emsige Tätigkeit der zwergenhaften Arbeitssklaven von Nibelheim eigentlich recht gut charakterisiert. Das Hämmern auf den Ambossen und das Schmelzen in den Öfen stellen solch einen Verarbeitungsprozess dar, bei der wertvolle Materialien durch Hämmern zerkleinert und zu einer homogenen Masse verschmolzen werden. Der Horthäufer Alberich erinnert ein wenig an jenen reichen Bankier, von dem Karl Abraham zu berichten wusste, dass er seinen Kindern einschärfte, »den Darminhalt so lange wie nur irgend möglich bei sich zu behalten, damit die teure Nahrung bis zum äußersten ausgenützt werde« (Abraham 1924, S. 115).

Diese Aktivität der Analisierung, d. h. der Zerkleinerung und entwertenden Homogenisierung, drückt sich eindrucksvoll im Nibelungen- oder Schmiedemotiv aus, in dem ein spannungsgeladenes rhythmisches Motiv nahezu unaufhörlich und auf einer einzigen Tonhöhe repetiert wird. Dies ist ein Ausdruck für eine unentwegte, aggressive Zerkleinerungs- und Homogenisierungsaktivität.

Im grellen Forte, der Tempobezeichnung »sehr schnell« und mit dissonanten Harmonien versehen wird es vom Tutti-Orchester vorgetragen.

Dass dieses Motiv als ein Ausdruck analer Aktivitäten aufgefasst werden kann, erhält noch von einer anderen Seite Unterstützung. Die amerikanische Psychoanalytikerin Judith Kestenberg (1961, 1980) hat in den 60er Jahren an Kleinkindern Bewegungsstudien durchgeführt und dabei spezifische Formen der Veränderungen in der Körperspannung feststellen können. So ergaben ihre Beobachtungen, dass in der oralen Phase ein sinusförmiger, wellenartig oszillierender Spannungsfluss vorherrschend ist, während in der analen Phase körpermotorische Muster auftreten, die eine Abfolge von Festhalten-Anspannen-Ausstoßen aufweisen. Richard Wagner kann diese Arbeit nicht gelesen haben, aber es sieht so aus, dass er intuitiv die Unterschiedlichkeit dieser kinetischen Welten, also Unterschiedlichkeiten in der kinetischen Semantik, wie sie Sebastian Leikert (2008) ausformuliert hat, erspürt und in Musik umgesetzt hat. Der Gesang der Rheintöchter etwa, den wir als einen Ausdruck des wohligen Seins an der Mutterbrust aufgefasst haben, weist jenen wellenförmigen freien Fluss an Körperspannung auf, den Kestenberg für die orale Phase beschreibt. Und genauso treffsicher erfasst Wagner das Rhythmusmuster der analen Phase im Schmiede-Motiv. Durch den Punkt hinter der ersten Achtelnote wird diese um die Hälfte ihres Wertes verlängert, d. h., sie wird für einen Moment festgehalten, was zur Folge hat, dass es bei den folgenden beiden Achtelnoten zu einer Spannungserhöhung kommt, die in der zweiten Dreiergruppe dann abgeführt wird.

Kurzum: In der Erlebniswelt eines frühkindlichen Körper-Ichs heißt dieser finstere, laut lärmende Ort nicht Fabrikhalle, sondern Anus; das Anhäufen von Gold und dessen Verarbeitung auf Ambossen und in Schmelzöfen Verdauungsarbeit und der ausbeuterische Druck auf Mensch und Material heißt Analisierung oder Fäkalisierung. Und auf dieser Ebene ist es der Sphinkterring, der als ein Herrschaftsinstrument par excellence dem Kind erstmalig zu einer Machtposition – nach innen wie nach außen – verhilft. Hauptcharakteristikum des Sphinkterrings ist das Ausüben von Druck oder Zwang auf den Darminhalt. Und so verwundert es nicht, dass im Zusammenhang mit Alberich und seinem Ring im Libretto auffallend häufig von »Zwang« die Rede ist. Es beginnt damit, dass Alberichs erste Assoziationen zum Ring sind: »Erzwäng' ich nicht Liebe, doch listig erzwäng ich mir Lust.« Mime sagt über Alberichs Ring: »mit ihm zwingt er uns alle«, »nun zwingt uns der Schlimme« oder »mich zwang er zum ärgsten« und mittels des Tarnhelms wollte Mime sich »Alberichs Zwang ... entziehn«. Nicht von ungefähr ist die anale Phase der Ausgangspunkt für die Entwicklung von Zwangsstörungen jeglicher Art. Die Nibelungen sind die armen Würstchen, die, von Alberichs Sphinkter eingeklemmt, die Verdauungsarbeit im finsteren Darm zu leisten haben. Ihr Schicksal ist vorgezeichnet: Nachdem sie lange genug ausgequetscht worden sind, werden sie als Abfall ausgestoßen.

Der Darminhalt ist für das kleine Kind in gewisser Weise das erste Objekt und der Sphinkter erlaubt es ihm, über dieses Objekt zu herrschen. Nach diesem Vorbild versucht das Kind in der analen Phase auch seine sozialen Objektbeziehungen zu gestalten. Es strebt die volle Verfügungsgewalt über seine »Objekte« an, es wird herrisch und versucht den Eltern seinen Willen aufzuzwingen. Und wenn die nicht willens sind, sich seinen Anordnungen zu beugen, lässt es sein Herrschbedürfnis an Puppen oder anderen Spielsachen aus. Grunberger meint:

> »Es ist ein überaus wichtiger Zeitabschnitt, in dem das Kleinkind alles beschmutzt, Spielzeug und alles, was ihm in die Hände kommt, zerbricht, nicht gehorcht und bevorzugt das ›Nein‹ einsetzt, provoziert und sich der Umwelt gegenüber aggressiv zeigt. Dieser Zeitabschnitt ist für eine zukünftige psychische Gesundheit notwendig und die Eltern hätten unrecht, wenn sie sich über ein Kind freuen würden, das in dieser Zeit nur brav, reinlich und vernünftig wäre« (Grunberger 2000, S. 365).

Der funktionierende Sphinkter schafft also eine neue Weltordnung. Der durch den Schließmuskel geschaffene innere Behälter wird auf mentaler Ebene zu einem subjektiven Innenraum, in dem Gefühle und andere psychischen Inhalte aufbewahrt werden können. Dazu Fischer-Kern: »Durch die Beherrschung des analen Sphinkters hat sich das Kind erstmals einen psychischen Ort geschaffen, einen subjektiven ›Innenraum‹, und es steht vor der Aufgabe, sich diesen Raum anzueignen« (Fischer-Kern et al. 2008, S. 383f.). Mit dieser für die Subjektwerdung so eminent wichtigen Errungenschaft kann sich das Kind als ein den Erwachsenen ebenbürtiges Subjekt mit eigenen Körpergrenzen und einer einzigartigen inneren Psyche erleben. Aus diesem Zusammenhang wird ansatzweise deutlich, wie bedeutsam der Sphinkterring für die Subjektwerdung ist. Leonard Shengold (1985) spricht von der psychischen Geburt des Menschen als einer analen Geburt.

Die Analität ist also in der menschlichen Entwicklung von hoher Bedeutung und ein kräftiger Stimulus für die Ich-Werdung. Warum, so fragt man sich, ist es trotz dem so schwer, die Analität in die eigene Person zu integrieren? Die Antwort muss lauten: weil die Analität mit einer anderen Triebkraft im Gepäck in unser Leben tritt, die schwer zu ertragen und noch schwerer zu integrieren ist. Und das ist die Aggression, die in dieser frühen, mythisch anmutenden Fantasiewelt des Kleinkindes nicht selten die Grenze zum Sadismus überschreitet.

Damit kommen wir zu einer zweiten Facette von Nibelheim.

6. Nibelheim – Der finstere Ort des Sadismus

Der Experte für das Anale in der ersten Psychoanalytiker-Generation, Karl Abraham, musste erstaunt zur Kenntnis nehmen, dass die beiden analen Subphasen, nämlich die eliminatorische Phase des Ausstoßens (1. Phase) und die retentive Phase des Zurückhaltens (2. Phase) stets im Verbund mit zwei sadistischen Subphasen auftreten, in denen das Vernichten (1. Phase) und das Beherrschen (2. Phase) im Zentrum stehen. Die erste Phase ist objektfeindlich und darauf aus, das Objekt auszustoßen (anal) oder zu vernichten (sadistisch), während die darauf folgende 2. Stufe eher objekterhaltend ist, indem Regungen des Behaltens (anal) und Beherrschens (sadistisch) im Vordergrund stehen.

Zur Kenntnis zu nehmen, dass in der eigenen Person destruktive oral- und anal-sadistische Triebimpulse aktiv sind, stellt für den Narzissmus des Kindes natürlich eine kaum zu ertragene schwere Kränkung und Bedrohung dar. Deshalb werden gegen diese Impulse diverse Abwehrmechanismen von Projektion, Verleugnung, Isolierung von Gefühlen, Gegenbesetzung etc. in Anwendung gebracht. Sie alle haben in Wagners *Ring* ihren glanzvollen Auftritt. Die 2. Stufe, die anal-retentive Stufe, ist narzisstisch schon eher verkraftbar, begnügt sie sich doch mit der Objektbeherrschung, was dem narzisstischen Bedürfnis, groß und mächtig zu sein, entgegenkommt und eine durchaus attraktive Möglichkeit darstellt, in der Welt der Triebe und Objektbeziehungen eine relative narzisstische Integrität zurückzugewinnen.

Wo begegnet uns in Nibelheim der Sadismus? Er wird uns gleich in der Eröffnungsszene vorgeführt. Alberich zerrt den kreischenden Bruder Mime an den Ohren aus einer Seitenschlucht auf die Bühne. Mime war aufgetragen worden, dem Herrscher von Nibelheim einen Tarnhelm zu fertigen. Offenbar wollte Mime diesen für sich selbst behalten. Doch Alberich kommt dieser betrügerischen Absicht zuvor und entreißt Mime den fertiggestellten Helm. Er probiert den Zauber sogleich aus und verwandelt sich in eine Nebelsäule. Als unsichtbare Macht überlässt Alberich nun seinem Sadismus die Zügel. Er geißelt seinen Bruder mit unsichtbaren Peitschenhieben, von denen der Zuschauer nur die Schmerzensschreie des gequälten Mime gewahr wird.

Noch eindeutiger wird der orale und anale Sadismus, als Loge Alberich auffordert, seine Verwandlungskünste auch ihm zu demonstrieren. Alberich wählt die Gestalt einer ungeheuren Riesenschlange; die sich mit aufgerissenen Rachen auf Wotan und Loge zubewegt. Loge reagiert in gespielter Ängstlichkeit: »Schreckliche Schlange, verschlinge mich nicht!« Dazu erklingt – gespielt von den Bass- und Kontrabasstuben – »langsam und schleppend, ein schwerfälliges, kriechendes Motiv« (Pahlen 1982, S. 104), das dem Motiv des Hortes nicht unähnlich ist: das Riesenwurm-Motiv.

In der frühkindlich phantasmatischen Welt ist der Sphinkter als ein anus dentatus ein bestens geeignetes Ausführungsorgan oral-kannibalistischer Impulse. Der Sphinkter kann zuschnappen, jemanden einklemmen und würgen. Im Riesenwurm, der ja in der Oper *Siegfried* ein weiteres Mal auftauchen wird, vermischen sich oral- und anal-sadistische Impulse. Zum einen gebärdet er sich verschlingend, weswegen Siegfried ihm androht: »Gut wär's, den Schlund dir zu schließen; dein Rachen reckt sich zu weit«; zum anderen aber verkörpert er als eine sich ringelnde Riesenschlange, die in einer Höhle lauert, die Fäzes im Darm, von der offenbar eine drohende Gefahr ausgeht.

Der Hort, der im Darm angehäuft wird, ist also alles andere als eine ruhig daliegende Goldansammlung, sondern vielmehr eine äußerst gefährliche Rächergestalt. Wir ahnen, was des Pudels Kern ist. Es handelt sich hier – in der

Nomenklatur Melanie Kleins – um den angegriffenen väterlichen Penis im Leib der Mutter, von dem das Kind einen Rachefeldzug befürchtet. Dieser anale Penis ist also das nächtliche Heer bzw. der Riesenwurm in der Höhle, von dem im frühkindlichen Fantasiedrama die Rache erwartet wird. Der »rächende Ring« ist in diesem Zusammenhang jener Sphinkterring, jenes Organ der zerstörerischen Ausscheidung, von wo der oral- und anal-sadistische Angriff erwartet wird.

Und so wie Alberich meint, dass dieser riesige Goldhaufen ihm zur Weltherrschaft verhilft, so weist auch das kleine Kind der Fäzes eine Allmächtigkeit aggressiver Art zu. Karl Abraham zitiert einen kleinen Knirps aus Budapest, der zu seinem Kindermädchen sagte: »Wenn du mich ärgerst, dann scheiß ich dich nach Ofen hinüber.« Ganz in dieser Mentalität, sich Kontrahenten nach dem Modell der Defäkation zu entledigen, stehen auch Alberichs Drohungen: »Habt acht vor dem nächtlichen Heer, entsteigt des Nibelungen Hort aus stummer Tiefe zu Tag.«

Als Resümee kann festgestellt werden: Die Ausbildung des Sphinktermuskels ist ganz offensichtlich kein unbedeutender biologischer Reifungsschritt und auch keine Sache eines simplen Verhaltenstrainings. Nein, es handelt sich psychologisch um ein Geschehen von mythischer Größe, das – was die Dramatik angeht – dem des Ödipus in nichts nachsteht. Durch die Verlötung der Analität mit dem Sadismus steht die Sphinkterkontrolle im Zusammenhang mit a) Ängsten vor überwältigenden destruktiven inneren Triebimpulsen, b) Ängsten vor äußeren Verfolgern, sowie c) Kämpfen gegen diese Verfolger. So ist auch Melitta Fischer-Kern der Auffassung, »dass die Sphinkterkontrolle, im Sinne der psychischen Kontrollmöglichkeiten, nur allmählich und im Rahmen einer schrecklichen Zerrissenheit erworben wird« (Fischer-Kern 2008, S. 385). Immer wieder drohen die archaischen Affekte die noch labilen frühkindlichen Ich-Strukturen zu überwältigen, wofür Alberich, der seine Hass- und Racheaffekte nicht unter Kontrolle bekommt, ein eindrückliches Beispiel ist.

Wagners Ring stellt gleichsam die mythische Ausgestaltung dieses dramatischen Geschehens der analen Phase dar. In Analogie zum Ödipuskomplex könnte man von einem »Ring-des-Nibelungen-Komplex« oder kurz: »Ringkomplex« sprechen, worunter all jene Konflikte und Kämpfe zu subsumieren wären, die sich zwischen dem Ur-Narzissmus auf der einen und dem Anal-Sadismus auf der anderen Seite abspielen. Wie der Orest/Iphigenie-Mythos für das Erreichen der depressiven Position, der Ödipus-Mythos für den endgültigen Sieg des Realitätsprinzips steht, so kann der Ring-Mythos für den Kampf um die Sphinkterkontrolle angesehen werden, insbesondere als Mythos der heftigen Ambivalenzen gegenüber dieser Errungenschaft. Es gibt einerseits beim Kleinkind einen starken Wunsch, diesen machtvollen Muskel zu besitzen, der die Herrschaft über innere und die Abwehr äußerer Verfolger verspricht. Aber es schreckt andererseits vor dem Sphinkter zurück, da er ihm durch seinen Sadismus als ein Vernichter der vollkommenen Liebe zur Ur-Mutter, also als ein Verräter und Vernichter des Ur-Narzissmus erscheint. Aus ur-narzisstischer Perspektive ist der Sphinkterring ein Werkzeug des Teufels.

Es ist mein Eindruck, dass dieses frühkindliche phantasmatische Drama in der psychoanalytischen Theoriebildung noch zu wenig Berücksichtigung gefunden hat und diesbezüglich noch eine Theorielücke klafft. Die Arbeiten von Abraham, Fliess, Shengold, Kestenberg, Grunberger, Chasseguet-Smirgel u.a. erscheinen mir noch nicht nachhaltig genug rezipiert und als ein eigener frühkindlicher Konfliktkomplex konzeptualisiert worden zu sein. Die Ausformulierung eines Ringkomplexes unter Bezugnahme auf Wagners mythische Ring-Tetralogie könnte m.E. durchaus gewinnbringend sein. Wir Psychoanalytiker könnten von Wagner lernen. Der Ringkomplex würde zudem dem Wortstamm »Psychoanal« im Wort Psychoanalyse zu einer verdienten Würdigung verhelfen.

Welche Lösung findet Wagner für seinen Ringkomplex, also für jenen Antagonismus von Ur-Narzissmus und Anal-Sadismus im *Rheingold*?

9. Die Flucht aus der Realität im Namen des Narzissmus

Nachdem das Rheingold zum dritten Mal geraubt worden ist, diesmal sind es die Riesen, die bei Wotan das Klistier angesetzt und für eine restlose Hergabe aller Bestandteile des Goldschatzes einschließlich dem Sphinkterring gesorgt haben, macht sich bei Wotan eine depressive Verstimmung breit. Fast drohen Schuldgefühle und Trauer, also Gefühle der Depressiven Position (M. Klein) in Wotans Erleben einzudringen. Doch sein aufmerksamer Begleiter, der Gott des Donners, weiß dieses »schwüle Gedünst« noch rechtzeitig aus der Welt zu schaffen.

Wer noch nicht wusste, was ein Donnerbalken ist, hier kann er es erfahren.

Mit einem großen Getöse sorgt der Donnergott für eine befreiende Entleerung! Der »trübe Druck« ist beseitigt und »der Himmel wieder hell gefegt«. Der Schmutz ist ausgestoßen und vernichtet. An seiner Stelle hat sich ein prächtig strahlender Regenbogen am Himmel ausgebreitet. Es erklingt das Regenbogen-Motiv.

Wie schrieb doch Wagner aus seinem Kuraufenthalt in Albisbrunn (1851), der einmal mehr der Lösung seiner bereits chronisch gewordenen Verstopfung dienen sollte, emphatisch an Franz Liszt: »Schafft Euch, Ihr unglücklichen Menschen, eine gesunde Verdauung an und plötzlich steht das Leben in einer ganz anderen Gestalt vor Euch, als ihr aus der Unterleibsplage heraus ersehen konntet! […] [W]ahrlich, diese ganzen Schmarotzergewüchse unseres heutigen Lebens haben keinen anderen Grund und Boden, aus dem sie wachsen, als – unsre ruinierten Unterleibe!« (Wagner 1995, S. 215f.)

Mit der donnernden Entleerung hat sich das Bühnengeschehen fürs Erste aus der Realität der Triebe und der Objektbeziehungen verabschiedet. Der göttliche Wotan hat den mühsamen Umweg über die Stufen der psychosexuellen Entwicklung bis hin zur Meisterung des Ödipuskomplexes verlassen und stattdessen den Weg zurück zum Ur-Narzissmus angetreten. Das Entwicklungsziel einer postödipalen narzisstischen Integrität, die einen relativen menschlichen Narzissmus anzubieten hätte, welcher in einem der Realität angemessenen Selbstwertgefühl besteht, das die eigene Kleinheit, den Generationenunterschied und den Verzicht auf die Mutter als Geliebte einschließt, wird erst einmal aufgegeben.

Die Herausforderungen seitens der oral- und anal-sadistischen Triebregungen waren offenbar zu überfordernd und konnten von Wotan nicht bewältigt werden. Deswegen wählt er an dieser Stelle die Flucht ins Imaginäre, die Flucht zurück ins imaginäre pränatale Paradies.

Literatur

Abraham, Karl (1924): Die manisch-depressiven Zustände und die prägenitalen Organisationsstufen der Libido. Gesammelte Schriften Bd. 2. Frankfurt/M. (S. Fischer), 1982, S. 32–123.
Bachofen, Johann Jakob (1954): Mutterrecht und Urreligion. Stuttgart (Kröner).
Chasseguet-Smirgel, Janine (1986): Kreativität und Perversion. Frankfurt/M. (Nexus).
Chasseguet-Smirgel, Janine (1988): Zwei Bäume im Garten. Zur psychischen Bedeutung der Vater- und Mutterbilder. Psychoanalytische Studien. München, Wien (Verlag Internationale Psychoanalyse).
Fischer-Kern, Melitta & Springer-Kremser, Marianne (2008): Der Rattenmann. Zwangs-Neurose, Zwangs-Borderline, Zwangs-Psychose. Psyche – Z Psychoanal 62, 381–396.
Fliess, Robert (1956): Erogeneity and Libido. New York (Inter.Univ.Press).
Freud, Sigmund (1920): Das Ich und das Es. GW Bd. XIII. Frankfurt/M. (S. Fischer).
Freud, Sigmund (1938): Abriss der Psychoanalyse. GW Bd. XVII. Frankfurt/M. (S. Fischer).
Grunberger, Béla (1971): Vom Narzissmus zum Objekt. Gießen (Psychosozial-Verlag), 2001.
Grunberger, Béla & Dessuant, Pierre (2000): Narzissmus, Christentum, Antisemitismus. Eine psychoanalytische Untersuchung. Stuttgart (Klett-Cotta).
Kafka, Franz (1919): Ein Landarzt: Kleine Erzählungen. München (Wolff).
Kestenberg, Judith (1961): Rhythm and organization in obsessive-compulsive development. I. J. Psycho-Anal. 47, 151–159.
Kestenberg, Judith (1980): Ego organization in obsessive-compulsive development. A study of the rat man, based on interpretation of movement patterns. In: Kanzer, M. & Glenn, J. (Hg.): Freud and his patients. New York (Aronson), S. 144–179.
Klein, Melanie (1945): Der Ödipuskomplex im Lichte früher Ängste. In: GS Bd. 1, Teil 1. Stuttgart (frommann-holzboog), 1996, S. 365–431.
Kolland, Hubert (1995): Die kontroverse Rezeption von Wagners Nibelungen-Ring 1850–1870. Köln (Studio).
Leikert, Sebastian (2008): Den Spiegel durchqueren. Die kinetische Semantik in Musik und Psychoanalyse. Gießen (Psychosozial-Verlag).
Pahlen, Kurt (1982): Richard Wagner: Das Rheingold. Kompletter Text und Erläuterung zum Verständnis des Werkes. Mainz (Schott).
Shengold, Leonhard (1985): Defensive Anality and anal narcissism. I. J. Psycho-Anal. 66, 47–73.
Wagner, Richard (1848): Der Nibelungenmythos. Als Entwurf zu einem Drama. In: Friedrich, Sven (Hg.): Werke, Schriften und Briefe. Bd. 2. Berlin (Directmedia), 2004.
Wagner, Richard (1907): Bayreuther Briefe (1871–1883). Berlin, Leipzig (Deutscher Verlag für Musik).
Wagner, Richard (1995): Richard Wagner: Briefe. Stuttgart (Reclam).
Wagner, Richard (2004): Werke, Schriften und Briefe. Herausgegeben von Sven Friedrich. Berlin (Directmedia).

Bis an die äußersten Grenzen

Richard Strauss' *Elektra* – psychoanalytisch gedeutet[1]

Peter Kutter

Überblick

Der dichte Einakter wird in drei Perspektiven untersucht. Jede Perspektive stellt dabei einen Abschnitt dar. Im *ersten* geht es, gestützt auf Literatur, um die »äußersten Grenzen« der Musik, im *zweiten* – auf vertrautem psychoanalytischen Gebiet – um Liebe, Rache und Mord, außerdem um die triangulären Konflikte bei Elektra und Orest. Die Affekte und die besondere »unheimliche« Dimension zwischen Leben und Tod werden dabei besonders beachtet. Es folgt eine erste Analyse der Menschen und Szenen anhand des Textes. Erst im *dritten* Teil wird versucht, die psychoanalytische Methode direkt auf die Musik anzuwenden: auf dem Weg zu einer Psychoanalyse der Musik.

1. »Bis an die äußersten Grenzen?« – Erste Einschätzungen der Musik, gestützt auf Literatur

Die »äußersten Grenzen« beziehen sich auf die Musik. Die Formulierung stammt von Richard Strauss selbst, und zwar aus den »Betrachtungen und Erinnerungen« (1949). Im Hinblick auf das *Thema* der Tragödie trifft sie

---

[1] Ich danke meinem Schulfreund Peter Alexander Stadtmüller, em. Professor für Orgel und Kirchenmusik an der Universität Mainz, für die Durchsicht des Manuskripts sowie für wertvolle Klärung musikalischer Termini.

Peter Kutter

Elektra
op. 58

Richard Strauss
1864-1949

Abb. 1 zeigt die erste Partiturseite der Oper mit dem initialen Agamemnon-Motiv: Es schlägt im Fortissimo aus fast allen Instrumenten des Riesenorchesters wie ein Blitz ein und schreckt das Publikum auf. Dabei deutet das letzte tiefe d in der Bassklarinette und in den Pauken die unheimliche Atmosphäre an.

voll zu: Immerhin kommen zwei Morde vor, darunter ein Muttermord. Um dagegen die Selbsteinschätzung der *Musik* durch den Komponisten nachvollziehen zu können, müssen wir uns wie die Historiker in die Zeit zurückversetzen, aus der die Aussage herrührt. In der allgemeinen Aufbruchstimmung der Kunst um die Jahrhundertwende, in der die Malerei mit Impressionismus und Expressionismus zu neuen Ufern aufbrach, wollten Hugo von Hofmannsthal in der Literatur und Richard Strauss in der Musik etwas Neues schaffen. Ihr schwieriges Sujet, die griechische Mythologie mit ihrer Tragik, erforderte ebenso eine neue Lyrik wie eine neue Musik. Wenn Richard Strauss von »äußersten Grenzen« spricht, dann meint er die der »Harmonik«, der »Polyphonie« und die der »Aufnahmefähigkeit« des Publikums. Dies mag für die Zeugen der Uraufführung 1909 in Dresden gelten, sicher nicht für uns heute. Was jene damals als unerhört empfanden, wird 100 Jahre später geradezu als harmonisch wahrgenommen! *Elektra* wird nach Modernität »zwischen *Tristan* und *Le Sacre du Printemps* eingereiht« (Schumann 1981, S. 54).

Wir nähern uns der Musik zunächst wie ein musikwissenschaftlicher Laie und kommen zu folgender ersten Annäherung: Das Außergewöhnliche des tragischen Geschehens mit zwei Morden forderte auch für die Musik außergewöhnliche Mittel: unerwartet große Sprünge, extrem hohe oder tiefe Töne, häufige Wechsel von Tonart und Rhythmus, Halbtonschritte statt Ganztonschritten. Neben den üblichen Dreiklängen häufen sich verminderte, übermäßige Quinten und Quarten sowie weitere ungewohnte und vielfach alterierte Akkorde. Immer wieder gibt es überraschende Wendungen in Melodie, Harmonik und Rhythmus. Schon der Beginn der Oper ist eine Überraschung.

Im gesamten Verlauf des Dramas werden wir immer wieder Zeugen von nicht enden wollenden Steigerungen, von denen diejenige vor dem dramatischen Auftritt der machtvollen Klytaimnestra vielleicht am eindrucksvollsten ist. Wer die Musik dazu hören will, sei auf die ausgezeichnete Aufnahme der MET mit Birgit Nilsson als Elektra (Deutsche Grammophon 2006) – verwiesen; hier der entsprechende Auszug aus der Partitur:

Abb. 2 betrifft den Einzug der Klytaimnestra (Studienpartitur, 1996, S. 86, ab 128) mit einer der typischen Steigerungen, von denen Strauss selbst sagt, sie gingen in der Harmonik »bis an die äußersten Grenzen«: Heraufschleifen der Tuben, Sechzehntel-Steigerungen in den Bassklarinetten, Fagotten und Celli, erst f, dann ff, schließlich fff.

Nach Rudolf Wittelsbach (1964) hatten sich schon bei Richard Wagner die tonalen Bindungen gelockert (Tristan-Akkord). Bei Richard Strauss werden darüber hinaus in *Salome* und *Elektra* Klänge bis zur Bi-, ja, Tri-Tonalität aufgespalten: Der Klangraum wird in mehrere Schichten getrennt, in denen sich gleichzeitig verschiedene Motive entfalten. Dabei entspricht die Mehrstimmigkeit nicht einer echten aus dem Gesetz des Kontrapunkts stammenden Polyphonie, sondern resultiert aus den kunstvoll kombinierten Motiven. Während sich die einen bewegen, ruhen die anderen.

Diese an die Grenze der Tonalität gehende Musik charakterisiert extreme Konfliktsituationen. Sie ist nicht »Stilmittel«, wie z. B. bei Debussy, sondern »Ausdrucksmittel«, »affektgeladene, drastische Unmittelbarkeit« (Wittelsbach 1964, S. 37). Das Besondere der tragischen Konflikte der Elektra, die wir nachher psychoanalytisch betrachten, kommt – in Überschreitung der Grenze der Sprache – vorwiegend in der Musik zum Ausdruck, nämlich in einer typischen »Zersetzung« des Klangs und in der fehlenden Auflösung der Dissonanzen. »Klangwelten, die sich normalerweise ausschließen, sind unter gewaltiger innerer Spannung zusammengezwungen« (ebd.).

Unser zweiter musikwissenschaftlicher Gewährsmann, William Mann (1964), versteht ganz bestimmte Tonfolgen und Akkorde als Ausdruck von charakteristischen Handlungen, Gefühlen und Stimmungen, wie wir sie seit

Abb. 3: Motiv a ist durch vier Sprünge gekennzeichnet, und zwar von h^3 auf ais^2, e^3 auf fis^2, dann von h^2 auf ais^1 und schließlich von e^2 auf fis^1. Es soll Elektras archaische Gestik ausdrücken. Bei Motiv b handelt es sich um zwei Akkorde h-Moll und f-Moll: h, d und fis gehen über in f, as und c, im Blech mit Dämpfern von forte nach sforzando. Dies soll die Bewegung der Axt nachahmen, mit der Agamemnon erschlagen wurde und mit der im Laufe der Oper Klytaimnestra und Aigisthos erschlagen werden. Motiv c wird durch einen für die Oper sehr typischen Akkord bestimmt, bestehend aus h, des, f und as, der in eine sanft ansteigende, im as gehaltene Figur übergeht. Dieser Akkord übt die ganze Oper hindurch die Funktion einer Tonika aus, »als harmonisches Zentrum und Ruhelage« (Mann 1964, S. 74).

Richard Wagner als Leitmotive kennen. Beispiele dafür sind folgende drei, bald nach dem Beginn der Oper während der Mägdeszene erklingenden Motive, die besondere Merkmale der Elektra ausdrücken:

Ein dritter Musikwissenschaftler, Kurt Pahlen (1995), schreibt z. B. zur Szene mit den Mägden: »Das Orchester, äußerst unruhig, steigert sich unaufhörlich, bringt immer neue Phrasen, die vorübertoben und beruhigt sich noch lange nicht.« Er hält übrigens *Elektra* für den Gipfel 300-jähriger Operngeschichte, für ein »Elementarereignis« (ebd., S. 137).

Bei so vielen positiven Stimmen dürfen wir eine ebenso gewichtige wie negative, ja, stellenweise vernichtende Kritik, nicht übergehen: Kein geringerer als Adorno (1964, S. 256) hält Richard Strauss schlicht für »oberflächlich«, obwohl er ihm einen gewissen »Elan vital« nicht abspricht und seine Vorliebe für Erotik durchaus schätzt. Die Mägdeszene markiere eine von Strauss sonst nie wieder erreichte Höhe (ebd., S. 590). »Die ganze Tiefe seiner Musik ruht darin, dass ihre Welt selbst ganz Oberfläche ist« (1924, S. 256). Seine Musik wolle sich einfach nur »ausleben« (1964, S. 567), und zwar – sinngemäß – ohne durch das Unbewusste hindurchgegangen zu sein. »Willkürlich schaltet er mit dem, was […] unwillkürlich sein soll« (S. 570). »Extreme Gefühlslagen« blieben »sinnlich angenehm« (S. 576), entsprächen »neutralisierter Bildung« (S. 579) oder einer »affirmativen Weltformel (S. 584), in der »musikalischer Geist nach Schafen und Böcken aufgeteilt« (S. 584) werde: Dabei bedeute Dissonanz einfach nur Spannung oder Leiden und Konsonanz das Gute.

Angesichts von so viel Spott und Hohn aus prominentem Munde machte ich mir eine Zeit lang ernste Sorgen, ob ich überhaupt für Strauss am Beispiel der *Elektra* eine Lanze brechen kann. Ich fand dann aber einen rettenden Ausweg aus dem Dilemma, über den sogar Adornos Verdikt verstehbar wird, nämlich – so viel will ich jetzt schon verraten – über die psychoanalytische Deutung der im Drama und in ihren Protagonisten steckenden Psychopathologie.

Jetzt wenden wir uns dem zweiten Akt zu, in dem wir uns, dem Untertitel des Themas gemäß, mit Liebe, Rache und Mord befassen, und zwar aus vertrauter psychoanalytischer Sicht (in dem Opern-Krimi kommen schließlich zwei Morde vor). Dann geht es um die in der Oper gleich doppelt vorkommenden ödipalen Konflikte (bei Orest in ihrer männlichen Form und bei Elektra in ihrer weiblichen Form), um die Affekte (kategoriale und Vitalitätsaffekte) und vor allem um die fundamentale, existenziell bedrohliche Dimension des Unheimlichen. Ehe ich im dritten Akt die Psychoanalyse auf die Musik anwende, versuche ich eine Analyse des Textes im Sinne einer Literaturanalyse.

2. Psychoanalytische Perspektiven – Liebe, Rache, Mord, ödipale Konflikte, die Affekte, das Unheimliche und die Analyse des Textes

2.1 Liebe, Rache und Mord

Liebe begegnet uns in der *Elektra* in ausgeprägt pathologischen Formen – nahezu endogam bzw. inzestuös – als Tochter-Vater-Liebe, Tochter-Mutter-Liebe und als Geschwisterliebe. Für eine gesunde, gelingende – exogame – Liebe müssten vor dem Hintergrund der psychoanalytischen Entwicklungspsychologie einige V*oraussetzungen* erfüllt sein (Kutter 1994, S. 40f.), die in *Elektra* bis auf Chrysóthemis nirgends gegeben sind:
1. eine einigermaßen gelungene Mutter-Kind-Beziehung mit überwiegend guten Erfahrungen in der »ersten« Liebe zur Mutter, möglichst ohne Traumatisierungen,
2. hinlänglich gelöste ödipale Konflikte mit ebenso überwiegend guten Erfahrungen in der »zweiten« Liebe zum Vater aus der Dreiecksbeziehung zwischen Vater, Mutter und Kind,
3. die geglückte Integration von Sexualität und Körperlichkeit,
4. ein hinlänglich relativiertes Über-Ich sowie
5. eine einigermaßen klare männliche bzw. weibliche Geschlechtsidentität.

Dazu gehören ferner folgende Fertigkeiten, die bei den personae dramatis der *Elektra* weitgehend fehlen. Es geht um Fähigkeiten, um die »Kunst des Liebens« (Fromm 1956). Dazu zählen nicht nur eine fundamentale Kontaktfähigkeit, sondern auch die Fähigkeit, Beziehungen aufrecht zu erhalten; ferner eine »gekonnte Aggressivität« (Mitscherlich 1958), bei der im Gegensatz zur Perversion Aggressivität »im Dienste der Liebe« eingesetzt wird (Kernberg 1998) und schließlich ein »leidenschaftlicher Dialog« (Kutter 1994, S. 41f.).

All diese positiven Merkmale gesunder, reifer Liebe finden wir in der Oper nicht; stattdessen ausgeprägte Pathologie mit ausgesprochen endogamen bzw. inzestuösen Fixierungen.

Rache ist nach Abraham (1921), von dem der Begriff »Rachetyp« stammt, eine Möglichkeit, im Rahmen einer Hysterie mit Kastration umzugehen. Könnte Elektra so ein Rachetyp sein? Ich komme darauf zurück.

Socarides (1966) hält Rache für einen komplexen emotionalen Zustand mit Trauer, Gram und Depression sowie reaktiver Wut auf einen schmerzlichen Verlust. Die Person sucht diesem quälenden Zustand durch strafende Aktivitäten zu entkommen. Ziel ist der Ausgleich für das erlittene Unrecht, das permanent fantasiert wird. Das Objekt, welches das geliebte Objekt zerstört hat, soll seinerseits zerstört werden. Ohne dessen Zerstörung findet die von Rache erfüllte Person, ebenso wie die verliebte, keine Ruhe. Jede weitere Entwicklung ist blockiert. Aus triebpsychologischer Sicht ist der mörderische Akt das Triebziel, während ich-psychologisch die eigene Identität endlich anerkannt werden soll. Deprivation und Traumatisierung in prä-ödipaler und ödipaler Konstellation sind die Ursachen.

Mord kommt in der *Elektra* gleich zweimal vor. Rache führt wie bei der Blutrache konsequent zum Mord. Es geht um Leben oder Tod. *Elektra* ist ein echter Opern-Krimi, in dem Freuds Todestrieb und Lebenstrieb elementar miteinander ringen. Wir müssen uns also auch mit dem abschreckenden oder »*elektr*isierenden« Thema Mord befassen. Viele Zuschauer der Oper erschaudern bei Mord, sind aber gleichzeitig fasziniert, mit anderen Worten: Sie sind bewusst schockiert, sympathisieren aber unbewusst mit dem Mörder. Zwei Morde sind erklärtes Ziel der Handlung: der an Klytaimnestra und der an Aigistos.

In der kriminalistischen Literatur finden sich Tötungsdelikte meist in Intimpartnerschaften (Duncker 1999). Psychoanalytisch gibt es zwar viel Literatur zu Mord*wünschen* wie im Ödipus-Komplex, aber wenig über *vollzogene* Morde: Bei Mördern findet man häufig massive Traumatisierungen in früher Kindheit, gefolgt von einem ebenso defizitären wie sadistischen Über-Ich, dessen Sadismus nach außen gewendet wird (Glover 1960, S. 86). Diese Traumatisierungen führen in der Psychogenese des Muttermords – wie bei Elektra oder im »Orest-Komplex« – zu extremen Mutterfixierungen. Über die Identifizierung mit dem Aggressor sucht das Subjekt dann im Mord dasjenige Objekt zu treffen, von dem es sich einst existenziell bedroht fühlte (Bromberg 1951).

Triebpsychologisch sind bei dem Mord an Klytaimnestra durch Orest auch unterdrückte *sexuelle* Motive am Werk, und zwar insofern als der Mord den

Inzest abwehrt (Bunker 1944). Mit anderen Worten: im Akt des Mordens werden in dem Dilemma zwischen Mord und Inzest tiefer liegende aufgestaute sexuelle Wünsche gegenüber der Mutter befriedigt (Wertham 1943), eine für unseren Zusammenhang interessante Hypothese, die in ihrer sexuellen Konnotation an Lustmord denken lässt.

2.2 Ödipale Konflikte

In *Elektra* begegnen uns ödipale Konflikte in der Oper gleich zweifach: zum einen bei Orest als klassischer positiver Ödipus-Komplex, wenn er den Stiefvater tötet, zum anderen in negativer Konstellation, wenn er die Mutter tötet. Aber selbst hier verliert der klassische Ödipus nicht seine Macht, wenn wir Werthams (1943) These folgen: Orest wurde zum Mörder, weil das Inzesttabu zu stark war. Im Morden erfüllten sich – hinter der aggressiven Handlung verborgen – gleichzeitig angestaute inzestuöse Wünsche.

Bei Elektra geht es um den weiblichen Ödipus. C. G. Jung (1913, 1969, S. 180) nannte den weiblichen Ödipus-Komplex ja bekanntlich in betonter Abgrenzung zu Freud »Elektra-Komplex«, ein Begriff, der in der Psychoanalyse wegen der geschlechtsspezifischen Besonderheiten des triangulären Konflikts in der weiblichen Entwicklung schon damals von Freud abgelehnt wurde und heute von den meisten Analytikern nicht verwendet wird. Frühere männlich-zentrierte Konzepte wie Penisneid, Kastration, Inferiorität und Opferhaltung sind längst durch moderne, feministisch orientierte Analytikerinnen wie Margarete Mitscherlich-Nielsen und Christa Rohde-Dachser überwunden und durch positive Weiblichkeitskonzepte ersetzt worden. Halberstadt-Freud (1998) dagegen verteidigt den »Elektra-Komplex« als Paradigma für die spezielle weibliche Entwicklung, gekennzeichnet dadurch, dass neben dem Objektwechsel zum Vater immer noch eine tief unbewusste Bindung an eine mächtige Mutter bestehen bleibt.

2.3 Die Affekte

Den ödipalen Konfliktmustern sind jeweils ebenso zentrale Affektmuster zugeordnet, von denen ich kurz die bekannten kategorialen Affekte: Freude,

Trauer, Wut, Schreck und Angst neben Scham- und Schuldgefühlen erwähne (Izard 1981). In *Elektra* sind noch folgende Affekte und Gefühle wichtig:

Trauer und Schmerz um den verlorenen Vater bei Elektra (Monolog), aber auch um den tot geglaubten Orest oder gegen Schluss im Duett der beiden Schwestern (»Wer hat uns je geliebt?«).

Hass bei Elektra: »O Tag, du bist mir so verhasst« ... »der Mutter verhasst sein«.

Neid: Elektra neidet ihrer Schwester ihre Weiblichkeit, Klytaimnestra deren Macht, während diese der Tochter die Jugend neidet.

Blankes Entsetzen bei den beiden Geschwistern, als die vermeintliche Nachricht vom Tode des Bruders eintrifft.

Scham: Elektras Beschämung gegenüber Orest, als ihr klar wird, wie sehr sie in ihrer sie erniedrigenden Gefangenschaft von Mutter und Stiefvater gedemütigt ist.

Schuldgefühle spielen übrigens bei von Hofmannsthal und Strauss keine zentrale Rolle, ganz im Gegensatz z. B. zu Sartres Drama *Die Fliegen*, in dem Elektra und Orest aus Schuldgefühl von den Erinnyen verfolgt werden. Elektras Unfähigkeit, sich nach dem Sieg der Rache nicht erheben zu können und am Schluss tot umzufallen, lassen sich aber sehr wohl als unbewusste Selbstbestrafung aus Schuldgefühl deuten.

Freude findet sich bei Chrysóthemis als freudige Sehnsucht nach Normalität, später auch bei Elektra, nach vollbrachter Tat, ausgedrückt in strahlend lautem C-Dur.

2.4 Das Unheimliche

Bei Freud (1919) bezieht sich das »Unheimliche« auf die Kastration, bei der die Geschädigten aber immerhin am Leben bleiben. In der *Elektra* des Sophokles geht es dagegen um Leben oder Tod. Es dominiert eine unheimliche Kette von Zerstörung und Wiederzerstörung, ausgelöst durch Orakel der Götter. Alle vorkommenden Personen des Dramas entstammen Familien, in denen Morde an der Tagesordnung sind. Das Geschehen bewegt sich auf extrem archaischer Ebene: Zwei Personen können nicht gleichzeitig nebeneinander bestehen. Es gilt: Du oder ich!

Schon Tantalos (Sohn des Zeus) tötete seinen Sohn Pelops und setzt ihn den Göttern als Speise vor (dafür leidet er dann in der Unterwelt die bekannten Tantalusqualen). In den folgenden Generationen sind für uns Atreus und Thyestes wichtig, nämlich Atreus als Vater von Agamemnon und Thyestes als Vater von Aigisthos. Atreus tötet die Söhne seines Bruders Thyestes und setzt sie dem Vater zum Essen vor. Thyestes seinerseits heiratet seine eigene Tochter Pelopeia und zeugt mit ihr das Inzestkind Aigisthos. Dieser rächt die Schmach seines Vaters, indem er Atreus erschlägt. Unter den drei Kindern, die Atreus mit Aerope zeugt, begegnet uns Agamemnon in der Oper nur indirekt. Dass zwischen Agamamnon und Aigisthos bittere Feindschaft herrscht, wundert uns nach den vielen Morden in der Aszendenz beider Protagonisten nicht mehr; noch weniger, dass sie sich in unbewusstem Wiederholungszwang transgenerativ auf die Kinder Agamemnons mit Klytaimnestra fortsetzen, nämlich Orest, Elektra, Iphigenie und Chrysóthemis.

Sophokles zeigt uns, wie sich die Orakel der Götter destruktiv auf die Kinder auswirken. Hugo von Hofmannsthal und Richard Strauss machen daraus ein psychologisches Kabinettstück mit einer Fülle von Motiven, Ambivalenzen und Konflikten.

Um das Extreme des Geschehens der Oper noch besser verstehen zu können, als es uns das übliche psychoanalytische Instrumentarium erlaubt, müssen wir unsere an den normalen psychischen Prozessen orientierte Perspektive noch auf die psychoanalytische Krankheitslehre ausdehnen, geht es doch in der Tragödie um handfeste Pathografien, also um Neurosenlehre, Persönlichkeitsstörungen und Traumafolgen in den psychischen Strukturen.

2.5 Menschen und Szenen in der Analyse des Textes

Die Methode entspricht dabei genau dem Bewusstmachen unbewusster Konflikte und Affekte, wie wir sie in der täglichen psychoanalytischen Praxis anwenden, nur hier nicht bezogen auf die Rede des Patienten, sondern auf den *Text* des Dichters, vergleichbar der psychoanalytischen Literaturinterpretation (Kutter 1997); die Deutung der *Musik* folgt später.

Ausgangspunkt ist der Hof von Mykene: Aigisthos und Klytaimnestra herrschen, die Stieftöchter sind gefangen, während Orest von Mutter und Stiefvater nach Phokis verbannt wurde.

Die düstere Elektra ist in ihrer Hassliebe zum Vater unbewusst durch eine geradezu symbiotische Bindung und Idealisierung charakterisiert. Sie ist mit dem verlorenen Objekt auf Kosten des Ichs identifiziert. »Der Schatten des

Objekts ist auf das Ich gefallen« (Freud 1916, S. 435): ein Mechanismus, der die Depression charakterisiert. Vom Selbst bleibt nur wenig übrig. Die beiden Mordszenen entbehren nicht des ausgesprochenen Sadismus im faktischen Handeln und weisen gleichzeitig in ihrer hohen Ambivalenz auch auf dessen Abwehr hin: einerseits »Triff noch einmal!« und andererseits das Vergessen des Beils als typische Fehlleistung. Aber es wird noch viel mehr abgewehrt: Was geschieht z. B. mit den abgewehrten Gefühlen des im negativen Ödipuskomplex verdrängten Hasses auf den Vater, der Mutter und Kinder aus Machtstreben verlässt, der bereit war, die Tochter Iphigenie aus politischem Kalkül zu opfern. Man könnte von einem Verbrecher-Vater sprechen, wie bei einem Nazi-Vater der jüngsten Vergangenheit. Diese Seite des Konflikts bleibt durchweg ausgeblendet.

Die gesunde Weiblichkeit ist abgewehrt. Wie Elektra später sagt, der Rache »geopfert«, mit der sie nahezu voll identifiziert ist. Die Einsicht in ihre Weiblichkeitsthematik kommt ihr übrigens selbst im Laufe des Dialogs mit Orest.

Die helle Chrysóthemis wird in den meisten Inszenierungen strahlend weiß oder – bei Götz Friedrich – hellgelb dargestellt. Sie ist die absolute Gegenfigur der Elektra. Sie will eine weibliche Geschlechtsidentität entwickeln, Frau sein und sehnt sich nach Mann und Familie. In einem zweifellos untauglichen Therapieversuch will sie ihre düster brütende Schwester von ihrer Rachefixierung auf den getöteten Vater abbringen und zu gesunder Weiblichkeit hinführen. Elektra und Chrysóthemis kann man übrigens leicht auch als die zwei Seiten einer Person sehen; so wie Faust und Mephisto die zwei Seiten einer Person repräsentieren.

Die Grauen erregende Klytaimnestra ist die mächtige Mutterfigur. Sie hat eine besondere Geschichte, die im Drama nicht erwähnt wird, die aber in der Tragödie nachwirkt: Ihren ersten Mann und ihr Kind hatte nämlich Agamemnon ermordet, und nur gegen ihren Willen ließ sie sich auf Agamemnon ein. Die Liebe zu ihm war sicher mit Angst, Hass und Verachtung vermischt. Nicht von ungefähr machte sie daher mit Aigisthos gemeinsame Sache bei der heimtückischen Ermordung Agamemnons. Sie wird aus Schuldgefühlen von quälenden Träumen verfolgt, von denen sie in einem intensiven Dialog – eine Art Therapieversuch – Elektra erzählt. Dabei kommt es vorübergehend zu einer Annäherung der beiden polarisierenden Figuren, musikalisch in sich wechselseitig ergänzende Figuren werden erkennbar.

Der jugendliche Held Orest ist der ersehnte Hoffnungsträger und siegreiche Rächer, der im Zwischenergebnis der Oper die durch Aigisthos und Klytaimnestra gestörte Ordnung wiederherstellt. Im Prolog des griechischen Dramas wird ihm vom Orakel die Rache ausdrücklich auferlegt, was dem Publikum der Elektra vorenthalten wird. Hier werden die Zuschauer, ebenso wie die beiden Schwestern, in einem mehrfach dramatischen Kunstgriff zwischen Todesnachricht und Hoffnung auf Rückkehr hin- und hergerissen.

Der widerwärtig wirkende *Aigisthos* taucht gegen Ende der Oper in einer dramatischen Szene auf: Überzeugt von Orests Tod kehrt er zurück und wundert sich, dass ihm niemand leuchtet. Raumgreifend schreit er: »He, Lichter, Lichter!« Das lässt seinen Machtanspruch deutlich erkennen, die Szene darauf seine Angst: »Helft, Mörder!«

Jetzt möchte ich noch auf drei Szenen hinweisen, weil sie für unser Verständnis des Gesamtgeschehens wichtig sind:

Die *erste* Szene ist nirgends eigens dargestellt – der Psychoanalytiker ergänzt sie: nämlich die vom Vater verlassenen Kinder; es sind typische Kriegskinder, so würde man heute sagen, mit typischen strukturellen Defiziten und charakteristischer Vatersehnsucht.

Die *zweite* Szene ist in der Inszenierung von Konwitschny in Stuttgart 2007 der Oper vorangestellt: Die drei Kinder werden Zeugen des Mordes an ihrem Vater. Sie sind demnach massiv traumatisiert. Sie leiden folglich an typischen posttraumatischen Belastungsstörungen.

Die *dritte* Szene betrifft die verzweifelte Situation der beiden am Hof gefangenen Stieftöchter: gedemütigt, verhöhnt, verspottet. Das muss reaktiv ohnmächtige Wut auslösen, die aber unterdrückt bleibt. Dabei gehe ich davon aus, dass sich diese Wut mehrfach in der Musik ausdrückt, ohne in der Lage zu sein, diese Stellen genau zu lokalisieren. Ich möchte stattdessen die Frage aufwerfen, was Geschwister in einer ähnlichen Situation heute machen könnten: Sie würden sich höchstwahrscheinlich in gesunder Geschwistersolidarität gegen Mutter und Stiefvater auflehnen. Die Familientherapie würde dies auf jeden Fall versuchen.

3. Auf dem Weg zu einer Psychoanalyse der Musik

3.1 Vorsichtige Annäherung

Wenn Musik vor allem eine früh in der Kindheit erworbene emotionale Erfahrung ist, wie z. B. Bolterauer (2006) wieder in Erinnerung rief – präverbal, präsymbolisch, nahe am Körpererleben –, oder wie Leikert (2007), die Bedeutung der Stimme akzentuierend, in der Musik eine verborgene »kinetischen Semantik« entdeckt, dann übt sie auf den Hörer tiefgreifende Wirkungen aus. Dies äußert sich hirnphysiologisch in Aktivierungen des limbischen Systems unter maßgeblicher Beteiligung der rechten Hemisphäre. Musik erregt in ihrem Wechsel von Spannung und Entspannung unweigerlich bereitliegende Affekte, befriedigt sie aber nicht in Handlungen. Die aufgerührten Affekte bleiben vielmehr »in Form bewusster oder unbewusster Fantasien an ein inneres Objekt gebunden« (ebd., S. 1180), das, wie uns Oberhoff (2003) zeigte, ein Übergangsobjekt im Sinne Winnicotts oder ein Selbstobjekt im Sinne der Selbstpsychologie sein kann. Musik setzt da ein, wo Sprache aufhört. Sie ersetzt wie das Kino die reale Welt, ist eine virtuelle Welt, wie der Traum.

Die Oper vereinigt in typischer Weise Wort und Ton, wobei ich die spannende Frage »Prima la musica, piú le parole?« oder umgekehrt hier ebenso wie Richard Strauss in *Capriccio* offen lasse. Klaus Hoesch (1979) liefert folgende Charakterisierung der Oper: »Während das gesprochene Wort im Drama den bewussten Intellekt zur Erfassung eines Tatbestandes erreicht, dringt die Musik tiefer in die Sphären des Unbewussten ein und rührt dort Saiten an, die dem verstandesmäßigen Begreifen entzogen und dem seelischen Bereich zugehörig sind. Sie berührt »Empfindungen, die den eigenen, von der Handlung unabhängigen Erfahrungsbereich betreffen. Freude, Liebe, Sehnsucht, Hass, Furcht, Angst und leidvolle Erfahrungen können durch die Musik eine Art Parallelhandlung auslösen« bzw. den Hörer »mit Wünschen, Träumen [auch Traumen, P. K.] und Abscheu aus dem eigenen Unbewussten konfrontieren« (aber natürlich auch entsprechende Abwehr auslösen, P. K.), bis hin zu einer »Gleichschwingung von Interpreten und Hörer« (S. 1080). Zu Wort und Ton kommt bei der Oper natürlich noch das gesamte szenische Geschehen auf der Bühne; sie bildet das »Gesamtkunstwerk« im Sinne von Richard Wagner.

3.2 Die verwendete Methode

Die verwendete Methode besteht – wie schon eingangs angedeutet – aus zwei Zugängen: 1. der Übertragungsanalyse und 2. der Widerstandsanalyse. Zunächst zur Übertragungsanalyse, genauer: *Gegenübertragungsanalyse*.

Wenn wir in der psychoanalytischen Praxis auf unsere Patienten in der Gegenübertragung eingestellt sind, dann kommen dabei ebenso Fantasien und Affekte ins Spiel, die uns helfen, zu verstehen, was unbewusst inszeniert wird. Dieses Instrument der Gegenübertragung wende ich nun, genauso wie in der Beziehung zum Patienten, auf die Beziehung zu den Szenen bzw. Personen der Oper an. Dabei fragen wir immer, wie wir es von Michael Balint (1997) gelernt haben: Was macht wer mit wem? Was lässt wer durch wen mit sich machen? D. h. in unserem Zusammenhang: Wie reagieren wir auf die in der Oper agierenden Personen, auf deren Handeln, wie auf die Musik, wie auf die jeweilige Inszenierung? Mit welchen Gefühlen? Mit Abscheu und Abwendung, Hinwendung bis hin zur Sogwirkung oder mit Erschrecken, Abscheu, Fluchttendenzen?

Dass mein Begriff von Gegenübertragung in der Anwendung auf Musik die vorsymbolische oder nonverbale Dimension einschließt, ist für mich vor dem Hintergrund der Selbstpsychologie (welche die Ergebnisse der empirischen Säuglingsforschung immer beachtete) selbstverständlich. Ich erinnere nur an Daniel Sterns (2005) »Now-Moments« und »Gegenwartsmomente« sowie an Joe Lichtenbergs (1989) »Modellszenen«. Hirnphysiologisch sind die sich in der Gegenübertragung äußernden »gelebten Erfahrungen« bekanntlich im prozeduralen bzw. impliziten Gedächtnis gespeichert, nicht im episodischen bzw. expliziten. Sie schließen »transmodal« alle Sinnesmodalitäten ein, wobei sich vokale Signale beim anderen in Form einer körperlichen Bewegung ebenso auswirken können, wenn z. B. zärtliches Streicheln durch ein Juchzen beantwortet werden kann. Dabei sind die oben genannten Vitalitätsaffekte berücksichtigt. Das jeweilige vielschichtige wechselseitige Beziehungsgeschehen wird in der Psychoanalyse je nach Schule unterschiedlich bezeichnet: Im Sigmund-Freud-Institut in Frankfurt z. B. spricht man vom »szenischen Verstehen« oder vom »Handlungsdialog«, in England und den USA von »Rollenübernahme«, »Enactment« oder »Modellszenen«, bei Melanie Kleins Nachfolgern von »projektiver Identifizierung«, in Stuttgart und Tübingen von »Performance«. Einige Autoren beachten dabei besonders die körperliche Dimension, wie z. B. Leikert (2007) in der schon genannten »kinetischen Semantik«, während andere z. B. vom »rhythmisch-dynamischen Handlungsdialog«, von »rhythmischen Passungsprozessen und Synchronisierungen« sprechen (Trautmann-Voigt/Voigt 2007, S. 97 und 105). Das heißt: Wir *hören* nicht nur die Musik und *sehen* die Personen, wie sie sich bewegen, sondern wir *fühlen* auch wie sie, bis hin zu körperlichen Reaktionen: Die berühmte Gänsehaut oder der Schauer über den Rücken.

Unser zweiter Zugang ist – wie könnte es anders sein? – *die Widerstandsanalyse*; d.h., wir versuchen, wo auch immer, neben dem Ausgedrückten auch Abgewehrtes zu entdecken. Besonders interessant ist dabei die Frage, ob das im Text Abgewehrte vielleicht unbewusst in der Musik ausgedrückt wird. Dabei gehe ich, im Gegensatz zu Haesler (1997, S. 235), davon aus, dass es beim Hören von Musik – je nach deren Art und je nach momentaner Verfassung des Hörers – zu mehr oder weniger weitgehenden Regressionen kommt, sowohl zeitlich als auch strukturell, im Wahrnehmen, Erleben, Fühlen, Denken.

3.3 Psychoanalyse der Musik – zunächst bei den einzelnen Personen

Die Musik zu *Elektra* reaktiviert Mitleid und Bedauern. Eine Rezensentin schreibt zur aktuellen Freiburger Inszenierung: »Das große Mitleiden packt den Hörer« (Büning 2007, S. 33). Das Verspotten, Verhöhnen und Auslachen der Mägde tut geradezu weh. Das unterschiedliche Verhalten der Mägde in der Initialszene erleichtert indessen die eigene Reaktion auf Elektra. Durch deren Gefühle wie im griechischen Chor gebrochen, können wir uns leichter mit den verschiedenen Anteilen Elektras probeweise identifizieren: Verlassenheit, Vaterliebe, Mutterhass, Selbsthass, Selbstliebe. Die Vateridentifizierung wird insofern deutlich, als hinter dem Gesang der Elektra im Orchester ständig das Agamemnon-Motiv wiederkehrt, im Stakkato geradezu pochend und aufregend in aufsteigenden Oktaven. Ebenso häufig zeigt sich ein d-Moll-Dreiklang, der Tonart des *Dies irae* in Mozarts Requiem.

»Unheimlich« (Freud 1919) wirkt der Beginn der Mordszene: Nur in den Bässen, die hier nicht wie sonst die ruhige Basis bilden, sondern unruhig rumoren, während Elektra in der Erde gräbt und das Beil sucht: Das, was in der Musik Sicherheit verleiht, fehlt, ist in Bewegung geraten. Das Fundament wankt; Unsicherheit breitet sich aus.[2]

---

[2] Peter A. Stadtmüller machte mich darauf aufmerksam, dass das Phänomen der fehlenden Sicherheit im Bass keinesfalls von Richard Strauss erfunden wurde. Schon im Barock konnte der Bass sehr in Aufruhr geraten, z.B. in der Matthäus-Passion von Bach: »Und siehe da. Der Vorhang im Tempel zerriss in zwei Stück von oben an bis unten aus. Und die Erde erbebete …«

Abb. 4 zeigt die erste Mordszene: Elektra gräbt nach dem Beil und verharrt »in entsetzlicher Spannung« (Regieanweisung von Hofmannsthal), während Orest hinter der Bühne den Muttermord vollzieht: Unheimlich wirkender Beginn, nur in den Bässen, die nicht wie im Basso continuo die ruhige Basis bilden, sondern gleichsam den wankenden Boden anzeigen (hier Wiedergegeben im Klavierauszug von Singer, Otto [1943]. London [Boosey & Hawkes Ltd.], S. 205, ab 187a).

Elektra ist in ihrem Denken partiell gelähmt: Bewusst will sie den Mord an der Mutter, unbewusst muss sie Angst davor haben; nicht von ungefähr vergisst sie das Beil; eine klassische Fehlleistung. Gegen Schluss, zeitlich vor ihrem – im doppelten Sinne des Wortes – finalen Tanz entwickelt sie aus diesem Konflikt heraus sogar eine klassische hysterische Lähmung: »Ich kann mich nicht heben!«

Geht man von der Musik aus, dann würde der Psychoanalytiker, trotz ausgeprägter Trauer und Verzweiflung in der Oper, nicht die Diagnose »Depression« stellen, sondern – eine für unseren Zusammenhang und besonders im Hinblick auf das Verständnis der Musik wichtige Wendung – »klassische Hysterie«. Diese Deutung ist nicht verwunderlich, wenn man bedenkt, dass schon Hofmansthal die Elektra des Sophokles »im Sinne Freuds umgedeutet hat, nachdem er kurz zuvor dessen zusammen mit Josef Breuer verfasste Studien zur Hysterie gelesen hatte (Evidon 1988). Auch Marcel Reich-Ranicki (2003) hält *Elektra* für eine »monumentale dramatische Studie der Hysterie«.

Elektra ist auch der klassische »Rachetyp« der Hysterie, wie ihn Abraham (1921) beschrieb. Sie fühlt sich kastriert, ihre Rache ist aber nicht verschoben auf die Männer, sondern konzentriert sich unmittelbar auf die Mutter. Sie

Abb. 5 betrifft den zweiten Mord: Wieder ist Orest der Mörder, während Elektra das Handeln des Bruders in der Fantasie begleitet. Aigisthos wird weggezerrt und schreit »Hört mich niemand?« Das ist Elektras Rache. Sie reckt sich auf und ruft aus: »Agamemnon hört dich!« Beim letzten verzweifelten Schrei des Aegisthos hören wir wieder die aus Motiv b bekannten zwei Akkorde, hier e-Moll und F-Dur, deren Basstöne h und f im Tritonusabstand stehen: 215a–216a; hier wieder im Klavierauszug von Otto Singer, S. 225.

dramatisiert permanent, expressiv theatralisch, fordert heraus. Sie verführt die Schwester, treibt den Bruder zum Mord an, verführt ihn, wie sie wahrscheinlich auch den Vater verführt hat oder womöglich von diesem verführt wurde. Sie verführt auch den Komponisten, die Interpreten und das Publikum; in nochmaliger Übertragung und Gegenübertragung vielleicht auch Leserin und Leser. Sie leidet an unbewältigten Erinnerungen, nicht nur auf ödipaler Ebene, sondern auch prä-ödipal in Form ausgesprochener Traumatisierungsfolgen, entwickelt sie doch eine typische Bewegungsstörung und endet nach ekstatischem Tanz in Selbstzerstörung. Damit handelt es sich bei Elektra um eine *maligne Form der Hysterie*, ganz im ursprünglichen freudschen Sinne; nicht durch Verdrängung, sondern durch Dissoziation gekennzeichnet, bei der nicht die innere psychische Realität dominiert wie in der klassischen Hysterie, sondern die traumatisierende äußere Realität und deren innere Folgen. Im Lichte der modernen Traumaforschung sprechen wir folgerichtig von einer »traumatischen Hysterie« (Huopainen 2002).

Die Musik zu *Chrysóthemis* löst wohl bei den meisten Zuschauern Sympathie aus, stellt sie doch im krassen Kontrast zu Elektra die Lichtgestalt der Oper dar. In Bezug auf ihre Haltung und Äußerungen als Frau wird sie indessen unterschiedliche Reaktionen hervorrufen.

Die Musik zu *Klytaimnestra* irritiert, beunruhigt, ja, erschreckt, ruft in der Gegenübertragung Abscheu und reaktiven Hass hervor. In den meisten Inszenierungen erscheint sie als das personifizierte Ekel; oft noch verstärkt durch abstoßende Hässlichkeit, z. B. im Film von Götz Friedrich, in einem verlassenen, düsteren Industriegelände in dunkler Fassbinder-Atmosphäre gedreht (Musik: Wiener Philharmoniker, Dirigent: Kurt Böhm, Klytaimnestra: Astrid Varnay). Im Gegensatz dazu wird Klytaimnestra in der Inszenierung der MET (Dirigent: James Levine, Klytaimnestra: Mignon Dunn) geradezu attraktiv und verführerisch dargestellt, sodass sie einem auch sympathisch werden kann (Deutsche Grammophon 2006). Die Mutter-Kind-Beziehung ist durch schärfste Kontraste zwischen Hass und Liebe gekennzeichnet. Dabei stehen Dissonanzen für Hass und Feindseligkeit, Konsonanz für zärtliche Elemente. Während der Traumerzählung kommt es dabei zu einem dreimaligen Wechsel von Macht und Ohnmacht zwischen den beiden Frauen: Anfangs steht Klytaimnestra oben und Elektra unten. Dann begegnen sich beide von Angesicht zu Angesicht, auf Augenhöhe. Jetzt gewinnt Elektra zunehmend Macht über die verzweifelt an ihren Träumen leidende Mutter. Während der

Traum-Erzählung erklingen mehrfach mahnend die Motive des von Klytaimnestra als Rächer gefürchteten Orest und des getöteten Agamemnon. In die unheimlich wirkenden dissonanten Akkorde mischen sich aber, wie es sich für die Ambivalenz gehört, auch wohltuend klingende, an Versöhnung gemahnende Passagen. Am Schluss der Szene triumphiert Klytaimnestra, als sie vom vermeintlichen Tod Orests erfährt, während Elektra ratlos zurückbleibt.

Die Musik zu Orest wirkt kraftvoll und klar (bei Götz Friedrich von Dietrich Fischer-Diskau gesungen). Orest ist in der Gegenübertragung der jugendliche Held und Hoffnungsträger, auch wenn zu diesen positiven Reaktionen beim Morden sehr gemischte Gefühle von Schaudern und Entsetzen hinzukommen. Die durchweg düster und finster klingende Musik erinnert wieder an Freuds (1919) kleinen Aufsatz über »Das Unheimliche«. Der Gegensatz von heimlich = vertraut ist unheimlich = schrecklich. Während Freud damit Kastrationsängste vermutet, liegen bei Orest Ängste vor unkontrollierter Destruktivität näher.

Die Musik zu Aigisthos ruft wohl – zusammen mit seinem Auftreten – bei den meisten Ablehnung hervor, tut er doch vieles von dem, was wir bewusst verdammen: dem Rivalen nicht nur die Frau wegnehmen, sondern ihn sogar ermorden, die Stieftöchter unterdrücken, den Stiefsohn von sich fernhalten. Unbewusst mögen sich manche mit ihm auch identifizieren und dadurch gegenüber ähnlichen, aber unterdrückten eigenen Regungen Entlastung erfahren. Die Musik *vor* dem Mord wird von William Mann (1981, S. 89) – nach dem Harfenglissando – als »furchterregend und aufgeregt« bezeichnet. Sie ist durchmischt mit rasch aufeinanderfolgenden, aber auch nebeneinander erklingenden Orest-, Elektra- und Agamemnon-Motiven.

Dann die Frage: »Inwieweit zeigen sich Sexualität und Erotik in der Musik?« Erregende oder gar aufregende Passagen der Musik sind auf darin enthaltene Sexualität verdächtig; streng rhythmisch gesteuert wie in Ravels Bolero, bei Strauss eher in wildem Auf und Ab der Akkorde. Schon in *Salome* komponierte Strauss zu dem schrecklichen destruktiven Geschehen auf der Bühne wunderschöne, typisch schwelgende, sich steigernde Musik, die ausgesprochen erotisch wirkt. Bei *Elektra* enthält die Liebeserklärung der Tochter an den Vater im berühmten Monolog streckenweise sehr erregte Musik, welche an latente inzestuöse Sexualität gemahnt. Elektras Beziehung zur Mutter ist einerseits typisch ödipal von Hass und Eifersucht geprägt, enthält aber auch libidinöse Anteile im Sinne des negativen Ödipuskomplexes. In der filmischen

Abb. 6 zeigt den besagten Wiedererkennungsakkord bei Elektras Aufschrei, »Orest«, mit den sieben Tönen und deren weitere musikalische Veränderungen über schwelgende Passagen bis hin zu zärtlichen, an ein Wiegenlied erinnernde, Weisen (hier wieder im Klavierauszug, S. 182, von 144a bis 148a).

Fassung von Götz Friedrich wird die Sexualität mehrfach offen ausgedrückt, z. B. bei Elektras Monolog, wenn Elektra über dem Kopf des Agamemnon mit hochgehobenen Röcken tanzt, beim Einzug der Klytaimnestra, wenn durchsichtig gekleidete Dienerinnen mit freien Brüsten wie in einem wilden Bachanal tanzen.

Der homosexuelle Geschwisterinzest zwischen den beiden Schwestern zeigt sowohl im Text als auch in der Musik stark sexuell aufgeladene musikalische Muster, eine geradezu aufregend lesbische Szene, in der sich Elektra in Liebesschwüre hineinsteigert, auch wenn diese im Wesentlichen Mittel zum Zweck sind, nämlich die Schwester für die Mordtat zu gewinnen.

Nicht weniger aufregend ist die heterosexuelle Beziehung von Bruder und Schwester, ebenfalls in Text, Musik und Handlung: Anfangs durch wechselseitiges Misstrauen geprägt, entwickelt sich eine zunehmend dichte Interaktion mit einem Höhepunkt – durchaus im doppelten Sinne des Wortes – in Form des berühmten Wiedererkennungsakkords. Er enthält ganze sieben verschiedene Töne: im unteren System des Klavierauszugs c und e, im oberen das zweigestrichene g und a, sowie das dreigestrichene des, es und a. Sie drücken die vielfältigen sich widersprechenden angestauten Gefühle der Protagonistin aus: Schmerz, Verzweiflung, Hoffnung, Sehnsucht, Erfüllung. Dann geht der Akkord langsam in strahlende Dur-Passagen über, die an befreiende adoleszente Potenz erinnern. Darauf folgen in einer Art weiterer Regression im Laufe des Diminuendo zärtlich schwingende, wie ein Wiegenlied klingende, zarte Weisen, um schließlich in sehr erotisch klingendes, für Richard Strauss typisches Schwelgen überzugehen.

4. Und Aggressivität?

Die Musik während der Szene mit den Mägden klingt vielfach unmittelbar aufreizend aggressiv, vor allem in den Passagen, bei denen die eine Elektra verteidigende Magd auf der Bühne geschlagen wird: In den Violinen glissando und pizzicato, Hörner sforzando, Pauken marcato. Während Elektra ihre Schwester zum Mitmorden verführen will, wird Chrysóthemis – vor allem in der Inszenierung durch Götz Friedrich – nahezu vergewaltigt. Die das Geschehen begleitende Musik klingt dabei ausgesprochen aggressiv.

Die Aggression der zwei Morde kommt im Axtmotiv mit den zwei Dreiklängen im Tritonusabstand (vgl. Abb. 3) unmittelbar zum Ausdruck. Das abgewehrte, verpönte Lustvolle an den zwei Morden (Lustmord) mit der dazugehörenden erotischen Komponente zeigt sich dagegen eher mittelbar in sehr weich klingenden Tonfolgen. Elektras frenetischer Tanz endet in einem harten Sturz, begleitet von einem ff-Akkord in es-Moll, der sich über fünf

Takte erstreckt. Darauf folgt fortissimo das aus dem Beginn der Oper bekannte Agamemnon-Motiv in c-Moll, wiederholt unterbrochen von einem unheimlich klingenden pp-es-Moll-Akkord in Holz und Wagnertuben. Erst die vorletzten drei Takte der Oper strahlen in leuchtendem C-Dur. Die Destruktion ist auf der bewussten Handlungsebene in den zwei Morden total; bei Elektra gegen sich selbst gerichtet.

5. Oder Zärtlichkeit?

Im Dialog zwischen Elektra und Chrysóthemis, gegen Ende der Oper, klingen neben erregenden sexuellen Episoden, neben den harten Ausbrüchen triumphierender Rache auffallend zärtliche Töne an, die schon das Schlussterzett des Rosenkavaliers ahnen lassen: Die beiden Protagonisten ergänzen sich unbewusst: Chrysóthemis ist ebenso wie der Chor durch Orests Tat befreit.

Elektra dagegen ist nach wie vor fixiert auf Rache, Lust und Tod: »Ich habe Finsternis gesät und ernte Lust über Lust ... Ich war ein schwarzer Leichnam unter Lebenden. Wenn einer auf mich sieht, muss er den Tod empfangen oder muss vergehen vor Lust.«

Chrysóthemis fragt zweimal: »Wer hat uns je geliebt?« Elektra antwortet vielsagend: »Alle Liebe tötet, aber keiner fährt dahin und hat die Liebe nicht gekannt!« Im Text sind beide getrennt, in der Musik harmonisch vereint, wobei zärtliche Motive dominieren.

6. Die Psychoanalyse der Musik als Ganzes

Wenn der Schlüssel zum Verständnis der Oper *Elektra* die Hysterie ist, so wie sie leibt und lebt, mit der ihr eigenen typischen Dramatik, dann können wir mit dieser These nicht nur die Hauptperson Elektra besser verstehen, sondern auch die gesamte Musik:

Sie dramatisiert, verführt, erschreckt, überrascht, erregt, lässt einen aber auch auflaufen; wie eine klassische Hysterika. Im Vergleich mit der Malerei des Expressionismus trägt sie dick auf, verwendet viel Farbe, sogar übereinander. Die Musik gibt krasse Stimmungsschwankungen wieder, zwischen bizarrer Expressivität und außergewöhnlichen Bewusstseinszuständen. Wie

Abb. 7 präsentiert den Schluss der Oper (wiederum im Klavierauszug): Die Takte in der oberen Zeile gehören noch zum finalen Tanz. Bei 261a bricht Elektra, begleitet von unheimlich klingenden es-Moll, tödlich zusammen, gefolgt von einem über zwei Takte anhaltenden ff-c-Moll-Akkord, mehrfach unterbrochen durch drohendes pp-es-Moll im Bassschlüssel (in der Partitur Holzbläser und Wagnertuben). Erst in den letzten Takten wechselt es-Moll in einem überwältigenden diminuendo-p-Übergang in molto crescendo C-Dur, gefolgt von dem abrupten Schlusstakt mit den beiden Fortissimo-Schlägen der von es-Moll zu C-Dur wechselnden zwei Sechzehntel.

ein hysterischer Charakter zeigt sie auch die von Adorno (1964) kritisierten oberflächlichen oder unechten Elemente. Aber gerade das gehört ja zur Pathografie einer Hysterie! Emotion dominiert die Ratio, für den negativen Dialektiker Adorno unerträglich, daher sein vernichtendes Urteil. Aber gerade das, was Adorno abwertet, sind klassische Merkmale der Hysterie: das Unschuldig-Naive, Suggestible und Kindliche ebenso wie das Impulsive, Raffinierte, Unechte, Falsche und Auftrumpfende in der Musik.

7. Abschließend zur Musik des Finales

Adorno (1927) kritisiert, dass es Strauss »mit der schwungvollen Beschwichtigung des beinahe ernsthaft entfesselten Aufruhrs so eilig hat, dass er über den immerhin dämonisch geplanten Grund des Triumphes blank hinweg musiziert und fast des letalen Endes vergisst«. Das ist insofern richtig, als die Trauer tatsächlich weitgehend abgewehrt ist. Strauss schrieb keinen Trauermarsch so wie Richard Wagner in der *Götterdämmerung*, sondern eher einen Triumphmarsch. Auch wenn die Musik gegen Schluss in den zwei vorletzten Takten strahlendes C-Dur erreicht, überwiegt der Schrecken in drohend klingenden es-Moll-Akkorden den Triumph der Rache. Schließlich bricht Elektra in ihrem ekstatischen Tanz – die Musik wieder in äußerster Steigerung – tot zusammen. Bei Götz Friedrich zeigt sich das Selbstdestruktive ihres Tuns darin, dass sie sich beim Tanzen in auf dem Boden liegenden Scherben selbst verletzt und dass sich das Wasser unter Elektras Füßen blutig rot verfärbt. Beim ersten düsteren es-Moll-Akkord stürzt sie, beim zweiten liegt sie starr am Boden, beim dritten stirbt sie.

In psychoanalytischem Verständnis ist die Geschichte keineswegs aufgelöst; sie geht weiter. In den wiederholt erklingenden es-Moll-Akkorden ahnen wir den unerbittlich von den Erinnyen verfolgten Orest, was Sartre in seinem Stück *Die Fliegen* zum Thema macht oder was O'Neil zu seinem modernen Drama *Trauer muss Elektra tragen* verarbeitet. Jean Giraudoux macht in seiner *Electre* auf die tragischen politischen Folgen des Mordes an Aigisthos aufmerksam, denn dessen Tod ist gleichbedeutend mit dem politischen Untergang des Reichs. Andere denken bei dem befreienden C-Dur womöglich an den Freispruch Orests durch keine geringere als Athene. Die in der Legende oben genannten, zwei nach dem strahlenden C-Dur abrupt einschlagenden fff-Sechzehntel versetzen dem Publikum den letzten Schreck der Oper, von dem man sich, vorausgesetzt man hat sich dem intensiven musikalischen Geschehen kognitiv wie emotional ausgesetzt, nur langsam erholt.

8. Rückblick

Bernd Oberhoff schrieb in der ersten Ausschreibung zur Weiterbildung »Musik und Psyche« 2007 u. a.: »Das Bewegende der Musik ist weniger durch eine musikwissenschaftliche Analyse zu entschlüsseln, vielmehr durch eine Psychoanalyse der Musik«, d. h. durch eine »Methode, die über eine besondere Form subjektiven ästhetischen Erlebens die unbewusste seelische Thematik einer musikalischen Ausdrucksgestalt zu erspüren in der Lage ist«.
Dazu beizutragen war das Ziel.

Literatur

Abraham, Karl (1921): Äußerungsformen des weiblichen Kastrationskomplexes. In: Psychoanalytische Studien, Bd. II. Frankfurt/M. (S. Fischer), S. 69–99.
Adorno, Theodor W. (1927): Frankfurter Opern- und Konzertkritiken. GW Bd. XIX (1984), S. 92–94.
Adorno, Theodor W. (1942): Neunzehn Beiträge über neue Musik. GW Bd. XVIII (1984), S. 57–87.
Adorno, Theodor W. (1964): Richard Strauss. Zum hundertsten Geburtstag. Musikalische Schriften I–III. GW Bd. XVI (1984), S. 565–606.
Balint, Michael (1997): Die Urformen der Liebe und die Techniken der Psychoanalyse. Stuttgart (Klett-Cotta).
Bolterauer, Johanna (2006): Die Macht der Musik. Psychoanalytische Überlegungen zur Wirkungsweise von Musik und ihre Wurzeln in der frühkindlichen Entwicklung. Psyche 60, 1173–1204.
Büning, Eleonore (2007): Im dritten Becken wallt das Blut. Rezension zu Elektra. FAZ, 20.02.07, S. 33.
Bunker, Henry A. (1944): Mother-Murder in Myth and Legend – a Psychoanalytic Note. Quarterly 13, 198–207.
Dervin, Daniel (1998): The Electra Complex. A History of Misinterpretations. Gender & Psychoanalysis 3(4), 451–470.
Duncker, Heinfried (1999): Gewalt zwischen Intimpartnern. Liebe, Aggression, Tötung. Lengerich (Pabst Science).
Evidon, Richard (1988/2005): Angst und Schrecken in Mykene. Begleitheft zu Richard Strauss: Elektra (Rysanek, Varnay, Fischer-Dieskau, Ligendza, Wiener Philharmoniker, Karl Böhm). DVD 2440 073 4095. Hamburg. Deutsche Grammophon Gesellschaft.

Freud, Sigmund (1916): Trauer und Melancholie. GW Bd. X, S. 428–446.
Freud, Sigmund (1919): Das Unheimliche. GW Bd. XII, S. 227–268.
Fromm, Erich (1956): Die Kunst des Liebens. Frankfurt/M. (Ullstein).
Glover, Edward (1960): The Roots of Crime. New York (Int. Univ. Press).
Haesler, Ludwig (1997): Psychoanalyse und Musik. Z. f. psychoanal. Theorie und Praxis, XII, 227–252.
Halberstadt-Freud, Hendrika C. (1998): Electra versus Oedipus: Feminity Reconsidered. I. J. Psycho-Anal. 79, 41–56.
Hoesch, Klaus (1979): Zur Psychologie der Oper. Die Psychologie des 20. Jahrhunderts. Band XV, S. 1075–1085.
Huopainen, Hilkka (2002): Freud's view of hysteria in light of modern trauma research. Scandinavian psychoanalytic review 25(2), 92–107.
Izard, Carroll E. (1981): Die Emotionen des Menschen. Weinheim (Beltz).
Jung, Carl Gustav (1913): Versuch einer Darstellung der psychoanalytischen Theorie. GW Bd. IV, S. 107–255.
Kernberg, Otto F. (1998): Liebesbeziehungen. Stuttgart (Klett-Cotta).
Kutter, Peter (1994): Liebe, Hass, Neid, Eifersucht. Eine Psychoanalyse der Leidenschaften. Göttingen (Vandenhoeck & Ruprecht).
Kutter, Peter (1997): Der Nutzen der Psychoanalyse für die Literaturinterpretation. In: Psychoanalyse interdisziplinär. Frankfurt/M. (Suhrkamp), S. 96–111.
Leikert, Sebastian (2007): Die Stimme, Transformation und Insistenz des archaischen Objekts – die kinetische Semantik. Psyche 61, 463–492.
Lichtenberg, Joseph D. (1989): Psychoanalysis and Motivation. Hillsdale, NJ (The Analytic Press).
Mann, William (1964): Richard Strauss. Das Opernwerk. Wiesbaden (Drei Lilien Verlag).
Mitscherlich, Alexander (1958): Aggressivität und Anpassung. Psyche 12, 523–531.
Oberhoff, Bernd (2003): »Diese Musik versteht mich!« Die Musik als Selbstobjekt. In: Oberhoff, Bernd (Hg.): Die Musik als Geliebte. Gießen (Psychosozial-Verlag).
Oberhoff, Bernd (2007): Einladung zu »Musik und Psyche« – 7. Coesfelder Symposium.
Pahlen, Kurt (1995): Richard Strauss – Elektra. Textbuch, Einführung und Kommentar. Mainz (Piper Schott).
Racker, Heinrich (1978): Übertragung und Gegenübertragung. Studien zur psychoanalytischen Technik. München (Reinhardt).
Reich-Ranicki, Marcel (2003): Also spielen wir Theater. FAZ, 14.06.2003, S. 41.
Schumann, Karl (1981): Das kleine Richard Strauss-Buch. Reinbek (Rowohlt).
Socarides, Charles W. (1966): On Vengeance – the Desire to ›get even‹. JAPA. 14, 356–375.
Strauss, Richard & Schuh, Willi (1949): Betrachtungen und Erinnerungen. Stolberg (Atlantis).
Stern, Daniel N. (1992): Die Lebenserfahrung des Säuglings. Stuttgart (Klett-Cotta).
Stern, Daniel N. (2005): Der Gegenwartsmoment. Frankfurt/M. (Brandes & Apsel).
Strauss, Richard (1926): Briefwechsel mit Hugo von Hofmannsthal. Berlin (Paul Zsolnay Verlag).
Trautmann-Voigt, Sabine D. & Voigt, Bernd (2007): Körper und Kunst in der Psychotraumatologie. Methodenintegrative Therapie. Stuttgart (Schattauer).
Wertham, Frederic (1943): Dark legend – a Study of Murder. Quarterly 12, 581–583.
Wittelsbach, Rudolf (1964): Betrachtungen zu SALOME und ELEKTRA. Programmheft zu SALOME und ELEKTRA. Oper Frankfurt am Main, Spielzeit 1974/75, S. 33–37.

Tod in Venedig

Benjamin Brittens Oper musikalisch und psychoanalytisch beleuchtet

Eckhart Neumann & Claudia Rapp-Neumann

In dieser Arbeit wollen wir eine musikwissenschaftliche und psychoanalytische Interpretation der Oper *Tod in Venedig* von Benjamin Britten vornehmen. Anhand einiger Aspekte der Begegnung des Schriftstellers Aschenbach mit dem Jungen Tadzio zeigen wir, wie Entwicklung und Scheitern des Schriftstellers in einer für seine Lebensphase typischen Reifungskrise verläuft. Wir stellen die Hypothese auf, dass der Komponist Britten in seiner musikalischen Ausdeutung des Mannschen Stoffes weit über den Dichter hinausgeht.

In Novelle und Oper klingt an, dass eine einseitige Lebensgestaltung, die sich in Askese und Kontrolle erschöpft, nicht gelingen kann. Nur eine Integration der gefühlshaften und sexuellen Aspekte der menschlichen Natur kann einen Ausweg aus Reifungskrisen, wie sie Gustav von Aschenbach durchmacht, bieten. Die Oper kann prototypisch für Entwicklungschancen und mögliches Scheitern von Menschen in der Konfrontation mit abgespaltenen Affekten und ungelebten Selbstanteilen verstanden werden. Sie lässt erkennen, wie eng Reifung und Scheitern zusammenliegen können. Gattig (1999) stellt grundlegende Überlegungen zum psychoanalytischen Zugang zu Werken der bildenden Kunst an. Wir wenden uns mit einem ähnlichen Ansatz einem Werk der Musikgeschichte zu.

Zunächst eine kurze Zusammenfassung der Handlung der Oper:

1. Akt

Um 1900. Der allseits gefeierte Schriftsteller Gustav Aschenbach fühlt sich künstlerisch ausgebrannt. Auf der Suche nach Inspiration reist er nach

Venedig. Dort hatte er früher schöne Zeiten erlebt, an die er anschließen will. In der Lagunenstadt fühlt er sich zunächst neu belebt von der Schönheit der Stadt. Auf der Fahrt zu seinem Hotel wird er gegen seinen Willen von einem schweigsamen und finsteren Gondoliere auf die vorgelagerten Laguneninseln gerudert. Dort trifft er eine polnische Familie mit ihrem Sohn Tadzio. Aschenbach ist so hingerissen von dem Jüngling, dass er sich sofort in ihn verliebt. Zunehmend hin und her gerissen zwischen seinen moralischen Ansprüchen und den Liebesgefühlen zu Tadzio verliert er innerlich immer mehr den Halt. In Panik versucht er abzureisen, um diesem Konflikt zu entgehen. Er kehrt aber wieder zu seinem Hotel zurück, zu groß ist die Leidenschaft für den Jüngling. Mehrfache Begegnungen zwischen ihm und dem Jungen bleiben ohne Worte. Aschenbach vermag seine Gefühle nicht auszusprechen. In einer langen Fantasie über Apoll, den Gott der Schönheit, verklärt er seine Gefühle für den Knaben. So werden sie für ihn zu einer abstrakten Suche nach Schönheit, befreit von jeder irdischer Leidenschaft.

2. Akt

In der Stadt ist die Cholera ausgebrochen. Viele Gäste fliehen. Von zunehmender Leidenschaft getrieben verfolgt Aschenbach die Familie Tadzios durch die Stadt. Er vermag es nicht, sie vor der drohenden Gefahr zu warnen, zu groß ist seine Angst, den Anblick des Jungen zu verlieren. Auch trotzt er der Gefahr der Seuche; er bleibt in Venedig und riskiert die tödliche Ansteckung. Immer tiefer wird er in moralische Konflikte wegen seiner Liebesgefühle verwickelt. Beim Hotelfrisör lässt er sich kosmetisch verjüngen, um dem Knaben zu gefallen. Scham- und Schuldgefühle zerren an ihm. Der Dichter verfällt immer mehr. In einer letzten Strandszene sieht er, wie Tadzio von einem stärkeren Jugendlichen im Kampf besiegt wird und ins Meer hinausgeht. Aschenbach sinkt in sich zusammen. Von der Cholera erfasst, stirbt er. Zwischen Tadzio und ihm ist nie ein einziges Wort gefallen. Alle Begegnung spielte sich über Blicke ab. *(Zur Psychoanalyse des Blickes vgl. Küchenhoff 2007.)*

1. Zur Thematik und zum zeitgeschichtlichen Hintergrund der Oper

Speziell in der Lebensphase von Mitte bis Ende 50, wo vieles im Beruf und Privatleben aufgebaut und gut gestaltet ist, ist die Suche nach neuer Lebensfülle für viele Menschen ein Thema. Thomas Mann zeichnet in seiner Novelle und Benjamin Britten in seiner Oper das Porträt eines Menschen, der mit einer solchen Suche beschäftigt ist. In beiden Werken kommen überindividuelle, prototypische Fragen und Konstellationen zur künstlerischen Ausgestaltung.

Der Dichter Gustav Aschenbach ist beruflich überaus erfolgreich und sehnt sich nach einer weiterhin erfüllten Lebensgestaltung. Seine bisherige Art zu leben, sich an Disziplin, Normen und Intellektualität zu orientieren, trägt nicht mehr. Gefühlsmäßiges hat dabei wenig Platz gehabt. Er fühlt sich ausgebrannt. Eine bislang zu einseitige Lebensgestaltung drängt nach Ausgleich und Vollständigkeit. Seine Suche nach einer erfüllten Lebensgestaltung bezieht sich auf eine Neuorientierung und Neubewertung seines Lebens, in der bisher Unentwickeltes oder Vernachlässigtes sich jetzt Bahn bricht. Die Handlung wird zeigen, dass es bei ihm homosexuelle Liebesgefühle sind, die ihn umtreiben. Letztlich geht es aber viel tiefer um eine Sehnsucht nach einer gefühlsmäßig getragenen Lebensgestaltung,

Die Suche nach einem sinnerfüllten und ausgewogenen Leben hat die Menschen schon immer bewegt. Die Antwort auf die Frage, wie das gelingen kann, fiel überaus unterschiedlich aus. Die seit Jahrtausenden in der Philosophie geführte Körper-Geist-Diskussion zeugt davon. Es geht um die immer wieder neu zu findende Integration zwischen zwei Polen der menschlichen Natur. Gefühl und Verstand, Geist und Körper, Kopf und Bauch, dies sind Schlagworte, in denen diese Pole uns entgegentreten.

In der deutschen Romantik des 19. Jahrhunderts spielte die Suche nach einer von Gefühlen getragenen Sinnhaftigkeit des Lebens eine herausragende Rolle (vgl. Safranski 2007). Die Pole der dionysischen und der apollinischen Lebensorientierung, die in der Novelle Thomas Manns eine wichtige Rolle spielt, beschäftigen im gleichen Jahrhundert Friedrich Nietzsche, der für den Dichter eine große Bedeutung hatte. Auch in die Psychoanalyse fanden diese Fragen Eingang: Sigmund Freud behandelte das Thema in seiner 1930 erschienenen Arbeit *Das Unbehagen an der Kultur* (vgl. hierzu auch Jehoschua 2005).

Literarisch gestaltete Thomas Mann diese Fragen in seiner 1913, im Geburtsjahr Brittens, veröffentlichten Novelle. Auf die Analyse dieses Werkes von Mahler-Bungers (2008) sei hier verwiesen.

Es lag etwas in der Luft in diesen ersten Jahrzehnten des anbrechenden 20. Jahrhunderts. Die Auflösung starrer Strukturen und die Suche nach einer neuen Einstellung zu Sexualität und zum Gefühl bewegten europaweit die Menschen.

Freud formulierte die Grundgedanken der Psychoanalyse im Wien der Nachjahrhundertwende. Zur gleichen Zeit rebellierte eine Wiener Künstlergruppe mit dem Namen »die Wiener Sezession« gegen die akademische, leibfeindliche Kunst. Maler wie Kokoschka, Schiele und Klimt schockierten die Gesellschaft mit einer bislang undenkbaren, unverblümten Darstellung von Sexualität. In Frankreich sorgten die Expressionisten für Furore. Picasso malte 1907 ein Bild mit dem Namen *Die Demoiselle de Paris*. Es sollte als das erste bahnbrechende Werk des Kubismus in die Kunstgeschichte eingehen.

Auch die Musik barg neues Leben: Komponisten wie Schönberg, Strawinski und Alban Berg revolutionierten die klassische Musik. Zu Charleston und Jazz tanzten die Menschen in den Salons zu dieser Zeit. Es sollte sich zeigen, dass dies ein Tanz auf dem Vulkan war, der 1914 mit dem Beginn des ersten Weltkrieges ausbrach.

Brittens Werk wurde 1973 uraufgeführt (vgl. auch Anonymus 1973). Er deutet künstlerisch das Spannungsverhältnis zwischen Geist und Gefühl exemplarisch an der Figur des Dichters Aschenbach aus. In der Handlung der Oper hält sich der Komponist eng an die Romanvorlage. 60 Jahre nach Thomas Mann geht Britten aber musikalisch weit über das Werk des Dichters hinaus. In der Musik lässt er die Zuhörer fühlen, dass nicht ein starres Entweder-Oder zwischen Gefühl und Verstand die Lösung sein kann. Er legt ein Transzendieren dieser Polarität nahe.

Vielleicht ist es nicht zufällig, dass Britten dies, anders als Thomas Mann zu seiner Zeit, so gestalten konnte. Der Komponist lebte in den 60er Jahren der Nachkriegszeit in politisch sichereren Verhältnissen als Thomas Mann zu Anfang des Jahrhunderts. Zudem lebte der Komponist fast 40 Jahre mit dem Tenor Peter Pears zusammen. Die Liebe zwischen den beiden Männern war eine künstlerisch sehr fruchtbare Verbindung, die den Komponisten zu vielen musikalischen Werken inspirierte. Die Oper *Tod in Venedig* war sein letztes großes Werk, das Britten für den Sänger Peter Pears in der Hauptrolle schrieb. Britten starb im Jahr 1976, einige Jahre nach Vollendung der Oper.

Nach diesen einführenden Überlegungen wollen wir uns der Analyse der Musik zuwenden. Die Oper ist musikalisch und psychologisch ein vielschichtiges und sehr differenziertes Werk. So reizvoll es auch wäre, es kann hier keine chronologisch an der Handlung orientierte Interpretation gegeben werden. Das würde den Rahmen dieser Arbeit sprengen. Deswegen beschränken wir uns auf drei Themen, an denen sich die gefühlsmäßige Entwicklung von Gustav Aschenbach gut zeigen lässt: 1. die Depression, 2. der Zugang zum Gefühl und 3. das Scheitern.

2. Die Depression

Hier sollen drei Passagen aus der Oper untersucht werden, die Aschenbachs innere Befindlichkeit darlegen:
➤ Gustav von Aschenbach wird vorgestellt,
➤ Britten verweist auf Aschenbachs Tod,
➤ Aschenbachs Unruhe und innerer Konflikt.

2.1 Gustav von Aschenbach wird vorgestellt

Schon in der 1. Szene erfährt das Publikum, wer Aschenbach ist. Er beschreibt sich selbst. In den Worten »I, Aschenbach, famous as a masterwriter, successful honoured, self-discipline [is] my strength, routine the order of my days, imagination the servant of my will« (S. 3, 33ff.) zeigen sich bereits seine Starrheit und emotionale Leere.

Britten führt in diese Stimmung mit einem unisono geführten Thema ein, das vorwiegend aus Tonwiederholungen besteht (e´´) und wenig Begleitung aus dem Orchester erhält. Die Klänge sind leer, das Wort soll verstanden werden. Musikalisch erinnert diese Einführung an die Gregorianik, in der das Wort im Mittelpunkt steht. Die immer wiederkehrende Wiederholung des Themas zeigt dem Hörer, dass sich Aschenbach seiner Identität vergewissern muss. So stellt er sich er sich im gesamten Akt I immer wieder die Frage: »My mind beats on. Why I am now at a loss?«

Britten benutzt ein Motiv aus Sechzehnteln/Zweiunddreißigstel Triolen, die er im Staccato von den Klarinetten im ppp ausführen lässt. Dieses Motiv bohrt sich vom ersten Takt der Oper an in das Ohr des Zuhörers und der Zuhörerin geradezu ein.

Alle Notenbeispiele Partitur 1975 und Klangbeispiele CD 2005

Hier wird hörbar, wie sehr Aschenbach in Grübelzwängen gefangen ist. Seine Zwanghaftigkeit wird musikalisch deutlich, auch, dass er sich seelisch im Kreise dreht.

2.2 Britten verweist auf Aschenbachs Tod

Bereits auf Seite 6 der Partitur können die Leser und Leserinnen und das Opernpublikum Aschenbach bei einem Spaziergang auf dem Friedhof begleiten. Britten kommentiert seine Erlebnisse mit dem Gesang des Chores, der wie in der griechischen Tragödie die Funktion des Kommentators übernimmt.

Der Chor singt nur einstimmig und wird untermalt mit gehaltenen Akkorden, die in zwei großen Terzen erklingen. Geschlechtslose, clusterähnliche Klänge entstehen, die im pp kalt und stagnierend wirken. Im Wechsel mit Aschenbachs Gesang »How solitary it is here, the silent graveyard, the silent dead« wirkt diese Passage wie eine Vorschau auf seinen Tod, in Form der Leitmotivtechnik transportiert. Auch die Begegnung mit dem »Traveller« (Reisender des Todes) verstärkt diesen Eindruck.

2.3 Aschenbachs Unruhe und innerer Konflikt

In der nun folgenden Szene der Oper (S. 14–16) erleben die Hörerinnen und Hörer einen inneren Monolog des Protagonisten. Es geht dabei um Aschenbachs Überlegungen, ob er in den Süden reisen soll. Die Gestaltungshinweise in der Partitur lauten »lively and free«, »flowing, con moto«.

Sein Gefühlszustand scheint sich hier zu verändern: »Should I let impulse be my guide?« Musikalisch wird diese Stimmungsveränderung in einem abrupten Tonartenwechsel vollzogen. Der Tenor Aschenbach singt dazu eine atonale Melodiefolge. Dadurch verliert er jeglichen Bezug zu den Tonarten. Gespielt wird dann eine H-Dur-Tonleiter, die den zweiten Leitton weglässt. Auf Aschenbach bezogen bedeutet dies, dass sich seine ihm so wichtige seelische Struktur lockert. Seine Unruhe wird in der Musik durch Temposteigerung und immer wiederkehrende Triolenpassagen gezeigt. Die Grenze der Melodik wird gesprengt. Dies illustriert musikalisch seine innere Auflösung. Gefühle werden wach und treiben ihn um, Gefühle, mit denen er nicht zurechtkommt.

Im nun folgenden inneren Monolog gibt es keine vorgegebenen Tonlängen, keinen Rhythmus, keine Takteinteilung. A-cappella-Gesang und Sprechgesang wie in der Gregorianik bestimmen die Musik (S. 16ff.). Man könnte hier durchaus einen Kommentar des Komponisten zur Handlung sehen: vielleicht »rät« Britten hier dem Protagonisten, den Arbeitssommer zu beenden, in den Süden zu fahren und seinem »leise« (p) auftretenden Gefühl der Aufweichung zu folgen.

An dieser Stelle wollen wir erste psychoanalytische Überlegungen anstellen: Der Dichter Aschenbach ist ein Mensch, der ein erfolgreiches Leben in der Orientierung an Disziplin und Rationalität gelebt hat. Er sagt über sich: »Self discipline my strength, [...] imagination servant of my will« (»Selbstdisziplin meine Stärke, [...] die Fantasie meinem Willen zu Diensten«). Und: »I suspect the easy judgment of the heart« (»das rasche Urteil des Herzens ist mir suspekt«).

Seine bisherige, einseitige Lebensgestaltung, die sich in Askese und Kontrolle unter Abspaltung des Gefühls erschöpfte, gelingt nicht mehr. Die Unruhe, von der er getrieben ist, ist Symptom einer agitierten Depression. Diese Depression, die den Dichter erfasst hat, erklärt sich aus der fast völligen Verdrängung des Gefühls aus seinem Leben. »My mind beats on«, »Mir rast der Verstand« sagt er. Klinisch gesprochen ist Aschenbach in gefühlsentleerten Grübelzwängen gefangen, Er ist seelisch wie abgestorben. Dies ist in seinem Aufenthalt auf dem Friedhof symbolisiert. Dort entsteht der Wunsch, in den Süden zu reisen. Der Süden steht hier für die Sehnsucht nach dem Gefühl, nach der inneren Wärme und Belebung, die aus einer Berührung mit der Emotion, die er aus seinem Leben verbannt hat, entstehen könnte.

3. Der Zugang zum Gefühl

Hier verdeutlichen wir zwei Aspekte von Aschenbachs Gefühlswelt, nachdem er nach Venedig gereist ist. Dort angekommen, begeistert er sich für die Schönheit der Stadt und wird auf einer ihm unheimlichen Gondelfahrt zum Hotel gebracht. In der Ankunftsszene erlebt das Publikum einen Mann, der über Liebe spricht. Nicht über Liebe zu einer Frau, sondern über Liebe zu einer Stadt: Venedig. »Serenissima, where should I come but to you. Soothe and revive me. To live that magical life between the sea and city« (S. 37ff.).

Der Komponist führt sein Orchester in großen Wellenbewegungen in Achteln und Sechzehnteln. Die aufsteigende Linie eines Cellosolos wird »smoothly« ab Takt 47 hörbar. Die Weichheit des Gefühls erscheint im Orchesterpart geradezu wie nachgemalt. Die Gesangslinie bewegt sich zwischen f´ und f´´ ebenfalls in Wellen.

Liebevoll und sehnsüchtig gibt sich der Sänger seinen Gefühlen für die Stadt hin. Das Cellosolo verstärkt und verdeutlicht seine romantischen Gefühle, die er nicht explizit im Text aussprechen kann. Die Musik transportiert Gefühle und Stimmungen, die weder in Wort noch Gestik vom Protagonisten ausgedrückt werden können. Hier wird deutlich, dass die Oper eine Ausdrucksdimension miteinbeziehen kann, die in der Novelle nicht enthalten ist. Aschenbachs gefühlsmäßige Bewegung wird wiederum vom Chor kommentiert. In einigen Worten leitet der Chor dann zur Gondelfahrt über.

Vorwiegend Blechbläser begleiten diese Fahrt Aschenbachs in der Gondel. Sie spielen in sehr verhaltenem Duktus bis sie in einer dynamischen Steigerung den zunehmenden Konflikt zwischen Aschenbach und dem Gondoliere hörbar machen. Wie sehr der Dichter in Spannung ist, hin und her gerissen zwischen seiner Orientierung am Rationalen, das Sicherheit verspricht und der Sehnsucht nach dem Gefühl, zeigt sich in staccato gespielten Einwürfen des Orchesters, die im Fortebereich zu einem aggressiven Ausdruck führen.

Zudem spürt er, wie geheimnisvoll ihm diese Fahrt vorkommt. »Mysterious Gondola [...]. A different world sourrounds you.«

Deutlich wird Aschenbachs Aufregung in den Arpeggi der Harfe und dem Ostinatospiel der Celli, des Kontrafagotts und der Basspauke hörbar. In seiner Stimmführung als Tenor wird nun die hohe Lage gefordert, mit vielen Sprüngen und Markierungen. Die Dynamik ist an- und abschwellend (crescendo/decrescendo). Taktwechsel zwischen 6/4 und 9/4 Takt sind einzuhalten. Aschenbachs innere Spannung kommt zu einem Höhepunkt, die Instrumente zeigen Extremlagen, seine Tonsprünge zeigen eine große Emotionalität.

Im Text wird die bedrohliche Atmosphäre noch verdichtet: Die Gondel wird als Sarg bezeichnet. Es erklingen die Worte: »[He ...] rowed me across the Styx [...].« (S. 53 T. 58). Bei dieser Phrase begleiten kleine Trommeln den Gesang (Instrumente kontrollieren). Beim Wort Styx erklingen tiefe Streicher, die starr und leblos wirken. Der Vergleich der Gondelfahrt mit einer Fahrt über den Styx lässt Aschenbach Gedanken über den Tod anstellen (Zur Mythologie der Styxfahrt vgl. Tripp 1974).

Über das Zusammenwirken von Handlung und Musik in dieser Passage stellen wir zwei Hypothesen zur Diskussion, wobei die zweite die weitergehende ist. Sie stimmt mit später im Text angestellten, psychoanalytischen Überlegungen überein, wie Aschenbachs Depression sich hätte auflösen lassen.

Britten gestaltet die Musik freier im Gesang und in der instrumentalen Begleitung bezüglich Tempo, Taktwechsel und Tonumfang. Dies kann man folgendermaßen verstehen:

1. Die Musik illustriert Aschenbachs gefühlsmäßige Bewegung und größere Durchlässigkeit für Stimmungen. In Brittens musikalischer Ausdeutung des Textes wird hörbar, dass der Dichter begonnen hat, sich von seiner zwanghaften Gefühlsabwehr zu lösen. Die Musik drückt also Selbstzustände aus.
2. Britten nimmt in der Musik kommentierend Stellung: durch die musikalische Auflösung von Strukturen, die vorher Aschenbach charakterisierten, deutet der Komponist an, dass durch die Auflösung dieser Strukturen der Dichter eine größere gefühlsmäßige Durchlässigkeit erlangen würde. Dies wäre der Weg, durch den Aschenbach aus seiner künstlerischen und menschlichen Erstarrung herausfinden könnte.

Diese Gedanken zur musikalischen Gestaltung führen zu weiteren psychoanalytischen Überlegungen. Das Übersetzen mit der Gondel zum Lido lässt eine symbolische Bedeutung erkennen: Nach erstem Aufbegehren, das der Gondoliere nicht zur Kenntnis nimmt, fügt sich Aschenbach. Bedeutet für ihn ein Sich-Fügen in den Willen des Gondoliere die Aufgabe der eigenen, willentlichen Kontrolle? So verstanden, symbolisiert die Bootsfahrt die kommende Berührung mit bislang unbewussten Selbstanteilen, denen er sich mit gefühlsmäßiger Ambivalenz nähert. Dies ist für ihn ein so ängstigendes Unterfangen, dass er es mit der Fahrt über den Styx vergleicht. Vielleicht ahnt er auch schon die kommende tragische Entwicklung.

Musikalisch ist diese Spannung, die Angst und die Verwirrung, in der sich Aschenbach befindet, eindringlich gestaltet. Die Musik drückt hier Selbstzustände des Protagonisten aus. Das Publikum kann nacherleben, wie Aschenbach in seiner Suche nach gefühlsmäßiger Erneuerung beunruhigenden Stimmungen ausgesetzt ist. Die intellektualisierende und rationalisierende Abwehr gegen die Gefühlssphäre und der Versuch, diese zu kontrollieren, sind schon abgeschwächt. Die nun erlebte Beunruhigung und Angst ist einerseits Folge davon, andererseits signalisieren diese Gefühle die Abschwächung der Abwehr.

4. Das Scheitern

Der 2. Akt ist geprägt von einer atmosphärisch immer näheren und intimeren Beziehung zwischen Aschenbach und Tadzio, die jedoch gänzlich ohne Worte und körperliche Berührung bleibt. Jede Begegnung findet nur über Blicke statt.

Im nun folgenden Teil beschreiben wir den Verlauf der Begegnung der beiden Protagonisten. Wir gehen auf vier Aspekte ein.
➤ Tadzio als Symbol für die Jugend,
➤ Begegnung Aschenbach und Tadzio,
➤ Die Polarität von Alter und Jugend,
➤ Das Ende.

4.1 Tadzio als Symbol für die Jugend

Tadzio wird in der Oper durch die Schlagwerke dargestellt: Vibraphon/Xylophon. Wenn er agiert, spielen die Schlagwerke »freely and slowly«. Tadzio redet nicht, er singt nicht. Seine Auftritte finden ausschließlich getanzt statt. Der Chor charakterisiert ihn als Gesandten Apollos. In einer wichtigen Szene (Szene 7) gewinnt er einen Fünfkampf. So wird er in die Nähe der griechischen Tradition des edlen olympischen Wettkampfes gestellt.

Sein musikalisches Motiv lautet:

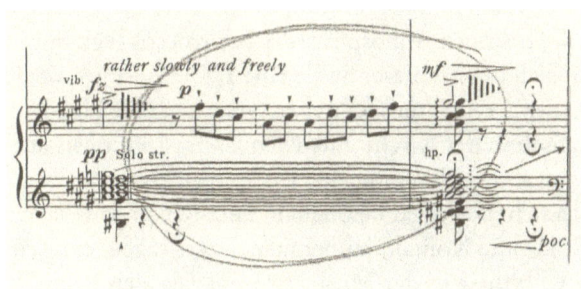

4.2 Begegnung Aschenbach und Tadzio

Aschenbach kommt nach der Gondelfahrt seelisch schon labilisiert in seinem Hotel an. Dort trifft er eine polnische Familie. Zum ersten Mal sieht er Tadzio, der mit seiner Familie in den Speisesaal des Hotels hereinkommt. Aschenbach sitzt an der Seite des Raumes und beobachtet diese Szene. Es findet hier ein Perspektivenwechsel statt: war Aschenbach bislang Handelnder, so wird er hier zum Beobachter.

Sein Fasziniertsein von der Schönheit des jungen Tadzio wird sofort spürbar: »What mysterious harmony between the individual and the universal law produces such perfection of form« (S. 74). Musikalisch präsentiert Britten diese Reflektion seiner Beobachtungen im Sprechgesang, ähnlich dem Gregorianischen Gesang oder einem Secco-Rezitativ. Die Notenwerte sind beliebig, die Begleitung entfällt. Der Komponist räumt hier jedem Interpreten der Figur des Dichters eine große Gestaltungsfreiheit ein. Norbert Abels spricht in seiner Monografie bei der Beschreibung dieser Passagen von einer »sich langsam auflösenden Form der Tonsprache« (Abels 2008, S. 114).

Gebannt folgt Aschenbach der Familie in ein Cafe und dann in die Kirche (2. Akt, Szene 9). Der junge Tadzio setzt sich in den Kirchenbänken »ein wenig« abseits (Regieanweisung, S. 183). Der Chor singt ein »Kyrie eleison, Christe eleison«

(»Herr erbarme Dich/Christus erbarme Dich«) in zweistimmigem Chor (S/T und A/B unisono). Sie fügen »Heiliger Marco bitte für uns« hinzu. Das nun folgende »Ite missa est« (Entlassungsworte des Priesters) erklingt als liturgischer Gesang mit Akkordunterlegung. In der musikalischen Gestaltung dieser Szene finden sich deutliche Hinweise auf spirituelle Inhalte. Eindrücklich kontrastiert die Ruhe, die sich dem Publikum in dieser Szene vermittelt, zu der Bedrohung durch die Cholera und der fiebrigen Atmosphäre des Schirroccos (vgl. Imre 1974).

Erneut bot sich uns an dieser Stelle eine Hypothese an: Benjamin Britten kommentiert hier in seiner musikalischen Gestaltung die Handlung. Die Ruhe, die er musikalisch in der Kirche entstehen lässt, ist Hinweis auf die Halt gebende Funktion einer echt empfundenen Spiritualität.

Aschenbach steht hier sogar der Familie Tadzios von Angesicht zu Angesicht gegenüber. Er könnte Kontakt aufnehmen, etwas sagen, ein Zeichen geben.

Die Aufgewühltheit in der Musik Brittens, als sich beide Protagonisten gegenüberstehen und sich anschauen (Auflösung der Tonalität, ständiger Taktartenwechsel von 3/2 zu 2/2 und die dynamische Steigerung vom mf zum ff) zeigt, wie ungeheuer aufgewühlt alle Beteiligten in dieser Szene gefühlsmäßig sind. Die Regieanweisungen an dieser Stelle lauten: »Begegnung von Angesicht zu Angesicht. Aschenbach verbeugt sich, zieht seinen Hut und wendet sich ab« (Regie, S. 188). Der Dichter kann die Chance einer Annäherung nicht ergreifen.

4.3 Die Polarität von Alter und Jugend

Die Polarität von Alter und Jugend wird sehr deutlich in der 14. Szene (S. 238). Der Komponisten mutet in dieser Passage dem Sänger der Aschenbachfigur ständigen Taktwechsel zu. Neun Takte lang wechseln sich Taktarten, die durch drei teilbar sind, ab: 6/8 – 9/8 – 6/8 – 3/8. Dann folgen Taktarten, die durch zwei teilbar sind: 6/8 – 2/4. Im Kontrast dazu präsentiert er Tadzio mit einer Xylofonlinie in einem langen Takt ohne Taktangabe. Es folgen Quartsprünge, mit Percussion unterlegt. Beides zeichnet die Beweglichkeit und die spielerische Natur des jungen Mannes nach (vgl. Hollander 1973). Diese musikalische Kontrastierung der beiden Protagonisten erfolgt dreimal. Schwere und Melancholie des alten Mannes werden hier mit der Leichtigkeit des Jungen kontrastiert (vgl. Anonymus 2007).

An dieser Stelle drängten sich uns Fragen auf: Macht sich der Komponist über das Alter lustig? Will er Witz in diese tragische Atmosphäre bringen? Oder will er gar andeuten, dass das Alter noch etwas anderes braucht, als das, was Thomas Mann in seiner Novelle angeboten hat? Zeigt sich hier in der musikalisch ausgedrückten ironischen Distanz etwas Ähnliches, was schon in der Kirchenszene in den Anklängen an spirituell geprägte Stimmungen zu erkennen war? Schlägt Britten sogar in einem unausgesprochenen, aber unüberhörbaren Kommentar Lösungen vor, die über Thomas Mann hinausgehen? Und wenn ja, welche könnten dies sein?

Deutet der Komponist vielleicht hier an, wie er sich eine fruchtbare Begegnung des Alters mit der Jugend unter Hinwendung zur Spiritualität vorstellt, wie sie in der Kirchenszene hörbar wird? Kann die Begegnung mit der Jugend für den alternden Menschen zu innerer Belebung führen? Wird Britten in seinem Kommentar zur Handlung vielleicht sogar überdeutlich, wenn er musikalisch dicht nebeneinander Jugend und Alter ohne Pause präsentiert, und das sogar dreimal? Wäre dies, was der Komponist hier scheinbar (eher hörbar!) präsentiert, sogar das, was Aschenbach zur Lösung seiner Schaffens- und Lebenskrise gebraucht hätte?

Einige der eben gestellten Fragen werden wir später noch einmal, dann auf einer subjektstufigen Ebene der Interpretation, psychoanalytisch kommentieren.

4.4 Das Ende

Aschenbach sitzt am Strand im Sessel und versucht, aufzustehen. Kraftlos wie er ist, schafft er es nicht. Die Kinder spielen um ihn herum. Aschenbach ruft: »Tadziu!« Der Junge winkt ihm zu (S. 263).

Der Chor verstärkt seinen Ruf vierstimmig (S. 263) mit einer Septime. Aschenbach sinkt im Stuhl zusammen, »Aschenbach slumps in his chair« (S. 264). Im vierstimmigen Ruf des Chores mit der Septime wird Aschenbachs Verzweiflung hörbar. Tadzios Antwort erklingt durch das Vibrafon. Aber das Instrument verklingt immer mehr. Der Junge geht ins Meer hinaus. Die Anweisung des Komponisten zur Musik lautet »dying away«. Die Dynamik geht zurück von p zu ppp (S. 264). Vom Ausdruck her vermittelte uns die Musik eine friedliche und versöhnliche Stimmung, mit der die Oper endet. Thomas Mann bedient sich in der Handlung hier eines Motivs aus der Romantik, von dem er fasziniert war: der Liebestod von zwei Menschen, die nicht zusammenkommen können und im Tod – im Eingehen in die Natur – scheinbar vereint sind.

Eindringlich stellte sich uns hier die Frage, wie der Gegensatz zwischen der friedlichen Atmosphäre am Schluss zum tragischen Scheitern Aschenbachs zu verstehen ist. Britten entlässt sein Publikum mit offenen Fragen. Dem Komponisten könnte es ähnlich gegangen sein: Er sollte kurz vor seinem Tod in Venedig selbst noch ein Streichquartett komponieren, das er als Fortsetzung der Oper verstand (vgl. String Quartett 1999).

5. Abschließende psychoanalytische Überlegungen

Die Oper dokumentiert die krisenhafte Entwicklung des Schriftstellers Gustav von Aschenbach, in der er eine zunehmende seelische Auflösung erlebt. Eine zunächst belebende Begegnung mit bislang unterdrückten homosexuellen Liebesgefühlen, die Ausdruck einer unterdrückten Vitalität sind, entwickelt sich tragisch. Aschenbach verliert zunehmend jeglichen inneren Halt. Bislang abgespaltene Affekte und Triebimpulse gewinnen die Oberhand. Seine im Zwanghaften angesiedelten Abwehrstrukturen werden labilisiert.

Der Dichter erlebt ein seelisches Chaos, aus dem er nicht mehr herausfindet. Innere, Halt gebende Objekte fehlen ihm in dieser Auseinandersetzung zwischen Moral- und Triebwelt. Es gelingt ihm nicht, der vernichtenden Abwertung seitens seiner Moralvorstellung zu entgehen und in einer neuen Moral die neu erwachten Gefühle zu bejahen. Seine Über-Ich-Struktur ist so streng, dass man von der Internalisierung eines lebensfeindlichen, entwertenden Introjektes sprechen kann. Gleichzeitig verfügt er nicht über Strukturen, die ihn die Verwirrung durch starke, bislang verdrängte Affekte tolerieren ließe. Es fehlt ihm an Gefühle bejahenden, inneren Objekten, die dies ermöglichen würden. Er erleidet das Schicksal des zwanghaft strukturierten Menschen, der einem Durchbruch bislang unintegrierter Selbstanteile und der folgenden Überschwemmung mit Affekten hilflos ausgesetzt ist. Zudem spielen massive Schuldgefühle eine Rolle: dass er trotz der Seuchengefahr in Venedig bleibt und seinen möglichen Tod in Kauf nimmt, weist auf ein Strafbedürfnis hin. Zu bleiben bedeutet also, sich der Schuld zu ergeben und diese mit seinem möglichen Tod zu sühnen.

Nicht zufällig ist Aschenbach verwirrt von Gefühlen für einen Knaben, der der Pubertät kaum entwachsen ist. Tadzio ist Chiffre für Aschenbachs eigene, unintegrierte Selbstanteile. Er identifizierte sich mit familiären Normen, die den Triebverzicht hoch bewerten. Lebenslang übte er sich in einem von Normen gesteuerten Leben. Ein Gefühle bejahendes Leben war ihm fremd. Diese Lebenshaltung war verwoben mit seinem künstlerischen Schaffen, das Triebverzicht und Selbstkontrolle literarisch überhöhte. Die zwanghafte psychische Struktur des Dichters, die der Vermeidung und Bewältigung von Affekten diente und sein künstlerisches Schaffen, das zu sozialer, wirtschaftlicher und narzisstischer Anerkennung führte, hingen eng zusammen. Dieses Zusammenwirken führte offenbar zu einer rigiden Struktur ohne ausreichendes Entwicklungspotenzial, das ein Wachstum in einer späteren Krise hätte ermöglichen können.

Aschenbachs schriftstellerische Arbeit, die um sittliche Werte zentriert ist, erweist sich so als permanenter, intellektualisierender Abwehrversuch einer unentwickelten, eher chaotischen Trieb- und Affektwelt. Eine elaborierte Intellektualität scheint ihm die Brücke zur Welt gewesen zu sein. Seine literarische und sprachliche Begabung hat es dem Dichter bis zu seiner Lebenskrise erlaubt, die seelisch einseitige Lebensführung mit sozialem Erfolg aufrechtzuerhalten.

Die künstlerische Stagnation, die er beklagt, ist Ausdruck seiner menschlichen, seelischen Stagnation. Sie ist durch die Abspaltung von Sexualität und Emotionen bedingt. Innere Bilder von emotional vitaler, männlicher, u.U. homosexueller Identität stehen ihm nicht zur Verfügung. Ihm fehlen innere Objekte, die ihm eine Empathie in seine emotionale Bedürftigkeit schaffen könnten. So gelang es nicht, die entwertenden Introjekte abzuschwächen (zur Dynamik des narzisstischen Gleichgewichts vgl. auch Volkan et al. 1994). Aschenbachs Entwicklungskrise, die zu seelischem Wachstum hätte führen können, endet tragisch.

Jede Krise enthält auch eine Reifungschance. Es stellte sich uns hier die Frage, welcher seelische Entwicklungsprozess Aschenbach aus dieser Krise hätte herausfinden lassen.

Unter einem Entwicklungs- und Nachreifungsaspekt wäre der seelische Sinn der Begegnung zwischen Tadzio und Aschenbach, bei diesem einen Trauerprozess anzuregen. Es ginge darum, zu bejahen dass eine gelebte, sexuelle Beziehung zwischen ihm, einem Mann um die 60 und Tadzio, einem

Knaben von zwölf Jahren, nicht möglich ist und dass eine seelische Erneuerung durch eine solche Beziehung, sozusagen eine Verjüngung seiner selbst, nicht erreichbar ist.

Für den alternden Mann stünde die Aufgabe an, sich von den Möglichkeiten der Jugend und von vielem nicht Gelebten trauernd zu verabschieden und zu einer Lebenshaltung zu finden, die seinen Möglichkeiten entspricht (zur Darstellung und Dynamik dieser Prozesse in Werken der bildenden Kunst vgl. auch Neumann 2001, 2006). Das, was Tadzio noch vor sich hat, hat Aschenbach schon hinter sich. Diese Phase seines Lebens ist schon gelebt. Er ist von den Möglichkeiten der Jugend ausgeschlossen. Sein Leben ist anders als das des Jugendlichen, der erst sein Leben finden muss. In Gestalt von Tadzio tritt ihm projektiv das eigene ungelebte Leben, die eigenen ungelebten Gefühle entgegen.

Ein Durchleben – vielleicht auch Durchleiden – dieser Auseinandersetzung könnte zur Entwicklung einer dem Lebensalter entsprechenden Integration der bislang unausgelebten Homosexualität und Affektivität führen. Die Spaltung zwischen Triebhaftigkeit, Gefühl und Rationalität wäre so zu überwinden gewesen. Die Depression, in der eine Entwicklungschance verborgen war, wäre aufgelöst und würde einer neuen, von Gefühlen getragenen Lebenshaltung weichen. Der Komponist Benjamin Britten legt in seiner Musik nahe, dass dabei eine Auseinandersetzung mit spirituellen Fragen Halt geben könnte.

Psychoanalytikerinnen und Psychoanalytikern ist die Botschaft der Oper aus ihrer Praxis geläufig: psychisches Wachstum ist nicht möglich, wenn vitale Selbstanteile abgespalten bleiben. Dies führt zu seelischer Verarmung oder zu seelischer Krankheit. Im Falle Aschenbachs ist es zunächst seelische Verarmung, die sich im Versiegen seiner künstlerischen Produktivität äußert. Seelische Krankheit entwickelt sich bei ihm, als er die abgespaltene Homosexualität, die durchbricht, nicht integrieren kann. Die Begegnung mit dem Knaben Tadzio, die in einer Integration mit den bislang abgespaltenen Triebimpulsen und ungelebten Selbstanteilen von Affektivität hätte enden können, führt nicht zu Aschenbachs seelischem Wachstum. Er stirbt buchstäblich an überwältigenden Schuld- und Schamgefühlen (zum Thema der Entwicklungsaufgaben der Pubertät und des frühen Erwachsenenalters, die im späteren Lebensalter als Nachreifungsaufgaben wiederkehren vgl. auch Blaß 2002; Brech et al. 1999).

Britten selbst überwand in seiner Oper musikalisch die Frage von Schuld und Scham: Er bietet unserer Meinung nach ein Transzendieren in Richtung einer spirituell geprägten Haltung als möglichen Weg an. Psychoanalytisch betrachtet wäre dies eine Triangulierung im Sinne der Etablierung eines Gefühls- und Triebbejahenden inneren, Halt gebenden Objekts. Diese Art der Triangulierung würde letztlich eine spirituelle Erfahrung erst ermöglichen (zum Zusammenhang zwischen Triangulierung und Kreativität vgl. auch Grieser 2004).

Tod in Venedig war die letzte Oper, die Benjamin Britten schrieb. Sie stellte für ihn »[...] all das [dar], wofür Peter und ich gestanden haben« (Abels 2008, S. 116). Die noch verbleibende Lebenszeit des Komponisten blieb unter dem Zeichen seiner zunehmend ernster werdenden Herzerkrankung. Kurz vor seinem Tod unternimmt er noch eine Reise nach Venedig. Dort schreibt er, wie schon erwähnt, ein Streichquartett, das nach seinen Worten eine musikalische Fortsetzung der Oper ist.

Literatur

Abels, Norbert (2008): Benjamin Britten. Hamburg (rororo).
Anonymus (1973): Gustav Aschenbach lernt durch Britten singen. Melos 6, S. 357ff.
Anonymus (2007): Kostbarer Minimalismus. Coverstory. Bregenzer Festspiel Zeitung. Bregenz, S. 2ff.
Blaß, Heribert (2002): Das Bild des genügend guten Vaters und die männliche Fähigkeit, eine Frau achten zu können. Kinderanalyse 1, 63–92.
Brech, Elke; Bell, Karin & Marahrens-Schürg, Christa (Hg.) (1999): Weiblicher und männlicher Ödipuskomplex. Göttingen (Vandenhoek & Ruprecht).
Britten, Benjamin (1975): Partitur: Death in Venice. London (Faber Music Limited).
Britten, Benjamin (1999): String Quartets Bd. 2. München (Naxos).
Britten, Benjamin (2005): Death in Venice. Colchester (Chandos Records Limited).
Burde, Wolfgang (1974): Brittens Thomas-Mann-Oper. Neue Zeitschrift für Musik 11, 689ff.
Freud, Sigmund (1930): Das Unbehagen in der Kultur. Wien (Internationaler psychoanalytischer Verlag).
Gattig, Eberhard (1999): Psychoanalyse und bildende Kunst – ein Prolog. In: Schneider, Gerhard (Hg.): Psychoanalyse und bildende Kunst. Tübingen (edition diskord), S. 33–36.
Grieser, Jürgen (2004): Triangulierung, Vaterphantasie und Kreativität. Psyche 58, 411–447.
Hollander, Hans (1973): Brittens neuer Oper. Neue Zeitschrift für Musik 8, 550.
Imre, Fabian (1974): Aschenbachs dreistündiger Monolog. Opernwelt 11, 22ff.
Jehoschua, Abraham B. (2005): Das Unbehagen in der Kultur. Psyche 12, 1139–1153.
Küchenhoff, Joachim (2007): Sehen und Gesehen werden: Identität und Beziehung im Blick. Psyche 61, 445–463.
Mahler-Bungers, Annegret (2008): Der (Liebes-)Tod in Venedig. Psyche 5, 429–452.
Mann, Thomas (1912): GW Bd. VIII. 2. Aufl. Frankfurt/M. (Fischer), 1974, S. 444–525.

Neumann, Eckhart (2001): Das Minotaurusmotiv bei Picasso. In: Gerlach, Alf & Schlösser, Anne-Marie (Hg.): Kreativität und Scheitern. Gießen (Psychosozial-Verlag), S. 311–338.

Neumann, Eckhart (2006): Ich bin von Kopf bis Fuß auf Liebe eingestellt ... Kunst als Mittel zur Einfühlung in das Erleben narzisstisch strukturierter Männer. In: Springer, Anne; Gerlach, Alf & Schlösser, Anne-Marie (Hg.): Störungen der Persönlichkeit. Gießen (Psychosozial-Verlag).

Safranski, Rüdiger (2007): Romantik. Eine deutsche Affäre. München (Carl Hanser Verlag).

Tripp, Ernst (1974): Lexikon der antiken Mythologie. Stuttgart (Reclam).

Visconti, Luchino (1971): Tod in Venedig. Film.

Volkan, Vamik D. & Ast, Gabriele (1994): Spektrum des Narzissmus. Göttingen (Vandenhoek & Ruprecht).

Wocker, Karl Heinz (1973): Brittens Oper *Tod in Venedig*. Musica 5, 456ff.

Ringe in Ringen

Zur Komplexität des ästhetischen Raums in der Oper

Sebastian Leikert

1. Die kinetische Semantik und eine psychoanalytische Theorie der Ästhetik

Musik lässt sich nicht in die bereits erarbeitete psychoanalytische Begrifflichkeit einfügen. Vor allem der Umstand, dass Musik sich nicht auf die äußeren Objekte bezieht, nötigt dazu, die Frage nach dem ästhetischen Raum der Musik radikal von der Form her zu stellen. Die Musik erzwingt durch ihre Inhaltsleere, wie es Reiche (2001) als Ansatzpunkt einer produktiven psychoanalytischen Beschäftigung mit der Kunst gefordert hat, von der Analyse der Form und nicht von einer Deutung des Inhalts auszugehen. Die Orientierung auf die innere Organisation der musikalischen Elemente lenkt den Blick auf die früheste psychische Organisationsform, nämlich die Verarbeitung sinnlicher Reize durch einen körpernahen Modus der Aufnahme, Verarbeitung und Speicherung von Erleben. Für diesen Modus des psychischen Funktionierens habe ich den Begriff der kinetischen Semantik vorgeschlagen (Leikert 2008).

Die kinetische Semantik beschreibt eine dritte Sprache des psychischen Lebens neben der Vorstellungswelt der unbewussten Fantasie und der lexikalischen Semantik der Sprache. Eine Sprache, deren Grammatik vor allem auf der stimmkörperlichen Beziehung beruht und beschreibt, wie die Musik uns körperlich emotional erfasst und bewegt. Mit der kinetischen Semantik beschreibe ich also die Tiefenwirkung der Musik. Die kinetische Semantik – deren Merkmale weiter unten noch genauer erläutert werden – strukturiert den ästhetischen Raum der Musik. Es ergibt sich nun die Frage, ob sich etwas von der kinetischen Semantik auch in anderen Bereichen der Kunst findet. Und für diese Frage soll hier eine sehr weitreichende Antwort angeboten werden. Ich vertrete die These, dass ein psychischer Raum dort zum ästhetischen Raum wird, wo das psychische Geschehen den Regeln der kinetischen Semantik gehorcht und die anderen Modi des psychischen Funktionierens seiner Logik entsprechend transzendiert.

Diese These ist weitreichend. Sie beansprucht, das Fundament einer allgemeinen psychoanalytischen Ästhetik legen zu können, also einer Theorie, die sämtliche Künste aus einem einheitlichen Blickwinkel darstellt und die Mechanismen ihrer Wirkung erklärt. Inhaltlich besagt diese These, dass die Wirkungsmechanismen, die in der Musik beschreibbar sind, auch in anderen Künsten anzutreffen sind und dass die tiefe Wirkung, die wir von der Kunst empfangen, stets auf diesen musikanalogen Mechanismen beruht. Diese Perspektive bietet einen Ausblick auf den weiteren Kreis der Künste und nimmt die Rolle musikanaloger Prozesse für das gesamte ästhetische Feld in den Blick.

Diese These soll nun durch die nähere Betrachtung zweier Bereiche des Ästhetischen auf eine erste Probe gestellt werden. Prozesse der Rhythmisierung und Versinnlichung, wie sie gleich beschrieben werden, sind auch für die Malerei, Skulptur oder Architektur nachweisbar. Für eine erste Annäherung beschränke ich mich jedoch auf die Bereiche der Poesie und der Oper. Mit der Poesie soll aus strategischen Gründen begonnen werden, da sich hier, in einem scheinbar musiklosen Medium, gut ausweisen lässt, wie sich ein sprachliches Phänomen in ein ästhetisches Phänomen verwandelt, wenn es den Schönheitsregeln der kinetischen Semantik unterworfen wird.

Die Oper ist ein schwieriges Beispiel, da die Dinge zu sehr auf der Hand zu liegen scheinen. Hier ist von vornherein deutlich, dass die Musik das Gesamtkunstwerk durchtränkt und ihm jene Tiefenwirkung verleiht, die wir an der Oper schätzen. Doch auch hier gilt es, die Logik der kinetischen Semantik auch für die nichtmusikalischen Schichten des ästhetischen Raums zu zeigen. Ich greife dabei auf die Arbeit von Anja Guck-Nigrelli (in diesem Band) zurück, da sie sich in ihrer Analyse des ästhetischen Raums der Oper von den Oberflächen-Inhalten löst und von der Tiefenstruktur her die Wirkung der Oper interpretiert. Durch die hier beschriebenen Prozesse der Wiederholung, Steigerung und fortschreitenden Koordination verschiedener Sinnebenen der Oper lässt sich zeigen, wie sich der ästhetische Raum der Oper durch Ringe in Ringen bildet. Wie sich aus kreisartigen prozesshaften Vorgängen in der Darstellung auf der Bühne, aber auch in der Rezeption im Hörer ein Erlebensvorgang vollzieht, steigert und abschließt.

2. Die kinetische Semantik in der Poesie

Damit ist das Programm des vorliegenden Textes umrissen: Zunächst folgt die Analyse eines Sprachkunstwerks, dann leite ich aus dieser Betrachtung die Eigenschaften der kinetischen Semantik ab und erläutere sie noch einmal anhand der Kreisprozesse der Musik. Schließlich wird der tiefenstrukturelle Prozess der Oper mithilfe dieser Konzeptbildungen beschrieben.

Die folgende Passage der *Ilias* ist beliebig herausgegriffen. Was gezeigt werden soll, kann, in unterschiedlichen Gewichtungen der im Einzelnen beteiligten Mechanismen, an jedem anderen poetischen Text demonstriert werden. In der gewählten Stelle beschreibt Homer Idomeneus, den König von Kreta, der sich als einer der Kämpfer der Griechen den angreifenden Trojanern entgegenstellt.

»Doch nicht zagte vor Furcht Idomeneus, gleich wie ein Knäblein;
Sondern er stand, wie ein Eber des Bergs, der Stärke vertrauend,
Welcher fest das Gehetz anwandelnder Männer erwartet
In unwirtbarer Heide, und den borstigen Rücken emporsträubt;
Sieh, es funkeln vor Feuer die Augen ihm, aber die Hauer
Wetzet er, abzuwehren gefasst, wie die Hund' auch die Jäger.«
(Ilias XIII, S. 469ff.)

Was macht diesen Text zu einem poetischen Text? Zunächst kann man sagen, dass es die Metapher ist. Es wird nicht einfach darüber informiert, dass Idomeneus sich zum Kampfe rüstet, vielmehr wird kunstvoll und über einen längeren Gestaltungsprozess im Kontrast zum Bild des zarten Knäbleins das Bild des Ebers, der in naturwilder Landschaft die anstürmenden Jäger erwartet, entworfen.

Betrachten wir die Metapher. Können wir sie als rein sprachliches Phänomen begreifen? Nein, die Metapher ist das Fenster der Sprache. Das Mittel, mit dem das sprachliche Subjekt über die Sprache hinausblickt. Die Metapher ist ein Fenster der Sprache hin zum Imaginären, hin zum suggestiven Bild. Ricœur drückt dies sehr schön aus. Für ihn vermag die Metapher einen »leeren Begriff und einen blinden Anschauungseindruck« zu vereinigen durch den »halb gedanklichen, halb erfahrungsmäßigen Charakter verbindet es das Licht des Sinnes mit der Fülle des Bildes. Innerhalb der Imaginationsfunktion der Sprache sind somit Nichtsprachliches und Sprachliches eng miteinander verbunden« (Ricœur 1975, S. 206).

Aber die suggestive Evokation eines Bildes ist keineswegs die Grenze der metaphorischen Wirkung. Der Pfeil der metaphorischen Wirkung zielt darüber hinaus. Die Metapher zielt nämlich nicht auf etwas Bildhaftes überhaupt, sondern sie bedient sich aus dem Bildvorrat des Körpers (Rank 1932). Es ist kein Zufall, dass die Metapher hier auf den Körper abstellt. Die Metapher ist ein Mittel, die Metapher ist das Mittel des »Embodiment« (Buchholz 2005).

Die Beziehung zwischen Sprache und Körper ist in der Metapher also eng und vor allem deshalb eng, weil sie eine Doppelrichtung ausweist. Die Metapher verwendet den Körper als Bild, also quasi als semantischen Baustoff. Man versteht den sprachästhetischen Prozess jedoch nur sehr unvollständig wenn man es bei dieser Blickrichtung belässt. Die Sprache nimmt in der Metapher nicht nur etwas vom Körper auf, verwendet also Körperbilder, sondern sie zielt auch auf den Körper. Das Körperbild der Metapher wirkt auf den Körper des Lesers zurück und lädt zur kinetischen Identifizierung ein. Das Bild des emporgesträubten Rückens wirkt nicht allein auf unsere Vorstellungskraft, wir können uns mit diesem Bild auch kinetisch identifizieren. D. h., wir können die Vorstellung in unserem Körperselbst nachahmen. Das ist etwas anderes. Das Bild löst hier nicht nur eine Veränderung der Imagination aus, sondern verändert auch den Körpertonus. Dies ist der erste Mechanismus, der das Embodiment trägt. Ein Embodiment, das sich durch einen Kreisprozess aufbaut.

Wir sind jetzt an einem Punkt der Überlegung angelangt, an dem die Verbindung von Sprache und Körper in den Blick kommt. Eine Verbindung, von der wir sagen können, dass sie unterschiedlich eng sein kann. Die kinetische Identifizierung ist eine Möglichkeit, aber kein Automatismus der Sprache. Wenn ohne poetischen Kontext die Worte »emporgesträubter Rücken« genannt werden, wird sich die kinetische Identifizierung in Grenzen halten.

Was also muss hinzutreten, um aus der möglichen Verbindung von Sprache und Körper eine tatsächliche und intensive Verbindung zu machen? Welches sind die Mechanismen des Poetischen, die es der Sprache erlauben, in den musikalischen Aggregatzustand zu wechseln und zu einer wirklich berührenden Sprache zu werden?

Das, was zur lexikalischen Semantik hinzutritt und die Mechanismen der Sprache zur Wirkung kommen lässt, ist eine zweite Ordnung nämlich die kinetische Semantik. Der Begriff der kinetischen Semantik erlaubt uns, nicht nur das musikalische Element des Poetischen zu beschreiben, sondern ein Konzept für die basalen psychischen Prozesse bereitzustellen, die in Musik und Poesie in unterschiedlicher Form, aber mit identischer struktureller Grundlage, am Werk sind.

Zu den musikanalogen Parametern, welche die Poesie kennt, lassen sich der Reim, das Spiel mit Sprachklängen und die Stimme zählen, die den Text zum Vortrag bringt. Vor allem aber, und auf diesen Punkt beschränke ich mich hier, ist es der Rhythmus. Sprache vollzieht sich immer in der Zeit, es kommt jedoch außerhalb des Raums der Kunst niemals dazu, dass die sprachlichen Akzente ein regelmäßiges Metrum bilden. Es gehört zur Konvention jeglicher Sprechsituationen, sei es die Plauderei, sei es der wissenschaftliche Vortrag, sei es das Verlesen von Nachrichten, das sich gerade kein durchgängiger Rhythmus bildet. Der Rhythmus wird im normalen prosaischen Gebrauch der Sprache sorgfältig vermieden, weil mit dem Rhythmus sofort eine andere Ordnung, die Ordnung des Genießens, in Spiel kommt. Durch den Rhythmus wird die lexikalische Ordnung mit der kinetischen Semantik verschweißt.

Wer rhythmisch spricht, wendet sich – sei es im Gedicht, im Sprechgesang, oder im Gesang – in einer vollkommen anderen Weise an den Hörer. Die Sprache gewinnt jetzt eine andere eindringliche Macht über den Körper.

Für den homerschen Hexameter möchte ich diese Wirkung als einen Rausch charakterisieren. Der Hexameter berauscht. Wenn man eine Weile lang Homer liest, kommt man in einen Rhythmus, der einen dazu nötigt, die Stimme zu gebrauchen. Man verfällt unwillkürlich in eine Deklamation. Ob man laut liest oder sich die stimmliche Beteiligung bloß vorstellt, über den Rhythmus wird unweigerlich die Stimme und damit eine intensivere körperliche Beteiligung angesprochen. Bleiben wir aber beim Rhythmus. Ohne Zweifel ist der Rhythmus eine Ordnung, die innerhalb der Sprache ihren Platz finden kann. Ist der Rhythmus aber selbst sprachlicher Natur?

Verstehen wir die Sprache als ein System von Zeichen, das Bedeutung herstellt und transformiert, so müssen wir zugestehen, dass der Rhythmus selbst keinerlei Zeichencharakter hat. Der Rhythmus bedeutet nichts. Der Rhythmus ist keine grammatikalische Kategorie. Er ist kein Satzzeichen. Er ist gar kein Zeichen. Er fügt der Sprache auf der lexikalischen Ebene nichts hinzu. Ein Satz ist, rhythmisch gelesen oder unrhythmisch gelesen, auf der lexikalischen Seite identisch, auf der kinetischen aber nicht. Es wird keine neue Vorstellung erzeugt, keine neue lexikalische Bedeutung mitgeteilt, trotzdem ist die Wirkung eine andere.

Wir erkennen also im Rhythmus eine sprachfremde Kategorie, die jedoch für Bedeutung und Wirkung eine entscheidende Rolle spielt. Den Charakteristika dieser zweiten Semantik möchte ich mich jetzt zuwenden.

3. Der Kreisprozess des Ästhetischen in der Musik

In aller Kürze – ich hoffe, nicht zu kurz, um verständlich zu sein – habe ich die poetische Sprache analysiert. An anderer Stelle habe ich die kinetischen Mechanismen des metaphorischen Prozesses der poetischen Sprache umfassender analysiert (Leikert 2008). Der metaphorische Prozess ist dabei ein erster Mechanismus, mit dem sich die poetische Sprache, vermittelt über das Bild des Körpers, dem leiblichen Sein zuwendet.

Fassen wir als einen ersten Ausgangpunkt der ästhetischen Wirkung der poetischen Sprache die Metapher auf, so ist ihr Zielpunkt der Körper. Die Wirkung der Metapher vollendet sich im Körper des Hörers. Natürlich hat die Metapher auch eine Bedeutung schaffende Funktion innerhalb der Sprache, vor allem aber schießt die Metapher den Pfeil ihrer Wirkung auf das Körperselbst ab. Der Ausdruck, die Kunst wolle den Menschen berühren, hat eine reale Grundlage. Es ist tatsächlich eine reale, körperliche Veränderung, welche die ästhetische Wirkung ausmacht. Stimme und Rhythmus sind zwei weitere Ausgangspunkte, die dieselbe Zielrichtung des körperlichen Geschehens haben.

Nun ist die Analyse der metaphorischen Wirkung an einem Punkt angelangt, an dem sie mit dem Konzept der kinetischen Semantik verbunden werden kann. Mit diesem Begriff bezeichne ich die Wirkungsweise der Musik, bei der akustische Spannungsfolgen auf das Erleben eine Wirkung ausüben.

Kinein bedeutet auf Griechisch bewegen, und durch Bewegungsfolgen, durch Rhythmen von Spannung und Entspannung, entsteht ja das musikalische Material, das eine Wirkung vermittelt.

Mit dem Begriff der Semantik, also der Lehre von der Bedeutung, möchte ich betonen, dass diese Wirkung zwar in ihren Wurzeln archaisch ist und in der vorgeburtlichen, stimmkörperlichen Beziehung verankert ist, dass sie sich jedoch auch zu einer hohen Komplexität und Sprachlichkeit organisieren kann. Die Musik zeigt das Semantische unmissverständlich, hat sie doch sogar ein eigenes Schriftsystem geschaffen.

Die kinetische Semantik beruht auf der inneren Organisation sinnlicher Elemente, die sich in der Aktualität des Augenblicks zu einer Gestalt fügen, die verschiedene Sinneskanäle umfasst und in einer erlebten Einheit verschmilzt. Bei dieser Vereinheitlichung spielt der Rhythmus eine zentrale Rolle. Der Rhythmus erlaubt es dem Erlebenden, sich antizipierend auf die zu erwartenden nächsten sinnlichen Ereignisse einzustellen, sie apperzipierend vorwegzunehmen. Der Rhythmus bietet Sicherheit im zeitlichen Kontinuum und erlaubt es damit, sich von den sichernden sprachlichen Identifizierungen in den Bereich der sinnlichen Erlebensoffenheit hineinzuwagen.

Auf einer mikroskopischen Ebene lässt sich dies als ein Kreisprozess beschreiben: Ein sinnliches Ereignis tritt ein, wiederholt sich regelmäßig und führt damit zu einer Erwartung, die beim erneuten Eintritt erfüllt wird. Der Kreisprozess hat sich geschlossen. Das Bild eines Kreises ist jedoch nur bedingt richtig, wenn sich eine Kreislinie schließt, trifft die Linie ihren eigenen Ausgangspunkt. Der psychologische Vorgang, der sich um einen simplen Rhythmus entfaltet, ist jedoch komplexer: Hier werden zwei Ordnungen miteinander verschweißt, nämlich das von außen eintreffende sinnliche Ereignis und die aktive apperzipierende Hinwendung des Hörers. Und um diese Schnittstelle geht es mir vor allem, wenn ich versuche, eine Theorie des Ästhetischen zu entwickeln.

In der klassischen Darstellung der Sinne wird von fünf Sinnen – Hören, Sehen, Tasten, Schmecken und Riechen – gesprochen. Es fällt auf, dass dies nur die weltzugewandten Sinne sind. Der Sinn für das Erleben der eigenen Person fehlt. Mit anderen Worten: Die klassische Aufteilung der Sinne ist fundamental unvollständig. Sie beschreibt, was der Mensch von der Außenwelt wahrnimmt, aber nicht, wie er es zu sich selbst, zur Wahrnehmung der eigenen Person, in Beziehung setzt. Und gerade aus dieser Beziehung zwischen Selbst und Welt, zwischen Subjekt und sinnlichem Objekt resultiert das ästhetische Phänomen.

Wie schwer der Blick auf diesen Sinnesbereich fällt, merkt man auch an seinem etwas ungelenken Namen, dem propriozeptiven, d. h. das Selbst wahrnehmenden Sinn. Dieser Begriff bündelt eine Reihe von Wahrnehmungen, die den eigenen Körper betreffen, Bewegung, Schmerz, Wärme-Kälte, sowie Spannungszustände werden wahrgenommen. Und das ästhetische Phänomen beruht nun weder auf der Wahrnehmung des sinnlichen Objekts noch auf der Wahrnehmung der Spannung des erlebenden Subjekts, sondern auf dem Ausmaß, mit dem sich Selbst- und Außenwahrnehmung verschränken und synchronisieren.

Den ästhetischen Prozess beschreibe ich also als den Prozess der Synchronisierung von Binnen- und Außenwahrnehmung. Am Beispiel der Passage aus der *Ilias* habe ich diesen Vorgang beschrieben: die Metapher des Körpers wird in einem dramatischen und metrisierten zeitlichen Prozess kunstvoll entwickelt und aufgeführt. Körperbild, Stimme und Rhythmus bilden einen Kreisprozess von Erwartung und Erfüllung, der es dem Rezipienten erlaubt, sich mit seinen körperlich fundierten Erlebensprozessen in die epische Deklamation einzuschwingen.

In der Musik treffen wir nun den gleichen Kreisprozess an, den wir bereits für die Metapher analysiert haben. Die Metapher nutzt den Körper als Vorrat suggestiver Bilder, vor allem aber nutzt sie das Körperbild, um auf das Körpererleben selbst zurückzuwirken. In der Musik finden wir einen ähnlichen, nur ungleich direkteren Prozess der Imitation des Körperlichen im ästhetischen Medium.

Die Musik ahmt die Spannungsfolgen des Körpergeschehens nach. Die Periodik der Melodie entspricht den Gezeiten der Atmung, das Metrum dem Pulsschlag und so weiter. Musik ist insofern mimetisch, d. h., sie stellt das erlebte Körpergeschehen dar. Aber diese Darstellung ist nur ein Punkt im Kreisprozess des ästhetischen Geschehens, denn die Darstellung dient der Rückwirkung auf das Dargestellte. Die Musik stellt das erlebte Körpergeschehen für das erlebende Körpergeschehen dar.

Was die Musik so erlebensintensiv macht, ist gerade diese Fähigkeit, den Kreisprozess des ästhetischen Geschehens zu koordinieren. Wenn ästhetische Wahrnehmung stets die Doppelrichtung der sinnlichen Außenwahrnehmung und des Empfindens, also der sinnlichen Binnenwahrnehmung hat, so ist es die Besonderheit der Musik, diesen Prozess des Zusammenfügens von Innen und Außen, von Wahrnehmen und Erleben durch zeitliche Verzahnung zu steigern. Wenn die Musik durch ihre Verlaufsformen die Verlaufsformen des emotionalen Erlebens, also des Erlebens von Körperspannungen imitiert, und die rezipierende Empfindung die Verlaufgestalten der Musik vorwegnehmen kann, so ergibt sich die Möglichkeit einer Synchronisierung von Wahrnehmung und Erleben.

4. Der ästhetische Raum der Oper

Die bisher entwickelten Vorstellungen sollen nun auf den ästhetischen Raum der Oper angewandt werden. Der Kreisprozess des ästhetischen Erlebens, d.h. die zeitliche Synchronisierung der Erwartung des erlebenden Subjekts und der Erfüllung dieser Erwartung durch das eintretende sinnliche Ereignis des künstlerischen Objekts, dient auch hier als Leitfaden der Betrachtung. Gelingt diese Koordination von Erwartung und Erfüllung, so kommt es zu einer Verschmelzung mit dem Objekt – es berührt uns, kommt uns nah. Diesen sich schließenden Kreisprozess kann man auch einen Ring nennen und der ästhetische Raum besteht darin, in einem permanenten Spiel von Erwartung, Enttäuschung, Verzögerung und endlicher Erfüllung, Ringe in Ringe zu weben. Bereits die kleine Passage der *Ilias* bietet eine polyphone zeitlich Ordnung: das Geschehen entfaltet sich als ein sich Auffächern einer Szene – der Eber des Bergs – daneben sind wir durch das Hexameter aber auch in ein komplexes metrisches Geschehen eingewoben. Wie aber ist der ästhetische Raum der Oper beschaffen?

Bisher habe ich von semantischen Strukturen gesprochen. Und diese Perspektive bildet auch die Grundlage der Betrachtung des Geschehens auf der szenischen Ebene. Denn ich verstehe die Oper als ein Geschehen, bei dem auf unterschiedlichen semantischen Ebenen etwas Ähnliches passiert. Wenn ich von dem Wunsch des erlebenden Subjekts nach der Verschmelzung mit dem sinnlichen Objekt spreche, meine ich damit nicht notwendig nur das Geschehen auf der Mikroebene der musikalischen Rezeption, denn mit dem Wunsch nach Vereinigung beschäftigt ja auch das Liebesleben, um das es in der Oper thematisch geht. Wie geht nun die Psychoanalyse auf die inhaltliche Ebene – die Liebesgeschichte – zu?

In der Regel erklärt die Psychoanalyse, indem sie in dem manifesten Geschehen auf der Bühne Lücken und Brüche aufzeigt und dann eine zweite Sinnebene, meist die infantile Beziehungsebene, anbietet, auf der sich das Geschehen auf eine einfachere, logischere Weise erklären lässt. Man entdeckt in der Liebesgeschichte etwa das Drama der frühen Mutterbeziehung und die Sehnsucht nach der Wiedervereinigung mit der Mutter. Mein Blickwinkel auf die Oper ist ein klein wenig anders: Ich versuche, einen Prozess und einen Urkonflikt zu beschreiben, der sich auf allen Ebenen, einschließlich der Ebene des semantischen Geschehens, wiederfinden lässt. Er bestimmt die Dynamik der erwachsenen Liebesgeschichte auf der Bühne, aber auch die Dynamik der infantilen Konstellation; vor allem aber finden wir diese Strukturen auch auf der Ebene der konstituierenden Sinnelemente, auf der Ebene der musikalischen Sprachlichkeit wieder.

Was wir in der Musik suchen, ist die vollkommene Synchronisierung von erwartetem und eintretendem sinnlichen Ereignis, von einer Verschmelzung mit dem Objekt Stimme, das uns körperlich erschüttert und bewegt. Gleichzeitig erleben wir, dass sich die einmal erreichte Einheit nicht auf Dauer stellen lässt und dass wir die Verschmelzung wieder verlieren, dass es einen Bruch gibt, den wir vergeblich zu schließen suchen. Es gibt im Erleben einen unhintergehbaren Mangel, der unser Begehren weitertreibt. Die höchste psychische Leistung zu der wir in der Lage sind, ist die, den Mangel zu akzeptieren, ja, ihn als die Bedingung der menschlichen Existenz sogar zu wählen.

Unversehens haben wir hier also den Sprung von der Linguistik in die Semantik gemacht. Ich habe einen linguistischen Vorgang beschrieben – die Strebung, der Fusion zwischen der apperzeptiven Erwartung und dem eintretenden sinnlichen Ereignis – und fand ein psychologisch höchst bedeutsames Ereignis vor. Die Oper ist nun nicht mehr und nicht weniger als die Auffächerung dieses Geschehens auf den verschiedenen Ebenen des musikalischen Geschehens des Textes und der sich entfaltenden dramatischen Handlung. Das Charakteristische der Wirkung der Oper ist, dass diese Ebenen sich wechselseitig durchdringen und amplifizieren.

Anja Guck-Nigrelli hat diesen Prozess anschaulich beschrieben. Sie geht davon aus,

> »dass die Grundfigur einer audio-vokalen Bezogenheit mit der Urszene des Schreis nach einer basalen Annahme als primäres sensorisches Erleben, als implizites Wissen wie ein roter Faden erhalten bleiben kann, auch wenn die Interaktionen immer vielfältiger werden« (S. 17 in diesem Band).

Diese Urszene des Angenommen-Seins oder Leer-und-tot-Zurückbleibens vollzieht sich nun auf vielen Ebenen wieder. Guck-Nigrelli beschreibt dies zunächst anhand des Erlebens des Hörers, der von der puren Stimme seines Sängers ergriffen wird. »Die Stimme ist nah und vermittelt mir das Gefühl einer steten, warmen und haltenden Berührung [...]. Gleichzeitig empfinde ich einen Schmerz, wie ein Wiedererinnern an etwas Verlorenes, das für immer vorbei ist und nie mehr eingeholt werden kann. ›Mai più‹, nie mehr – so hört man es auch oft von der Bühne und ist zu Tränen gerührt« (ebd.).

Von Beginn an wird die Entsprechung von Erleben der Musik und Inhalt der Szene herausgestellt, eine Szene, die sich nun in vielfältigsten Abwandlungen im Verlauf der Oper steigert und verschränkt. »Aus dieser enorm aufgeladenen Urszene entwickelt sich nun entlang einer unter dem Taktschlag des Dirigenten laufenden Zeitachse, die ich Lebenslinie nenne, ein affektiver Austauschprozess« (ebd.). Es kommt zu sich steigernden Prozessen des Findens und Verlierens sowohl in der Musik als auch in den Interaktionen der Protagonisten auf der Bühne. »Aus der Protoerfahrung des Klangobjekts mit An- und Abwesenheit«, also aus der rein formalen musikalischen Struktur, »hat sich im Verlauf der Lebenslinie der Oper eine Erlebensgeschichte aufgeschaukelt, die mit der Urszene des musikalischen Theaters beginnt und dem Tod der Primadonna endet« (ebd.).

5. Der glückliche Tod

Untersuchen wir die Mangelerfahrung zu Beginn und beim dramatischen Höhepunkt, dem Liebestod der Protagonistin. Es ist ja nicht einfach eine sich steigernde Wiederholung, die orgiastisch zu einem Höhepunkt geführt wird. Das gibt es auch in der Musik, aber das ist nicht das unbewusste Skript der Oper. Gehen wir davon aus, dass Erfüllung und Mangel schon in der ersten Stimmbegegnung in der Oper erlebt werden. Erfüllung und Mangel bestimmten auch die Dramaturgie der Oper von Beginn an. Zu Beginn erscheint der Mangel jedoch als ein akzidenteller. Der Mangel ist ein Ärgernis, er ist nicht gerechtfertigt, beruht auf gesellschaftlicher Kontingenz, und er soll, er muss überwunden werden. Ja, selbst wenn der Mangel zu Beginn absolut ist, wenn der Liebende, wie Orpheus, durch den Tod von der Geliebten getrennt ist, wird gegen den Mangel angekämpft. Erfolgreich, zu Beginn erfolgreich angekämpft. Mit der Erfüllung beginnt der Mangel sich jedoch zu verändern und beginnt seine existenzielle Unantastbarkeit auszuspielen. Der Mangel persisitiert. Er ist der steinerne Gast der Oper: schweigend, grausam, unverrückbar.

Die einzige Möglichkeit, ihm zu entkommen, ist ihn zu wählen. Der Liebestod ist freiwillig, ist nicht kontingent. Er ist gewählt. Ihn zu wählen ist die einzige Art, ihn zu besiegen, denn der Liebestod beglaubigt die Liebe, nicht den Tod. Wir müssen uns, – ich darf hier Camus paraphrasieren – den Tod in der Oper als einen glücklichen Tod vorstellen.

Nicht nur die Oper, auch die psychoanalytische Theoriebildung tut sich schwer, den Mangel anzuerkennen. Gerade Theorien, welche die frühe, sensorisch dominierte Zeit erforschen – pars pro toto sei hier Daniel Stern (1985) genannt – schieben den Mangel gern ins Reich der Kontingenz. Wenn die Versorgung nur ausreichend lückenlos gewesen wäre, wäre alles gut. Ich möchte betonen, dass die Erfahrung des Mangels auch auf der sensorischen Ebene ubiquitär, und zwar notwendigerweise ubiquitär ist. Natürlich soll man versuchen, seinem Kind die Erfahrung von Mangel zu ersparen, man muss sich nur nicht einbilden, dass man das auch schafft.

Im Modus der kinetischen Semantik strebt das psychische Geschehen eine zunehmenden Synchronisierung von Wahrnehmung und nachschaffendem Erleben an. In dem Ausmaß, in dem dies gelingt, werden Intensität, Verschmelzung und Entgrenzung erlebt. Dies zieht, im notwendigen Kontrast dazu, das Erleben Leblosigkeit, Abkapselung und Isolation nach sich, eine Polarität, die Thomas Ogden (1995) bereits in seinem Begriff der autistisch-berührenden Position formuliert hat.

In der Oper finden wir diesen Mangel kaleidoskopartig aufgefächert in den verschiedenen Registern des psychischen Funktionierens. In der Musik selbst, aber auch in der dramatischen Entwicklung und im Libretto. Aus der konzentrischen, um den Mangel herum organisierten Diskursivität bezieht die Oper ihre Intensität. Es ist also nicht einfach so, dass die Musik das Drama emotional ins körperliche Erleben überträgt – diesen Aspekt habe ich bereits bei der poetischen Sprache herausgearbeitet – zusätzlich wird der Mangel auch auf der Ebene der Musik selbst ins Werk gesetzt.

6. Kinetische Semantik und ästhetische Theorie

Ich möchte nun auf meine anfängliche These zurückkommen, das ästhetische Phänomen sei zutiefst mit der kinetischen Semantik verbunden und ohne diese nicht erklärbar. Folgt man diesem Gedanken in das freudsche Werk hinein, so findet man Hinweise in diese Richtung. Freud spricht von einer gefälligen Anordnung des Stoffes, davon, dass der Dichter uns »durch rein formalen, d.h. ästhetischen Lustgewinn« besticht (1908, S. 179).

Damit anerkennt Freud jedoch keineswegs die Sinnlichkeit in ihrem Eigenrecht und in ihrer Strukturiertheit. Freud unterhält zur Sinnlichkeit ein etwas eigentümliches Verhältnis. Man kann sagen, dass sie ein Dasein am Rande der Theoriebildung fristet. In der Traumdeutung (1900) ist die sinnliche Wahrnehmung bloßer Durchgangspunkt der Traumbildung. Im Triebbegriff (1905) ist das Körpergeschehen zwar strukturiert, aber doch als außerhalb der psychischen Repräsentanzenbildung liegend gedacht. Und auch in Freuds Analyse der Wirkung von Kunstwerken hat der sinnlich kinetische Anteil nur einen hinführenden Charakter.

Wenn Freud von der »ästhetische Lust« als einer »Vorlust« spricht, die zu den eigentlichen und tieferen Lustquellen führt (1908, S. 179), so widerspreche ich entschieden. Allein die Existenz und Wirkung der reinen Musik zeigt, dass die ästhetische Lust, also diejenige, die sich allein aus der kinetischen Semantik speist, zu komplexen Werken und intensivstem Erleben führen kann. Die freudsche ästhetische Theorie greift zu kurz.

Ein Blick in die Philosophiegeschichte zeigt, dass die Kategorien der geistigen Verstandeskräfte, der lexikalischen Semantik also, durch das sinnliche Urteil der Ästhetik ergänzt werden müssen. Die philosophische Ästhetik ist seit Aristoteles eine konstante Frage und seit Baumgarten ein eigenes Fach der Philosophie. Ist es nicht ein fast ironischer Zug der Geistesgeschichte, dass die Psychoanalyse von der Philosophie an die Sinnlichkeit erinnert werden muss?

Mein Konzept der kinetischen Semantik sucht einen neuen Aspekt in die Diskussion zu bringen. Gegenüber den philosophischen Positionen sehe ich meinen Beitrag vor allem darin, dass ich das Ästhetische, bzw. das Schöne nicht als eine Eigenschaft des Objekts ansehe, sondern als eine Eigenschaft der Beziehung zwischen wahrnehmendem Subjekt und sinnlichem Objekt. Ästhetische Schönheit entsteht in einem Prozess der Begegnung; aus einer Synchronisierung des apperzipierenden Erlebens mit den Eigenschaften des ästhetischen Empfindungsobjekts.

Viele der hier entwickelten Gedanken sind vorläufig, unvollständig und lückenhaft. Sie können keineswegs die so weitreichende These zweifelsfrei belegen, jedes ästhetische Phänomen beruhe darauf, dass das psychische

Funktionieren unter die transformierende Herrschaft der kinetischen Semantik gestellt wird. Dieser Mangel ist mir vollkommen bewusst. Mit den vorgestellten Überlegungen hoffe ich jedoch bei dem einen oder anderen Leser die Bereitschaft geweckt zu haben, diese These als eine heuristisch fruchtbare Perspektive mit einem verpflichtenden Frageauftrag zu akzeptieren. Die Wette ist noch offen.

Literatur

Buchholz, Michael B. (2005): Vom Primat der Metapher – Kultur und Köper, Kognition und Konversation (Teil 1 und 2). In: Buchholz, Michael B. & Gödde, Günter (Hg.): Das Unbewusste in aktuellen Diskursen – Anschlüsse. Gießen (Psychosozial-Verlag), S. 193 – 263.
Freud, Sigmund (1900): Die Traumdeutung. GW Bd. II/III.
Freud, Sigmund (1905d): Drei Abhandlungen zur Sexualtheorie. GW Bd. X, S. 29–145.
Freud, Sigmund (1908e): Der Dichter und das Phantasieren. GW Bd. VII, S. 213–233.
Guck-Nigrelli, Anja (2009): Warum die Primadonna meistens sterben muss – Überlegungen zum Wesen der Oper. In: Oberhoff, B. & Leikert, S. (Hg.): Opernanalyse. Gießen (Psychosozial-Verlag).
Homer (730 v. Chr.): Ilias. Übersetzt von Johann Heinrich Voß. München (Goldmann Verlag), 1974.
Leikert, Sebastian (2008): Den Spiegel durchqueren – Die kinetische Semantik in Musik und Psychoanalyse. Gießen (Psychosozial-Verlag).
Ogden, Thomas H. (1995): Frühe Formen des Erlebens. Wien (Springer-Verlag).
Rank, Otto (1932): Kunst und Künstler – Studien zur Genese und Entwicklung des Schaffensdranges. Gießen (Psychosozial-Verlag) 2000.
Reiche, Reimut (2001): Mutterseelenallein – Kunst, Form und Psychoanalyse. Frankfurt/M. (Stroemfeld/Nexus).
Ricœur, Paul (1975): Die lebendige Metapher. München (Wilhelm Fink-Verlag), 1986.
Stern, Daniel N. (1985) Die Lebenserfahrung des Säuglings. Stuttgart (Klett-Cotta), 2003.

Musik anstelle von Sprache

Gedanken zum Film *Jenseits der Stille*

Antje Niebuhr

Meine Überlegungen werden den Film *Jenseits der Stille* von Caroline Link (1997) zum Thema machen und sich mit der Frage beschäftigen, welche Rolle und Bedeutung der Musik in der Lebensgeschichte der Hauptperson dieses Films zukommt. Darüber hinaus werde ich mich mit dem zeitgenössischen Komponisten Helmut Oehring beschäftigen, dessen realer biografischer Hintergrund jener ist, der im Film dargestellt wird: das Kind gehörloser Eltern zu sein.

Der Film hat in der Gesellschaft eine ähnliche Funktion angenommen, wie es die der Oper war und ist. In beiden Ereignissen wird ein ästhetischer Raum geschaffen, der vordergründig der gesellschaftlichen Unterhaltungs- und Genusskultur zuzurechnen ist. Doch es eröffnet sich darin die Möglichkeit, mit Augen, Ohren und Verstand in Geschichten, Szenen und märchenhafte Arrangements hineingezogen zu werden, in denen die »facts of life« moduliert, komponiert und variiert werden. Liebe, Trennung, Aggression, Rache und Versöhnung, Macht und Ohnmacht sind die Themen, die in der Oper und im Film zur Aufführung, zum Ausdruck kommen, und in denen individuelle und kollektive psychische Wünsche Resonanz finden und beantwortet werden. Die Ausbreitung der psychoanalytischen Filmbesprechung zeigt, dass, wie in der Oper, auch im Film archaische Themen dargestellt und bearbeitet werden.

Der Film *Jenseits der Stille*, der als bester nicht englischsprachiger Film 1997 eine Oscar-Nominierung erhielt, bringt ein Thema »auf die Bühne«, das an die Ursprünge der Bedeutung von Musik rührt: Trennung zu erfahren und einen kreativen Umgang mit dieser Erfahrung zu finden. Einerseits nimmt uns der Film dafür mit in eine fremde Welt, die Welt der Gehörlosigkeit, der Geräuschlosigkeit, der scheinbaren Sprachlosigkeit. Andererseits interpretiere ich diese »Losigkeit« auch als Metapher, als Metapher für Trennung und Aufhebung bzw. Überbrückung von Trennung.

Der zeitgenössische Komponist und Musiker Helmut Oehring, der der Sohn gehörloser Eltern ist, bringt in seinem überaus reichhaltigen Werk diese Losigkeiten zum Ausdruck, auf die Bühne. Er inszeniert in seiner »Dokumentaroper«, die ich aus seinem Werk exemplarisch diesem Beitrag zugrunde lege, »Losigkeit« und macht sie dem Zuhörer und Zuschauer erlebbar.

Insofern werden wir uns jetzt in verschiedenen Räumen bewegen: Film, Oper, Sprache, Gebärdensprache, Räume, die aus- und die einschließen. Es handelt sich gleichsam um Zwischenräume, Übergangsräume.

Die Nähe der Musik zum Übergangsraum oder Übergangsobjekt ist in den Bemühungen, Musik psychoanalytisch zu verorten, zu verankern und in psychoanalytischen Konzepten »unterzubringen« schon vielfältig beschrieben worden. Winnicott ist uns hierbei immer wieder kreativer und einfühlsamer Referenzpunkt. Wenn ich mich mit der Inszenierung Laras Geschichte und Oehrings Werk befasse, bewege ich mich in mehrfacher Hinsicht im »Zwischenbereich des Erlebens« (Winnicott), in dem sowohl die innere Realität als auch das äußere Leben zusammentreffen. Diesen Bereich bezeichnet Winnicott als den »Bereich des Erlebens, bei dem nicht die Frage gestellt wird, ob er zur inneren oder zur äußeren (mit anderen geteilten) Realität gehört. Er macht den größeren Teil im Erleben des Kleinkindes aus und wird in dem intensiven Erleben beibehalten, das der Kunst, der Religion, der Fantasie und der schöpferischen Arbeit eigen ist« (Winnicott 1958, S. 319).

Zum Ende des Films befinden sich Lara und ihr Vater in einem solchen Raum, er hört ihre Musik und kann sie doch nicht hören. Sie spielt für ihn, dies wissend. Mit dieser Schlussszene hinterlässt der Film eine sehnsuchtsvolle Stimmung, traurig und schön, auf eine schwer zu greifende Weise beglückend und gleichzeitig bedrückend, von manch einem auch als kitschig empfunden. Die Gleichzeitigkeit von Trennung und Kontakt, das Erreichen in der Unerreichbarkeit als Bild gewordene Szene ist der Schlussakkord nach einer komplexen Bewegung durch verschiedene abgeschlossene und sich öffnende Räume hindurch.

Als Psychoanalytikerin interessiere ich mich bei jedem Material, mit dem ich mich beschäftige, besonders für meine antwortenden Gefühle, weil sie mir helfen, dem auf die Spur zu kommen, was mir gegenüber ist, weil sie mich leiten, die verborgenen Motive und Bedeutungen dessen, was mein Gegenüber, hier der Film, auf einer unbewussten, einer impliziten Ebene transportiert, zu entschlüsseln.

Der Film erzählt uns die Geschichte eines Mädchens von ihrem achten bis zu ihrem 18. Lebensjahr, das in der besonderen Situation aufwächst, Tochter gehörloser Eltern zu sein. Der Zuschauer wird in eine fremde Welt hineinversetzt, eine Welt, die insofern beängstigend sein kann, als in ihr das Hauptkommunikationsmittel, die gesprochene Sprache, ausfällt. Der Film vermittelt sowohl das Beengende dieser Welt als auch die fantasievollen Lösungen, die angesichts der Notwendigkeit, das Akustische durch visuelle und taktile Reize zu ersetzen, gefunden werden.

Ich verstehe die Geschichte als eine Metapher, die nicht nur Fremdes, sondern auch den Hörenden Vertrautes anspricht, nämlich die Erfahrung der Getrenntheit. In besonders zugespitzter Weise müssen die Menschen in dieser Geschichte mit der Erfahrung von Getrenntheit und dem Schmerz des Nicht-Verstandenwerdens umgehen, in sehr unterschiedlichen Konstellationen und Positionen.

In der Welt von Lara und ihrer Familie lebt eine wichtige »Person« mit, die Musik. Sie tritt in unterschiedlichen Funktionen auf: in der transgenerationalen tief kränkenden Trennungserfahrung, die Martin als gehörloser Sohn und Bruder in seiner Kindheit machte und erneut mit seiner Tochter machen muss, als sehnsuchtsvoller beglückender Selbstausdruck sowohl in der Fantasie von Laras Mutter als auch in Lara selbst, in Clarissa (Laras Tante), in der Figur des Lehrers und Vorbildes Giora Feidmann, in den Abgrenzungskämpfen Laras gegenüber Clarissa sowie zwischen Lara und ihrem Vater.

Während wir Lara auf ihrer Entwicklungsreise vom Kind zur erwachsenen Frau in ihrer Individuation begleiten, erleben wir mit, dass und wie die Musik ihr ein »Entwicklungshelfer« ist. Warum ist das so? Warum gerade die Musik in der stillen Welt von Laras Familie? Ist die Musik lediglich ein Antrotzen gegen die Ignoranz der Stille der Eltern, in der Lara ihrem Vater wie in einer absurden Verdrehung an den Kopf wirft, sie könne seine »Geräusche« nicht mehr ertragen?

Die Bedeutung und die Kraft, die Lara in der Musik erlebt, ist nicht allein mit der abgrenzenden Funktion erklärt, die ihr hilft, ihre Autonomie zu finden. Hier ist eine tiefere, unbewusstere oder verborgenere Dimension wirksam, aus der heraus die Motive der Geschichte gespeist sind und die Laras Entwicklungsbewegung verständlich macht. Zu dieser verborgenen Dimension der Musik lesen wir bei Oberhoff:

> »Es sind sicherlich keine objektiven Tatsachen, die in der Musik einen Ausdruck finden. Musik übermittelt kein Tatsachenwissen, sondern Musik evoziert ein nicht erinnerbares, unbewusstes und uns trotzdem zutiefst vertrautes subjektives Empfinden und Erleben. Musik bringt uns wieder in Kontakt mit jenen Räumen unseres Erlebens, in denen das ›Unthought Known‹ (Bollas), das ›ungedachte Bekannte‹ lagert und darauf wartet, gestaltet, gedacht und erinnert zu werden. Und dieses Erinnern ist kein kognitives und kein sprachlich strukturiertes Erinnern, sondern ein Fühlendes, ein ästhetisches Erinnern. Musik trägt dazu bei, immer wieder aufs Neue zu unserer präverbalen Heimat zurückzufinden« (Oberhoff 2005, S. 7).

Versuchen wir uns an den Anfang des Films zu erinnern, an den »very beginning«, sozusagen an die Wehen und die Geburt (des Films), die allerersten Bilder. Es sind wabernde graue Blasen, undeutliche Bewegungen, wie ferne Kratzgeräusche, die man erst langsam zuordnen kann, bis man vielleicht realisiert: Wir befinden uns unter dem Eis! Wir sind getrennt durch das Eis von außen, abgeschnitten, hören aber, wie von Ferne die Geräusche, die über dem Eis entstehen, das Kratzen der Schlittschuhe und eine Kinderstimme, die ruft: »Clarissa, ich hab' Angst!« Dann erscheinen Pfützen und Tropfen, das Eis schmilzt, man weiß für eine Weile nicht, ob man sich unter oder über dem Eis befindet, bis die Situation plötzlich eindeutig wird: Jetzt sind wir über dem Eis, draußen, die Musik hat sich schlagartig von gedämpften und etwas bizarren Klängen zu einer klar konturierten Musik verändert, ein Klavier übernimmt die Führung. Wir sehen die Kratzspuren auf dem Eis, begreifen den Kontext, und schließlich sehen wir die kleine Lara unsicher auf Schlittschuhen herumstaksen und der anmutigen Schlittschuhläuferin Clarissa zugucken, die sich voller Lust bewegt und Lara lockt und motiviert, es ihr gleichzutun. Dies ist sowohl bildlich als auch akustisch ein Geburtsvorgang, ein Übergang.

Diese Initialszene, die wie ein Traum wirkt, den man danach im realen Alltag schnell wieder vergessen hat, liest sich wie das Auftauchen aus einem diffusen, primären Zustand (unter dem Eis), dem Hören diffuser ungerichteter Geräusche, ohne sehen zu können (»Clarissa, ich hab' Angst«), dann Schritt für Schritt dem Ankommen in einer Realität, in der es Zeit und Orte, Personen und Handlungen gibt, sowie die abgegrenzten, strukturierten Töne und Melodien des Klaviers.

Dieser Beginn des Films lässt sich als Initialszene verstehen, mit der mir als Analytikerin ein Angebot gemacht wird, Bedeutungen aufzunehmen, die nur implizit kommuniziert werden können und deshalb flüchtig, aber umso wertvoller sind.

Initialszenen, erste Eindrücke, die fast vorbei an der bewussten Wahrnehmung eine Spur, ein Bild, eine Prägung hinterlassen, sind sowohl im Alltag als auch in der analytischen Praxis Quellen unbewusster Kommunikation, unbewusster Beziehungsangebote. Sie bilden eine Beziehungssituation, die weniger explizit verstanden oder gewählt wird, als implizit, d. h. aus dem Körpergedächtnis und den nicht gewussten Spuren von Erfahrungen gestaltet und beantwortet wird. Sehr schnell und direkt werden unbewusste Botschaften ausgesandt und empfangen, unbewusste Aufträge erteilt und angenommen oder abgewiesen. Auch der Film teilt initial etwas sehr Entscheidendes mit, dies geschieht wie ein kurzes Eintauchen in einen Kern, um diesen dann in der Folge der Erzählung wieder zu verlassen, bzw. ihn zu be- und umspielen: unter dem Eis, über dem Eis, eingeschlossen, aus einem Innenraum etwas hören, aber nicht erkennen können. Außen wie in einem Innenraum bleiben, weil die Welt nicht gehört werden kann, oder weggesperrt werden, wie Martin, der durch sein Außensein, die Innenwelt, d. h. die Intimität von Vater und Tochter störte, in der Welt getrennt von den Eltern bleiben, die in ihrer taubstummen Intimität eine andere Sprache sprechen und getrennt bleiben von der Innenwelt der Tochter, weil sie ihre Außenwelt nicht mit ihr teilen können. Im Mutterleib kann sie die Mutter noch hören, auch wenn sie keine Stimme hat, sie hören über ihre Körpergeräusche, und draußen Angst bekommen, weil es so still ist?

Dies sind mögliche Einfälle zu der Anfangsszene des Films, Assoziationen und Rückbezüge aus der sich dann entrollenden Geschichte zu der Trennungslinie Eis, Eis, das schmilzt, wie in der letzten Szene zwischen Martin, Lara und der Musik, als die Trennung aufgehoben scheint.

Musik steht von Seiten der psychoanalytischen Forschung mit den Wurzeln der Emotionalität und damit mit sehr frühen Formen und Räumen des seelischen Lebens und Erlebens in Verbindung. Hören beginnt im Mutterleib und ist mit der taktilen Sinneserfahrung, dem Selbsterleben über die Haut die früheste und deshalb auch intensivste, körpernächste und sprachlich am wenigsten fassbare Erfahrung mit sich selbst und dem Außen. Föten können ab der 20. Schwangerschaftswoche Geräusche wahrnehmen, und zwar neben der Stimme der Mutter vor allem deren Körpergeräusche, deren Herzschlag, das Rauschen des Blutes, die Geräusche des Darms und der inneren Organe. Es gibt Untersuchungen darüber, dass sich die Innenwahrnehmungen eines ungeborenen Babys vorstellen lassen wie der Besuch in einer Disco, wo sich der Beat des mütterlichen Herzschlags vereint mit den strömenden und fließenden Geräuschen ihres Körpers, der das Baby hält und umfasst. In Rhythmik, Takt und Metrik, die unser Körper intuitiv nicht nur über die Ohren, sondern über die Hautoberfläche aufnimmt, begeben wir uns auf einer sehr tiefen Erfahrungsebene zurück in die Nähe des mütterlichen Herzschlags, der eine Art beruhigender Urordnung herzustellen vermag. Diese primär-narzisstische Welt, die wir mit der Geburt verlieren, weil wir getrennt werden, bleibt quasi in der unbewussten Erinnerung ein ständiger innerer Begleiter und taucht immer dort wieder auf, wo Wünsche nach Verschmelzung, Einssein, totalem Verstanden- und Gehaltenwerden wach werden: in der Liebe, in der Sexualität, in der Kunst, in der Musik, in der Psychoanalyse. Musik hat eine direkte und wenig rationalisierbare Beziehung zu den Emotionen, sie wirkt, weil sie vorbei oder durch Sprache und Ratio hindurch, also durch das, was wir als sekundär prozesshaft bezeichnen, die innerste psychische Wirklichkeit berührt und eine Beziehung schafft, die einer sehr intimen Beziehung gleicht.

Im Film ist das Thema der Intimität gleichsam gedoppelt dargestellt. Zum einen in der ausschließenden Dynamik, verdichtet um die Person Clarissa, die mit der Musik Intimität herstellt und damit als Kind die Vaterbeziehung sicherte, da sie sich offensichtlich von der Beziehung zwischen Mutter und Bruder ausgeschlossen, und mehr noch, von der Mutter abgewiesen fühlte. Als erwachsene Frau inszeniert sie mit der Klarinette neu, was sie als Kind erlebte, nämlich die Notwendigkeit, den Bruder, der durch sein Defizit sowieso schon ausgeschlossen war, nochmals auszuschließen. Wir erfahren, dass Clarissa die Intimität zwischen ihm und der Mutter nicht ertrug, beim Vater traf sie vielleicht auf ähnliche Gefühle, sodass Vater und Tochter in der Intimität des Musizierens einen Raum hatten, in dem sie Sohn/Bruder und auch Mutter auszuschließen versuchten. Die Mutter geriet in einen Konflikt mit ihrem Mann, den sie letztlich dadurch löste, dass sie Martins Sprache (mit den Händen fliegen) nicht wirklich lernte. Die erinnerte traumatische Szene beim Geburtstag des Vaters zeigt uns den virulenten Ausbruch dieser ödipalen Thematik, die in der Großelterngeneration nicht gelöst werden konnte, sondern, wie sich in den folgenden Großfamilienszenen einerseits und an den Geschwistern Martin und Clarissa andererseits immer wieder deutlich zeigt, zunächst verhaftet bleibt in Neid und Feindseligkeit. Martins Ausgeschlossenheit ist insofern nicht nur ein Resultat seiner Gehörlosigkeit, sondern zudem das Resultat der neurotischen Konstellation innerhalb seiner Familie, da auf der Elternebene die Dosierung der Intimitäten nicht genügend Schutz und Raum für die Kinder bot, sodass beide, auch Clarissa, beschädigt aus der Familie herauswachsen.

Insofern wird die Intimität, die genuin zwischen Musiker und Musik entsteht, funktionalisiert und verschärft dramatisch die Getrenntheit zwischen Hörenden und Gehörlosen. Dieses Thema droht zu einer Wiederholung, einer Reinszenierung zwischen Lara und ihrem Vater zu werden, als Clarissa ihre Nichte in die Intimität des gemeinsamen Musikgenusses hineinführt. Der Film arbeitet auf faszinierende Art und Weise mit der Verflechtung von drei Bedeutungsebenen:

➢ Die Ebene der besonderen Welt der Hörenden und der Gehörlosen, in der es um Ausgeschlossenheit, Trennungen, Übersetzungen und die Notwendigkeit einer dritten Sprache, der Gebärdensprache geht.
➢ Die Ebene der ödipalen bzw. Generationskonflikte, in der es ebenfalls um Trennungen, Intimität, Übersetzungen und die Notwendigkeit eines Dritten zur Erlangung der Autonomie geht. (Die Mutter sagt im Bett zum Vater: »Wenn du denselben Fehler machst wie deine Eltern, wirst du sie verlieren, du musst sie so akzeptieren, wie sie ist, in ihrem Anderssein!«) Hier verflechten sich die erste und die zweite Ebene.
➢ Die Welt der Musik, in der es in dieser Geschichte auch zwangsläufig wieder um Trennung und Ausgeschlossenheit geht. Aber auch um den Wunsch, verstanden, gesehen und gehört zu werden und autonom sein zu dürfen.

Bei dem Gedanken der Autonomie möchte ich kurz verweilen und Laras Geschichte verlassen, um mich dem Komponisten Helmut Oehring zuzuwenden. Autonomieentwicklung ist nur um den Preis von Aggression gegen das geliebte Objekt denkbar und ist insofern ein Balanceakt zwischen Vergeltungsängsten und der Hoffnung auf Anerkennung der Getrenntheit durch das Objekt, um letztlich eben auch die eigene autonome Anerkennung des

Subjektseins leisten zu können. Was der Film zu dieser Thematik darstellt, ist ein ästhetisches Produkt und von daher ein auf vielen Ebenen lesbares Phänomen. Von dem Musiker Helmut Oehring im Gespräch zu erfahren und sein Werk in diese Überlegungen mit hineinzunehmen, eröffnet einen weiteren, erweiterten Zugang. Inwieweit lassen sich in Helmut Oehrings Selbstverständnis als Komponist und Musiker Spuren des Weges finden, den er aus der Welt der Gehörlosigkeit seiner Eltern gegangen ist? Es geht hierbei nicht um eine Analyse des Komponisten oder um einen musikanalytischen Diskurs, sondern um ein Nachspüren der Frage, warum ein Mensch, der in der besonderen Welt gehör- und damit auch lautsprachloser Eltern aufwächst, sich gerade die *Musik* als Überlebensraum wählt, als Gestaltungsraum, als Ausdrucksraum.

Helmut Oehring wurde 1961 als Sohn gehörloser Eltern in Ost-Berlin geboren. Er ist vollkommener Autodidakt, brachte sich mit 15 Jahren selbst das Gitarrespielen bei und entdeckte die zeitgenössische Musik als zutiefst anregenden und aufregenden Erfahrungsraum, der ihn dazu brachte, selbst Musik zu komponieren. Er war Meisterschüler von Georg Katzer an der Berliner Akademie der Künste, zu deren Mitglied er 2005 gewählt wurde. Für sein kompositorisches Gesamtwerk von ca. 150 Kompositionen erhielt er den Hindemith-Preis. Weiterhin erhielt er den Hanns-Eisler-Preis, den Orpheus Kammeroper Preis Italien und den Schneider-Schott-Preis. Sein Werk umfasst Solowerke, Kammermusik, Orchesterkompositionen, Opern und Musiktheaterwerke, Theater- und Filmmusik, Liederzyklen, Hörspiel sowie ein Lese-Hörbuch.

Sprechen lernte Helmut Oehring mit knapp fünf Jahren. Bis er in die Schule kam, so äußert er in einem Interview mit der *ZEIT*, habe er sich in der Gebärdensprache geborgen gefühlt wie nie danach: »Als auch ich schließlich ›Mama, Kakao, Butter‹ sagen konnte, fiel ich in einen Spalt zwischen der hörenden Welt und der meiner Eltern, den ich bis heute nur dann nicht fühle, wenn ich Musik schreibe« (*DIE ZEIT* 2002).

Die Musik ist die Welt dazwischen. Eindrucksvoll beschreibt er die Autonomiebewegungen, die wir auch im Film sehen können:

INTERV.: »Wie haben Sie die Musik für sich entdeckt?«
OEH.: »Mit 12 saß ich mit einem Mikro andächtig vorm Fernseher und nahm
 Ilja Richters Hitparade auf. Für meine Eltern hatte ich ein großes Schild

an die Tür gehängt ›Bitte nicht stören!‹, weil der Geräuschpegel unter Gehörlosen brutal ist. Es hört ja keiner, wie die Tasse auf den Tisch knallt. Meine Eltern hatten keine Ahnung, was ich da trieb, aber irgendwie begriffen sie, dass das ein sakraler Akt war – mein ganz persönlicher Gottesdienst.«

INTERV.: »War das auch eine stille Form von Rebellion?«

OEH.: »Irgendwie schon, weil ich meine Eltern und den Rest der Welt in der Musik völlig ausschließen konnte. Ich werde nie vergessen, wie ich an meinem Schlagzeug saß. Ich riss die Fenster auf und drosch darauf ein, bis der Schläger zersplitterte und die Nachbarn Sturm klingelten. Meine Mutter saß seelenruhig neben mir und strickte.«

Musik als Autonomieraum. Musik als Abgrenzungsmöglichkeit und Musik als Belebung des leeren Raumes dazwischen, zwischen Stille und Krach, zwischen Sprache und Sprachlosigkeit, zwischen Körpergebärde und Schrift, zwischen Verschmelzung und Getrenntheit.

Oehring arbeitet und inszeniert seine Werke auch mit Gehörlosen, die lautierend oder in der Gebärdensprache am Kunstprodukt beteiligt sind. Er versteht diese Art der Arbeit selbst als eine Reinszenierung seiner Kindheit, als einen andauernden Vermittlungsprozess zwischen den Welten. In seiner 1997 komponierten *Dokumentaroper*, wirken drei taubstumme Darstellerinnen, eine Mezzosopranistin, eine Sprecherin und das Kammerensemble Neue Musik Berlin mit.

Oehring über dieses Werk: »Es hat mit dem Dokumentarbild zu tun, was ich festhalten möchte. Mit der Situation. Nicht zu benennen, um was es eigentlich geht. Darstellen. Dokumentieren. Für mich wird durch die Nicht-Benennung des Grauens einer solchen Situation von Nicht-Hören-Können das Grauen noch deutlicher.«

Im Vergleich zu Laras ästhetischen Melodien ist dies eine Zumutung. Aber gibt es nicht einen inneren Zusammenhang, gibt es nicht eine gemeinsame Quelle und eine gemeinsame Sehnsucht, die allerdings in Oehrings Werk in der direkten Umsetzung der traumatischen Erfahrung be- und verarbeitet werden?

Im *Psyche*-Band zu »Musik und Psychoanalyse« (2006) schreibt Maria Becker in ihrem Beitrag »Das Konzept des Fehlenden Selbst als Abwehrkonfiguration und seine Symbolisierung in zeitgenössischer Musik«:

»Nun lässt sich durch den Bezug zu einem Aspekt der experimentellen Musik – dem Phänomen der ›Losigkeit‹ – zeigen, dass Stille [gemeint ist der Einbruch des Zeitstillstandes im Sinne einer Erfahrung der Bodenlosigkeit und vollkommenen Hilflosigkeit, A. N.] zwar die Liedform zerstörte, nicht jedoch die Möglichkeit des musikalischen Bezugs. In den sich ergebenden musikalischen Gestaltungen wird die besondere Form der Einbindung der dyadischen Beziehung in das gesellschaftliche Gesamt deutlich: nämlich als Einschluss des Ausgeschlossenen. Damit kann das sprachlich bislang nur behauptete Durchhalten der Beziehung musikalisch mit der Form der Vermittlung ausgeführt waren. Die Zerstörung herkömmlicher musikalischer Idiomatik kreiert hier ein dyadisches Feld, in dem primärprozesshaft strukturierte Phänomene – Stille, Hin- und Herzerren, Einzelklänge, Gesten, Bewegungen, Liedfragmente, Geräusche – musikalisch abgestützt sind« (Becker 2006, S. 1239).

Musik als eigene Sprache zu entdecken, in ihr eine Brücke zwischen den unvereinbaren Gegensätzen von hörbarer unsichtbarer Lautsprache und unhörbarer sichtbarer Gebärdensprache zu finden, verstehe ich nicht nur als einen Autonomieschritt in der Ablösung von den Eltern, sondern als einen Überlebensweg aus der intrapsychischen Trennung zwischen zwei sich ausschließenden Welten. Oehring: »Alles hat damit begonnen, dass ich angefangen habe, Musik aufzuschreiben [...]. Ich habe auf einmal einen ganz anderen Horizont gehabt [...]. Plötzlich war da eine Möglichkeit [...]. Das hat damit zu tun, dass es für Gebärdensprache keine Schrift gibt.« In der Notation seiner Musik verleiht er seiner Muttersprache, der Gebärdensprache eine Stimme! Und damit hat er sowohl den Rückbezug auf die Mutter, d. h. auf seine primäre Bindung als auch auf den progressiven Trennungsschritt in die Welt der Sprache vollzogen.

Damit komme ich zurück zu Laras Geschichte, anhand der ich die angesprochene Brücke genauer untersuchen möchte und dem Wesentlichen der Musik noch näher auf die Spur zu kommen hoffe. Laras Entwicklungsweg verläuft nachvollziehbar über ihre Beziehungen zu Vater und Mutter, in denen Musik eine schicksalhafte Rolle spielt.

Es fällt auf, dass die Beziehung zum Vater lebendiger ist: Lara wendet sich an den Vater, spricht mehr mit ihm, kommt zu ihm, als ein Gewitter tobt, hat Konflikte mit ihm, beruhigt ihn. Die Nähe wirkt anrührend, löst aber angesichts des besitzergreifenden und einengenden Verhaltens des Vaters, der es vor dem Hintergrund seiner Kindheitserlebnisse offenbar nicht gelernt hat, sich selbst zu halten und zu begrenzen, auch ärgerliche Empfindungen aus. Laras Vater reagiert mit Impulsdurchbrüchen auf Kränkungen, die an seine Verletzungen des Ausgeschlossenseins rühren. In der gemeinsamen Welt mit Kai, seiner Frau, sehen wir ihn ruhiger, weniger ängstlich. Im Kontakt mit Hörenden jedoch wirkt er wie ein ständig kampfbereites Tier, das auf die kleinsten Signale aggressiv reagiert. Die immense Hilflosigkeit und Verzweiflung des ausgeschlossenen und in sich verschlossenen Jungen lauern in ihm, und werden spätestens, als Lara durch seine Schwester an die Musik herangeführt wird, wieder virulent.

Trotz der Taubheit beider Eltern ist er in klassischer Weise derjenige, der den Kontakt zur Welt hält. Er arbeitet, bastelt am Radio, interessiert sich für die Welt draußen und befragt seine Tochter dazu, was in seiner Wirkung sowohl beziehungsstiftend als auch übergriffig ist. Seine Liebe ist possessiv und unterliegt immer wieder den eigenen Erfahrungen von Ohnmacht und Wut, in denen sich zu wiederholen scheint, was er in seiner Familie nicht lösen konnte: den Verlust der Beziehung.

Beide Eltern nutzen ihre Tochter als Brücke, als Dolmetscherin in die Welt der Hörenden, und wir werden des Öfteren Zeuge, wie schmal der Grad zwischen nutzen und benutzen ist. Lara zieht aus dieser Situation durchaus auch Gewinn, aber es wird zugleich deutlich, wie überfordert und allein sie in dieser Rolle ist. Wenn sie später gegenüber dem Aufnahmegremium an der Musikhochschule auf die Frage, was ihr an der Klezmermusik so gefällt, äußert: »Sie ist in ihrem Herzen fröhlich und wild, gleichzeitig ist sie traurig und nicht wirklich frei, diese Verbindung kann ich gut verstehen«, beschreibt sie im Grunde die innere Situation eines geliebten, aber auch stark überforderten Kindes, das nicht nur mit den Übersetzungsaufgaben und der damit zusammenhängenden Verantwortung für sich und die Eltern überfordert war, sondern darüber hinaus mit einer Differenz aufwuchs, die es früh und prägend an die existenzielle Erfahrung des Getrenntseins heranführte. Lara ergriff wahrscheinlich aus der Überforderungssituation heraus die Klarinette und inszenierte unbewusst mit ihrer Tante die alte Eifersuchtsthematik der vorangegangenen Generation. Die ungelösten Konflikte der Elterngeneration drängten nach außen: Lara brauchte einen triangulierenden Raum zu den gehörlosen Eltern, brauchte einen Raum, in dem sie ohne die Eltern sein konnte, mehr noch, der die Eltern einerseits ausschloss, gleichzeitig aber an alle die Aufgabe stellte, integriert zu werden: »Ihr, die ihr nicht hören könnt, sollt mich, die ich Musik mache, so lassen«, sagt sie damit. Damit rührt sie zugleich an das ungelöste Thema des Vaters und erfüllt somit einen transgenerationalen Auftrag. Kai, die Mutter, versteht dies, aber den Vater bedroht es massiv, da er gleichsam ohne den Zwischenschritt des Verstehens, der Symbolisierung zurückversetzt wird in seine kindliche Verzweiflung und Hilflosigkeit.

Im Verlauf des Films werden wir Zeuge, wie der Vater es letztlich schafft, diese für ihn schrecklichen Gefühle zu »bearbeiten«, nicht zuletzt deshalb, weil er durch Lara eine Beziehungserfahrung macht, in der das Alte modifiziert werden kann. Dieser Ausgang macht den Film fast kitschig, aber doch auch anrührend, weil der Wunsch nach einer Versöhnung von Vater und Tochter ein individuelles und kollektives Lebensmovens ist, Ambivalenz und Trennungsschuld zu überwinden.

Die Differenz zwischen Kitsch und Anrührung hat vielleicht auch damit zu tun, dass ein Opfer gebracht werden muss, denn es ist nicht alles gut am Ende. Damit komme ich zur Beziehung zur Mutter.

Die Beziehung zwischen Lara und Kai ist still, sie erscheint als weniger wichtig. Kai ist eine in sich ruhende Frau, Anteil nehmend, aufmerksam, klar in ihrer Abgrenzung, abgeklärter mit ihrer Gehörlosigkeit als Martin, dabei aber etwas kindlich-sorglos.

Neben den Dolmetscherszenen (Schule, Bank, TV, Telefon), in denen Lara in einer Rollenumkehr Mutter für die Mutter ist, sehen wir beide in einigen Szenen sehr nah miteinander. Diese Nähe lässt sich als Ausdruck einer inneren Ungetrenntheit bzw. eines Rückgriffs auf eine frühere Ungetrenntheit verstehen. Sie besitzt eine andere Qualität als die Nähe zum Vater, um die immer wieder gerungen werden muss.

Lara meldet ihren kindlichen Anspruch an: »Alle Mütter können Radfahren, ich will, dass du es auch kannst.« Kai verspricht es, wenn das Baby da ist (ist sich also der Gefahr bewusst), und es kommt zu jener Szene, in der die Lebensgefahr für die Mutter bereits angedeutet ist. Kai fährt kindlich lachend, Lara läuft vor ihr her mit ausgebreiteten Armen: Sie stellt sich als Gleichgewichtsorgan der Mutter zur Verfügung! Zusammen könnten sie es schaffen, getrennt geht es nicht, die Mutter verunglückt tödlich beim Radfahren, als Lara in Berlin ist.

Diese Szene taucht als beglückende Erinnerung auf, als Lara das Giora Feidman Konzert hört, die Augen schließt, und sie dies sieht: Mutter und sie sind eins. Erstaunlicherweise macht sie diese Erinnerung nicht traurig oder einsam, sondern beglückt sie. Warum?

Diese Frage führt zurück zur letzten Begegnung zwischen Mutter und Tochter im Elternhaus: Kai kommt behutsam in Laras Zimmer, die mit dem Kofferpacken beschäftigt ist. Der Respekt und Stolz auf ihre Tochter, die sich für ein Musikstudium entschieden hat, drückt die Mutter dadurch aus, dass sie Lara zwei Karten für ein Konzert schenkt, von dem sie in der Zeitung gelesen hat. Sie möchte zusammen mit ihrer Tochter in dieses Konzert gehen und beginnt von ihrer eigenen Beziehung zur Musik zu erzählen: »Als ich klein war, habe ich fest geglaubt, dass alle Menschen, wenn sie groß sind, singen können. Ich habe mich vor den Spiegel gestellt und getanzt und habe mir vorgestellt, dass aus meinem Mund Töne kommen, die die Menschen so verzückt aussehen lassen.«

Aus der Abgeschlossenheit der Gehörlosigkeit hatte Kai als Kind eine Fantasie entwickelt, in der die Getrenntheit überwunden wird, und diese Überwindung, oder Aufhebung der Trennung fantasiert sie in die Musik hinein, weil sie gesehen hat, wie verzückt die Musik (speziell der Gesang, also die Stimme) die Menschen macht. Zum einen kann man dies wohl als eine Größenfantasie verstehen, die den schmerzlichen Mangel, die Hilflosigkeit und die Angst im Zusammenhang mit der Gehörlosigkeit kompensieren bzw. abwehren soll.

Diese Fantasie verweist auf die Situation der Verschmelzung im fötalen oder frühkindlichen Narzissmus, als die Subjekt-Objekt-Trennung noch undeutlich war. Ich beziehe mich hier u. a. auf Gedanken von Thomas Ogden (1995), der diese frühe psychische Position als »autistisch-berührend« bezeichnet hat. Mit dieser Position umschreibt Ogden die frühesten konstituierenden Beziehungserfahrungen zwischen Säugling und Mutter, vorstellbar wie eine Matrix, auf der sich das Ich des Individuums ausbildet. Diese frühesten Erlebnisse des Säuglings finden vor allem auf der Haut und im Körper statt. Ogden:

> »Im autistisch-berührenden Modus ist das Erleben von Empfindungen, insbesondere auf der Hautoberfläche, das wichtigste Medium, durch das psychische Bedeutung und die Anfänge der Selbsterfahrung geschaffen werden. Sensorische Berührung der Hautoberfläche zusammen mit dem Element des Rhythmuserlebens sind grundlegend für die elementarsten Formen kindlicher Objektbeziehungen: die Erfahrung des Kindes, von der Mutter in den Arm genommen, gestillt und angesprochen zu werden« (Ogden 1995, S. 32).

Die Qualitäten dieser frühen Erfahrungswelt lassen sich vielleicht aus der Perspektive des Säuglings zwischen den Polaritäten Isolation auf der einen und sensorischem/r Kontakt/Berührung auf der anderen Seite beschreiben. Es ist wahrscheinlich, dass ein taubes Kind besonders stark mit Angst auf den Wechsel vom intrauterinen zum extrauterinen Zustand reagiert, da die Sicherheit, der fühlbare Halt über die taktilen Reize nicht überbrückt und durchwoben ist von den akustischen Reizen, die die Anwesenheit eines Anderen, das »Ich bin da – du bist nicht allein!« signalisiert. Ein taubes Kind ist verstärkt auf Berührungen, Rhythmen und Reize auf der Hautoberfläche angewiesen, da es sich über diese der Anwesenheit eines anderen vergewissern kann. Es braucht etwas »Jenseits der Stille«, das vor Isolation oder autistischem Rückzug bewahrt.

In Kais Kindheitsfantasie erfahren wir etwas über ihre psychischen Möglichkeiten, Isolationserfahrungen nicht nur abzuwehren. Sie erfindet ja geradezu die Musik, den Gesang als ein Medium der »Verzückung«, eines Zustands des Glücks, den man als Zustand der Verbundenheit mit sich selbst, dem Anderen, der Welt, dem Kosmos etc. beschreiben kann. Sie projiziert ihre frühen Erfahrungen von Gehaltenwerden in die Musik, weil sie die emotionale Reaktion auf die Musik bei anderen gesehen hat und für sich in die eigenen emotionalen Erfahrungen rückübersetzt. Laras Mutter kann ihrer Tochter also den Raum der autonomen Selbstverwirklichung des Musizierens im Gegensatz zu ihrem Mann gewähren, da er für sie genau das Gegenteil bedeutet wie für Martin, nicht Ausgeschlossenheit und Trennung, sondern Verschmelzung, Bestätigung und Anerkennung.

Lara und Kai waren tatsächlich ungetrennt vor Laras Geburt, und der Vorspann zum Film erscheint mir wie eine Metapher für diesen Zustand, aus dem Lara heraustreten muss, um sie selbst zu werden, indem sie z.B. Schlittschuhlaufen lernt. Clarissa erscheint dann wie eine verzerrte Idealisierung der Mutter.

Aber zurück in den Mutterleib geht es nicht, und darum geht es auch in dem Film nicht. In der Musik erlebt Lara eine spezifische Art der Regression, die von psychoanalytischer Seite als »Regression im Dienste des Ich«, oder »progressive Regression« bezeichnet wird. Musikhören, insbesondere Musikmachen entspringen einer komplexen psychischen Tätigkeit, in der das Zusammenspiel regressiver Bewegung (»Versenkung«) mit der progressiven Anstrengung differenzierten Übens, Lernens, Sich-Weiterentwickelns, den kreativen Akt ermöglichen.

Lara knüpft in ihrem Wunsch, Musikerin zu werden, unbewusst an der Ungetrenntheit mit der Mutter und an der Erfahrung an, die Mutter gehört zu haben, ihren Körper um sich hörend wahrgenommen zu haben. »Was aber ist Musik? Was ist dieser Klang, der dir Heimweh macht?«, fragt Helmut Oehring im Prolog zu seiner *Dokumentaroper*.

Lara greift von beiden Eltern etwas auf – oder bekommt sie es zugespielt? Sie erfüllt die Sehnsucht der Mutter und löst den Konflikt des Vaters mit seiner Familie. Der Film geht sehr weit, wenn er Kai sterben lässt. Ich verstehe diesen Verlauf mit den dazugehörigen Bildern (dem tiefen Blick, den Kai ihrer Tochter beim Abschied zuwirft, der Erinnerung beim Konzert, als Lara ihre Mutter Radfahren sieht und sich selbst davor als Gleichgewichtsorgan) als Verschmelzungsfantasie, ein Motiv, das sozusagen die regressive Seite der Musik darstellt: Das Gefühl des Einsseins, der Zeitlosigkeit und der Raumlosigkeit. Beide, Lara und Kai, treffen sich in der Musik, die einmal fantasiert und einmal real ist, und bleiben in ihr verbunden über den Tod hinaus. In diesem früh-narzisstischen Raum kann man Musik sehen und Bilder hören. Giora Feidmann spricht dies aus: »Can you hear the picture?«

Die andere Seite der Musik wird durch Martin, den Vater, repräsentiert: Das anstrengende Ringen, der Kampf zweier Individuen, die den richtigen Abstand suchen, um schließlich eine reife Beziehung haben zu können, die nicht von Unterwerfung, sondern von Akzeptanz der Andersartigkeit des Gegenüber bestimmt ist: die progressive Seite der Musik. Martin trifft seine Tochter zum Schluss jenseits der Stille, und mit dieser Szene ist eine ideale Balance symbolisiert, die Lara zwischen dem mütterlichen und dem väterlichen Prinzip mithilfe ihrer Musik hält: jenseits der Stille, anstelle von Sprache.

Diesem doch eher harmonisierenden oder eben symbolischen Schluss möchte ich noch einmal Helmut Oehring an die Seite stellen, der in seinem Interview gesagt hat: »Meine Mutter würde wahnsinnig gerne zu meinen Konzerten kommen, und nur mit Müh und Not kann ich sie davon abhalten. Aber zu wissen, dass sie meine Musik nicht hören kann, würde mir das Herz zerreißen.«

Literatur

Becker, Maria (2006): Das Konzept des »fehlenden Selbst« als Abwehrkonfiguration und seine Symbolisierung in zeitgenössischer Musik. Psyche 12, 1239.
Oberhoff, Bernd (2005): Die seelischen Wurzeln der Musik. Psychoanalytische Erkundungen. Gießen (Psychosozial-Verlag).
Oehring, Helmut (1997): Booklet der CD »Dokumentaroper«. Eine CD des Deutschen Musikrates, Edition: Zeitgenössische Musik. Wergo 286534–2.
Ogden, Thomas H. (1995): Frühe Formen des Erlebens. Wien (Springer).
Parncutt, Richard & Kessler, Annekatrin (2007): Musik als virtuelle Person. In: Oberhoff, B. & Leikert, S. (Hg.): Die Psyche im Spiegel der Musik. Gießen (Psychosozial-Verlag).
Winnicott, Donald W. (1958): Von der Kinderheilkunde zur Psychoanalyse. Frankfurt/M. (Fischer), 1991.
www.helmutoehring.de
ZEIT, DIE (2002): »Rotes Rauschen«. Interview von Andrea Thilo mit Helmut Oehring. Ausgabe 17/2002.

Autorinnen und Autoren

ANJA GUCK-NIGRELLI, Dr. med., staatl. gepr. Übersetzerin für Italienisch, Fachärztin für psychotherapeutische Medizin, Psychoanalytikerin (DGPT) in eigener Praxis in Ludwigshafen. Private Gesangsausbildung. Langjährige Mitgliedschaft im Extrachor eines Staatstheaters. Vorstandsmitglied der Deutschen Gesellschaft für Musik und Psychoanalyse e. V.
   Kontakt: Dr. med. Anja Guck-Nigrelli, Schützenstr. 26, 67061 Ludwigshafen, Fon: 06 21 - 6 29 07 62

PETER KUTTER, Jg. 1930, Prof. Dr. med., von 1974 bis 1994 Institut für Psychoanalyse im Fachbereich Psychologie der Universität Frankfurt/M., lebt in Stuttgart. Facharzt für Psychotherapeutische Medizin, war Lehr- und Kontrollanalytiker der DPV. Arbeiten über Psychoanalyse und deren Anwendungen auf Gruppen, Psychosen und psychosomatische Krankheiten. Beim Psychosozial-Verlag Mitherausgeber von drei Büchern zur Selbstpsychologie sowie ein Aufsatz über Wagners *Tristan und Isolde* in *Die Psyche im Spiegel der Musik* (hrsg. von B. Oberhoff und S. Leikert). Zuletzt erschien *Psychoanalyse, eine Einführung* (zus. mit Thomas Müller, 2008).
   Kontakt: Kutter@psych.uni-frankfurt.de

SEBASTIAN LEIKERT, Jg. 1961, Dr. en Psychanalyse, Dipl.-Psych., Psychoanalytiker, Psychologischer Psychotherapeut. Niedergelassen in freier Praxis in Karlsruhe. Dozent am Institut für Psychoanalyse und Psychotherapie Heidelberg Mannheim e. V.; Vorsitzender der Deutschen Gesellschaft für Psycho-

analyse und Musik e. V.; Forschungsprojekte zu Therapieprozessen. Arbeiten zur Methodik und zur Begründung psychoanalytischer Forschung sowie zu ästhetischen Fragestellungen. Letzte Buchveröffentlichung: *Den Spiegel durchqueren – Die kinetische Semantik in Musik und Psychoanalyse* (2008).
Kontakt: S.Leikert@web.de

ECKHART NEUMANN, Jg. 1951, Dipl.-Psych., Musiktherapeut, in Bonn niedergelassener Psychoanalytiker (DGPT). Als Lehranalytiker Schwerpunkt Psychoanalyse von Kunst und Musik.
Kontakt: ECNeumann@aol.com

ANTJE NIEBUHR, Jg. 1958, Dipl.-Psych., Ausbildung zur Psychoanalytikerin für Erwachsene am DGPT-Institut in Bremen. Mitglied in der DGPT und der DPG, Supervisorin am DGPT-Institut in Bremen, 2. Stellvertretende Vorsitzende der Deutschen Gesellschaft für Psychoanalyse und Musik. Seit 2003 experimentelle Zusammenarbeit mit improvisierter Musik, um Supervisionsprozesse musikalisch zu verdeutlichen. Interesse und Arbeiten zu Analogien in Musik und Psychoanalyse im Film und in der Oper.
Kontakt: antjeniebuhr@web.de

KARIN NOHR, Dr. phil., Dipl.-Psych., arbeitet in eigener Praxis als Psychoanalytikerin (DPG) in Berlin mit den Schwerpunkten Arbeits- und Kreativitätsstörungen. Sie ist Dozentin an verschiedenen tiefenpsychologischen Ausbildungsinstituten sowie der Arbeitsgemeinschaft für Katathymes Bilderleben und imaginative Verfahren in der Psychotherapie(AGKB). Buchveröffentlichung: *Der Musiker und sein Instrument. Studien zu einer besonderen Form der Bezogenheit* (1997). Diverse Artikel in Fachzeitschriften, u. a. in der *Musiktherapeutischen Umschau, Imagination, Üben und Musizieren*.
Kontakt: Nohr.Greuner@freenet.de

BERND OBERHOFF, Jg. 1943, PD Dr. phil., Dipl.-Psych., Musikpsychoanalytiker, Gruppenanalytiker (DAGG), Privatdozent für Soziale Therapie an der Universität Kassel, Supervisor in freier Praxis in Münster. Vorstandsmitglied der Deutschen Gesellschaft für Psychoanalyse und Musik (www.psychoanalyse-und-musik.de). Zahlreiche Buchveröffentlichungen im Bereich »Musikpsychoanalyse«, darunter zehn psychoanalytische Opernführer zu Opern von W.

A. Mozart, C. W. Gluck und C. M. v. Weber sowie drei musikpsychoanalytische Studien über Gluck (1999), H. Schütz (2006) und Mozart (2008).
Kontakt: oberhoff@t-online.de

DIETER OHLMEIER, Jg. 1936, Prof. emeritus, Dr. med., Dipl.-Psych., ehem. Inhaber des Lehrstuhls für Psychoanalyse und Psychotherapie an der Universität Kassel und Mitherausgeber der Zeitschrift *Freie Assoziation*. Lehranalytiker der Deutschen und Internationalen Psychoanalytischen Vereinigung; ehem. Vorsitzender der DPV. Gründungsmitglied der Deutschen Gesellschaft für Psychoanalyse und Musik. Arbeitsgebiete: Psychoanalyse schwerer Körperkrankheiten (einschl. Aids), psychoanalytische Gruppen- und Organisationsforschung, psychoanalytische Literaturforschung (insbes. zum antiken Drama).
Kontakt: Tel.: 0 55 43 - 21 90; Fax: 0 55 43 - 46 44

CLAUDIA RAPP-NEUMANN, Jg. 1956, Studienrätin für Musik und Englisch. Ausgebildete Sängerin und Stimmbildnerin.
Kontakt: ECNeumann@aol.com

Mathias Hirsch
»Liebe auf Abwegen«

Parfen Laszig, Gerhard Schneider (Hg.)
Film und Psychoanalyse

2008 · 198 Seiten · Broschur
ISBN 978-3-89806-842-0

2008 · 262 Seiten · Broschur
ISBN 978-3-89806-807-9

In den vergangenen Jahren ist das Kino immer mehr ins Interesse der Psychoanalytiker gerückt. Der Zuschauer kann sich berühren lassen und den Film als verschlüsselte Narration des eigenen Unbewussten verstehen. Er kann aber auch beruhigt das Eigene als Fremdes auf der Leinwand belassen. Dies ist ein Sinn des Voyeurismus. Der Film wird den unbewussten Motiven, Begierden, auch den Ängsten des Zuschauers entsprechen, ihn aber nicht dauerhaft verändern. Insofern ist Guattaris Spruch, das Kino sei »die Couch der Armen«, nicht mehr als ein witziges Bonmot.

Alle Filme, die in diesem Buch vorgestellt werden, führen uns in die Abgründe und Abwege der Liebe, die auch in uns als menschliche Möglichkeiten enthalten sind: Der Weg geht von der Mutterliebe, dem Inzest, der einen oder anderen Form der Perversion, der Ehe und der Selbstliebe bis hin zur Liebe in der Psychotherapie.

In den letzten Jahren ist eine Reihe psychoanalytischer Filminterpretationen erschienen, in denen die Filme als Indikatoren soziokultureller Befindlichkeiten verstanden werden. Das legt den Versuch nahe, der kulturpsychoanalytischen Perspektive in der Filmpsychoanalyse einen Ort einzuräumen und die Betrachtungsweise Siegfried Kracauers aufzunehmen. Er verstand Filme als »Spiegelbild« jener »Tiefschichten einer Kollektivgesinnung, die mehr oder minder unterhalb der Bewusstseinsschwelle liegen«, und konnte so eine Geschichte der Befindlichkeiten der Weimarer Zeit schreiben. Analog dazu werden im vorliegenden Buch Gegenwartsfilme als Oberflächenphänomene vor- und unbewusster soziokultureller Befindlichkeiten der sich globalisierenden spätkapitalistischen Welt aufgefasst.

Gerlinde Gehrig, Ulrich Pfarr (Hg.)
Handbuch psychoanalytischer Begriffe für die Kunstwissenschaft

Rolf Famulla
Joseph Beuys: Künstler, Krieger und Schamane

2009 · 450 Seiten · Broschur
ISBN 978-3-89806-786-7

2009 · 219 Seiten · Broschur
ISBN 978-3-89806-835-2

In diesem Handbuch werden erstmals Begriffe systematisch zusammengefasst und benutzerfreundlich aufgearbeitet, welche das gemeinsame Forschungsfeld von Psychoanalyse und Kunstwissenschaft bezeichnen: so etwa Karikatur und Comic, Melancholie, Körper, Religion, Sexualität, Trauma und das Unheimliche. Das Buch eignet sich auch hervorragend für Laien, da die Stichwörter anschaulich und verständlich erläutert werden.

Namhafte Autoren wie Joachim Danckwardt, Philipp Soldt, Sebastian Leikert, Joachim Küchenhoff, Gerhard Schneider, Marianne Leuzinger-Bohleber und die renommierten Wissenschaftlerinnen Ortrud Gutjahr und Margret Iversen bieten eine umfassende und allgemein verständliche Begriffsklärung, ergänzt durch die historische Entwicklung und aktuelle Relevanz der Begriffe sowie zahlreiche Abbildungen.

Rolf Famulla deckt auf, was andere Beuys-Biografen verbergen: dass Beuys sich als Sturzkampfflieger im Zweiten Weltkrieg mit der nationalsozialistischen Ideologie identifizierte; dass er sich in der Nachkriegszeit weigerte, sein in der Zeit des Dritten Reiches geprägtes Weltbild zu revidieren. Beuys sah sich selbst als Künstler, Krieger und Schamane, als Kämpfer gegen »Materialismus«, »Egoismus« und die moderne Zivilisation. Als Alternative bietet Beuys Mythen der Germanen und Kelten an.

Der Autor entschlüsselt die Bild- und Materialsprache von Beuys detailliert und zeigt deren Ursprung in der völkischen Ideologie und in den erlittenen Traumatisierungen im Zweiten Weltkrieg auf.

Psychosozial-Verlag

Anna Koellreuter (Hg.)
»Wie benimmt sich der Prof. Freud eigentlich?«

Tomas Böhm, Suzanne Kaplan
Rache

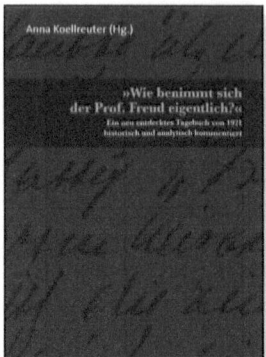

2009 · 317 Seiten · Broschur
ISBN 978-3-89806-897-0

2009 · 265 Seiten · Broschur
ISBN 978-3-89806-830-7

Eine junge Ärztin begibt sich 1921 zu Freud in Analyse. In einem Tagebuch hält sie fest, was sie bewegt. Inspiriert von diesen Aufzeichnungen machen sich PsychoanalytikerInnen und GeschichtsforscherInnen Gedanken zu Freud und seiner Arbeitsweise.

Dieser Fund »kommt für die Wissenschaftsgeschichte einer kleinen Sensation gleich. Es ist das Zusammentreffen von drei Faktoren, das dieses Tagebuch zu einem einzigartigen Dokument macht: Erstens handelt es sich hier um eine reine Patientenanalyse, im Unterschied zu einer Lehranalyse, zweitens fand sie vor Freuds Krebserkrankung statt, und drittens sind die Notizen anscheinend wörtlich notierte Niederschriften dessen, was im Behandlungszimmer gesagt wurde. [...] Unter den bisher veröffentlichten Dokumenten gibt es keines, bei dem alle drei Kriterien zutreffen.«
Ernst Falzeder in: DIE ZEIT.

In diesem Buch wird Rache als primitive, destruktive Kraft beschrieben, die allen Individuen, Gruppen und Gesellschaften innewohnt – ein zerstörerisches Potenzial, das sich unter bestimmten Umständen mit Macht den Weg an die Oberfläche bahnt. Das Motiv der Rache findet sich in der psychologischen Verknüpfung von Vorurteilen, Verfolgung, Rassismus und Gewalt. Die Autoren liefern deutliche – und oftmals beunruhigende – Fallbeispiele aus dem Alltag unserer Zeit und stellen Theorien vor, die zum besseren Verstehen von Opfern und Tätern beitragen können. Sie sollen uns helfen, der Versuchung zu widerstehen, selbst Vergeltung zu üben.

www.ingramcontent.com/pod-product-compliance
Lightning Source LLC
Chambersburg PA
CBHW021141240426
43661CB00075B/1716